Hausbankbeziehung und optimale Finanzkontrakte

Wirtschaftswissenschaftliche Beiträge

Informationen über die Bände 1–111 sendet Ihnen auf Anfrage gerne der Verlag.

Band 112: V. Kaltefleiter, Die Entwicklungshilfe der Europäischen Union, 1995. ISBN 3-7908-0838-5

Band 113: B. Wieland, Telekommunikation und vertikale Integration, 1995. ISBN 3-7908-0849-0

Band 114: D. Lucke, Monetäre Strategien zur Stabilisierung der Weltwirtschaft, 1995. ISBN 3-7908-0856-3

Band 115: F. Merz, DAX-Future-Arbitrage, 1995. ISBN 3-7908-0859-8

Band 116: T. Köpke, Die Optionsbewertung an der Deutschen Terminbörse, 1995. ISBN 3-7908-0870-9

Band 117: F. Heinemann, Rationalisierbare Erwartungen, 1995. ISBN 3-7908-0888-1

Band 118: J. Windsperger, Transaktionskostenansatz der Entstehung der Unternehmensorganisation, 1996. ISBN 3-7908-0891-1

Band 119: M. Carlberg, Deutsche Vereinigung, Kapitalbildung und Beschäftigung, 1996. ISBN 3-7908-0896-2

Band 120: U. Rolf, Fiskalpolitik in der Europäischen Währungsunion, 1996. ISBN 3-7908-0898-9

Band 121: M. Pfaffermayr, Direktinvestitionen im Ausland, 1996. ISBN 3-7908-0908-X

Band 122: A. Lindner, Ausbildungsinvestitionen in einfachen gesamtwirtschaftlichen Modellen, 1996. ISBN 3-7908-0912-8

Band 123: H. Behrendt, Wirkungsanalyse von Technologie- und Gründerzentren in Westdeutschland, 1996. ISBN 3-7908-0918-7

Band 124: R. Neck (Hrsg.) Wirtschaftswissenschaftliche Forschung für die neunziger Jahre, 1996. ISBN 3-7908-0919-5

Band 125: G. Bol, G. Nakhaeizadeh/ K.-H. Vollmer (Hrsg.) Finanzmarktanalyse und -prognose mit innovativen quantitativen Verfahren, 1996. ISBN 3-7908-0925-X

Band 126: R. Eisenberger, Ein Kapitalmarktmodell unter Ambiguität, 1996. ISBN 3-7908-0937-3

Band 127: M.J. Theurillat, Der Schweizer Aktienmarkt, 1996. ISBN 3-7908-0941-1

Band 128: T. Lauer, Die Dynamik von Konsumgütermärkten, 1996. ISBN 3-7908-0948-9

Band 129: M. Wendel, Spieler oder Spekulanten, 1996. ISBN 3-7908-0950-0

Band 130: R. Olliges, Abbildung von Diffusionsprozessen, 1996. ISBN 3-7908-0954-3

Band 131: B. Wilmes, Deutschland und Japan im globalen Wettbewerb, 1996. ISBN 3-7908-0961-6

Band 132: A. Sell, Finanzwirtschaftliche Aspekte der Inflation, 1997. ISBN 3-7908-0973-X

Band 133: M. Streich, Internationale Werbeplanung, 1997. ISBN-3-7908-0980-2

Band 134: K. Edel, K.-A. Schäffer, W. Stier (Hrsg.) Analyse saisonaler Zeitreihen, 1997. ISBN 3-7908-0981-0

Band 135: B. Heer, Umwelt, Bevölkerungsdruck und Wirtschaftswachstum in den Entwicklungsländern, 1997. ISBN 3-7908-0987-X

Band 136: Th. Christiaans, Learning by Doing in offenen Volkswirtschaften, 1997. ISBN 3-7908-0990-X

Band 137: A. Wagener, Internationaler Steuerwettbewerb mit Kapitalsteuern, 1997. ISBN 3-7908-0993-4

Band 138: P. Zweifel et al., Elektrizitätstarife und Stromverbrauch im Haushalt, 1997. ISBN 3-7908-0994-2

Band 139: M. Wildi, Schätzung, Diagnose und Prognose nicht-linearer SETAR-Modelle, 1997. ISBN 3-7908-1006-1

Band 140: M. Braun, Bid-Ask-Spreads von Aktienoptionen, 1997. ISBN 3-7908-1008-8

Band 141: M. Snelting, Übergangsgerechtigkeit beim Abbau von Steuervergünstigungen und Subventionen, 1997. ISBN 3-7908-1013-4

Band 142: Ph. C. Rother, Geldnachfragetheoretische Implikationen der Europäischen Währungsunion, 1997. ISBN 3-7908-1014-2

Band 143: E. Steurer, Ökonometrische Methoden und maschinelle Lernverfahren für Wechselkursprognose, 1997. ISBN 3-7908-1016-9

Band 144: A. Groebel, Strukturelle Entwicklungsmuster in Markt- und Planwirtschaften, 1997. ISBN 3-7908-1017-7

Band 145: Th. Trauth, Innovation und Außenhandel, 1997. ISBN 3-7908-1019-3

Band 146: E. Lübke, Ersparnis und wirtschaftliche Entwicklung bei alternder Bevölkerung, 1997. ISBN 3-7908-1022-3

Band 147: F. Deser, Chaos und Ordnung im Unternehmen, 1997. ISBN 3-7908-1023-1

Band 148: J. Henkel, Standorte, Nachfrageexternalitäten und Preisankündigungen, 1997. ISBN 3-7908-1029-0

Band 149: R. Fenge, Effizienz der Alterssicherung, 1997. ISBN 3-7908-1036-3

Band 150: C. Graack, Telekommunikationswirtschaft in der Europäischen Union, 1997. ISBN 3-7908-1037-1

Fortsetzung auf Seite 178

Dorothea Schäfer

Hausbankbeziehung und optimale Finanzkontrakte

Unvollständige Finanzierungsverträge,
Selbstbindung
und Unternehmenskontrolle

Mit 13 Abbildungen und 2 Tabellen

Springer-Verlag Berlin Heidelberg GmbH

Reihenherausgeber
Werner A. Müller

Autor
PD Dr. Dorothea Schäfer
Deutsches Institut für Wirtschaftsforschung (DIW)
Königin-Luise-Straße 5
14195 Berlin
dschaefer@diw.de

ISSN 1431-2034
ISBN 978-3-7908-0026-5   ISBN 978-3-642-57439-9 (eBook)
DOI 10.1007/978-3-642-57439-9

Bibliografische Information Der Deutschen Bibliothek
Die Deutsche Bibliothek verzeichnet diese Publikation in der Deutschen Nationalbibliografie; detaillierte bibliografische Daten sind im Internet über <http://dnb.ddb.de> abrufbar.

Dieses Werk ist urheberrechtlich geschützt. Die dadurch begründeten Rechte, insbesondere die der Übersetzung, des Nachdrucks, des Vortrags, der Entnahme von Abbildungen und Tabellen, der Funksendung, der Mikroverfilmung oder der Vervielfältigung auf anderen Wegen und der Speicherung in Datenverarbeitungsanlagen, bleiben, auch bei nur auszugsweiser Verwertung, vorbehalten. Eine Vervielfältigung dieses Werkes oder von Teilen dieses Werkes ist auch im Einzelfall nur in den Grenzen der gesetzlichen Bestimmungen des Urheberrechtsgesetzes der Bundesrepublik Deutschland vom 9. September 1965 in der jeweils geltenden Fassung zulässig. Sie ist grundsätzlich vergütungspflichtig. Zuwiderhandlungen unterliegen den Strafbestimmungen des Urheberrechtsgesetzes.

© Springer-Verlag Berlin Heidelberg 2003
Originally published by Physica-Verlag Heidelberg in 2003

Die Wiedergabe von Gebrauchsnamen, Handelsnamen, Warenbezeichnungen usw. in diesem Werk berechtigt auch ohne besondere Kennzeichnung nicht zu der Annahme, dass solche Namen im Sinne der Warenzeichen- und Markenschutz-Gesetzgebung als frei zu betrachten wären und daher von jedermann benutzt werden dürften.

Umschlaggestaltung: Erich Kirchner, Heidelberg

SPIN 10910443   88/3130-5 4 3 2 1 0 – Gedruckt auf säurefreiem und alterungsbeständigem Papier

Vorwort

Die moderne Finanzierungstheorie stützt sich im Wesentlichen auf zwei Paradigmen, Neoklassik und Informationsökonomie. Je nach eigenem Standpunkt mag man diese beiden Ansätze entweder als sich ausschließende Gegensätze oder als sich gegenseitig befruchtende Ergänzungen ansehen. Beide Konzepte kennend und schätzend, zähle ich mich eindeutig zu den Anhängern der zweiten Kategorie. Die Neoklassik ist zweifellos unverzichtbar, wenn es um die Bewertung von Finanztiteln geht, die auf nahezu reibungslos funktionierenden Märkten gehandelt werden. Gehaltvolle Analysen von ökonomischen Entscheidungen in Institutionen, die weder Markt noch Einzeleigentum darstellen, sind freilich allein der Informationsökonomie vorbehalten.

Diese Arbeit setzt sich modelltheoretisch mit der Unternehmensfinanzierung durch Banken auseinander. Auf die wertschpfende Funktion von Banken im Rahmen einer engen Bank-Firmen-Beziehung (Hausbankbeziehung) abstellend ist sie unzweifelhaft der informationsökonomischen Forschungsrichtung zuzuordnen. Die zahlreichen Veranstaltungen und Kolloquien, die in den letzten Jahren am Fachbereich Wirtschaftswissenschaft der Freien Universität Berlin zum Thema Informationsökonomie und Spieltheorie stattfanden, haben die Arbeit nicht nur befruchtet und vorangetrieben, sondern auch die notwendigen kritischen Diskussionsforen bereitgestellt. Veranstaltern und Teilnehmern des Wirtschaftstheoretischen Seminars, der „Quatschgruppe" und ihres Nachfolgers, dem mikroökonomischen Workshop, gebührt dafür Dank. Hilfreich waren auch die Diskussionen während des lehrstuhleigenen „akademischen Jour fixe".

Teile der Arbeit sind im Rahmen meines DFG-Forschungsprojektes *Reorganisationskapazität, Verhandlungsmacht von Banken und Kreditbesicherung bei unvollständigen Finanzierungsverträgen* entstanden (Projektleitung zusammen mit Lutz Kruschwitz). Bei allen Mitgliedern des DFG-Schwerpunktprogrammes *Effiziente Gestaltung von Finanzmärkten und Finanzinstitutionen* möchte ich mich für die angenehme Atmosphäre auf den Forschungskolloquien und die anregenden Beiträge bedanken. Von allen Kolloquien bin ich mit neuer Motivation und neuen Ideen zurückgekommen.

Der Fachbereich Wirtschaftswissenschaft der Freien Universität Berlin hat die Arbeit im Wintersemester 2000/2001 als Habilitationsschrift angenommen. Für die konstruktive Begutachtung danke ich meinen beiden Betreuern

Prof. Dr. Lutz Kruschwitz und Prof. Dr. Helmut Bester. Für die Hilfestellung bei der Durchsicht der Arbeit bin ich Gudrun Krummel und Renate Mauersberger zu großem Dank verpflichtet.

Obwohl alleinige Verfasserin, habe ich mich dafür entschieden, das *ich* durch das *wir* zu ersetzen. Letzteres klingt offener und eröffnet dem Leser zumindest die Chance, sich selbst als Teil des Geschehens betrachten zu können.

Berlin, im Januar 2003   Dorothea Schäfer

Inhaltsverzeichnis

1. Einleitung 1
   1.1 Nicht-kontrahierbare Unternehmenserträge und Insolvenz 2
   1.2 Nicht-kontrahierbare strategische
       Unternehmensentscheidungen 6
   1.3 Kurzzusammenfassung der wichtigsten Ergebnisse in den
       Kapiteln 7
   1.4 Fazit 13

2. Beobachtbarkeit der Risikoklasse, Firmenrestrukturierung
   und Kreditbesicherung 15
   2.1 Einführung 15
   2.2 Das Modell 20
       2.2.1 Gleichgewichtige Strategien 23
       2.2.2 Der optimale Kontrakt 25
   2.3 Verhandlungsmacht und Restrukturierungs-Know-how – der
       Fall ohne Sicherheiten 27
   2.4 Restrukturierungs-Know-how und Besicherung 38
   2.5 Endogene Restrukturierungsexpertise 42
       2.5.1 Ertragsfunktion und optimaler Kontrakt 42
       2.5.2 Ex ante Verhandlungsmacht und Bankqualität 44
       2.5.3 Bankqualität und Kreditsicherheit 51
   2.6 Zusammenfassung und Fazit 58

A. Appendix zu Kapitel 2 61

3. Überblick über die Empirie 67
   3.1 Hypothesen 67
   3.2 Restrukturierung versus Kreditbesicherung 67
   3.3 Marktmacht 72
   3.4 Kreditvolumen 72
   3.5 Schuldnerrisiko und Besicherung 74
   3.6 Fazit 74

4. **Unbeobachtbarkeit der Risikoklasse – Kreditbesicherung, Restrukturierungs-Know-how und Schuldnerseparierung** .. 77
   4.1 Einführung 77
   4.2 Optimale Kontrakte und Wettbewerbsgleichgewicht 80
   4.3 Eindimensionale Informationsasymmetrie 85
   4.4 Zweidimensionale Informationsasymmetrie:
       Private Information und strategische Insolvenz 86
       4.4.1 Kompetitives Gleichgewicht mit Kreditsicherheiten ... 87
       4.4.2 Schuldnertrennung und Restrukturierungs-Know-how . 92
       4.4.3 Kreditmarktgleichgewichte im Monopolfall 104
   4.5 Zusammenfassung und Fazit 107

A. **Appendix zu Kapitel 4** 109

5. **Unternehmenskontrolle und Standardfinanzierungsinstrumente** 119
   5.1 Einführung 119
   5.2 Das Modell 124
   5.3 Optimale Leistung des Managers 127
   5.4 Externe Finanzierung 128
       5.4.1 Kontrahierbare Projektwahl 129
       5.4.2 Nichtkontrahierbare Projektwahl 131
       5.4.3 Projektrentabilität und Kontrakthierarchie 136
       5.4.4 Wiederverhandlung und Kreditvertrag 139
       5.4.5 Portfolioinvestoren und Manager-Bank-Kollusion 141
   5.5 Zusammenfassung und Fazit 144

A. **Appendix zu Kapitel 5** 147

6. **Schlussbemerkung** 161

7. **Literaturverzeichnis** 163

Sachverzeichnis 175

1. Einleitung

Für die Funktionsfähigkeit des Marktes für Unternehmensfinanzierung ist es von entscheidender Bedeutung, welche Eigentumsrechte der Finanzier nach Abschluss des Vertrages tatsächlich geltend machen kann. Eine explizite vertragliche Einschränkung der Kontroll- und Aneignungsrechte mindert die Finanzierungsbereitschaft ebenso wie eine implizite, dem Vertrag nicht unmittelbar anzusehende Verwässerung der Eigentumsrechte. Letzteres deshalb, weil von rationalen Investoren zu erwarten ist, dass sie drohende Ausbeutungsgefahren antizipieren und ihre Finanzierungsbereitschaft entsprechend nach unten anpassen.

Die Verletzung von Eigentumsrechten ex post ist der Kern der Theorie unvollständiger Kontrakte. Sie hat erst in jüngerer Zeit Eingang in die Finanzierungsliteratur gefunden (Aghion/Bolton 1992). Anders als in der traditionellen Informationsökonomie (Jensen/Meckling 1976, Myers 1977, Stiglitz/Weiss 1981), wo Finanzierungsinstrumente ausschließlich als Mechanismen zur Allokation von Zahlungsansprüchen betrachtet werden, richtet sich hier das Interesse auf die Frage, welche Steuerungs- und Kontrollrechte (Propertyrights) ein optimaler Finanzierungsvertrag enthalten sollte. Property-rights-Protagonisten unterstellen nicht-verifizierbare Vertragskomponenten und damit grundsätzlich nicht-bindende, wiederverhandlungsanfällige Verträge. Ex post zum Vertragsbruch führende Konflikte entstehen vor allem durch private Kontrollrenten (zum Beispiel Berglöf 1991, Chang 1992), spezifisches Humankapital (zum Beispiel Hart/Moore 1994) und durch *nicht beobachtbare oder zumindest nicht-verifizierbare Unternehmenserträge und Umweltzustände*.[1] Mit den beiden letzten Komponenten beschäftigt sich diese Arbeit.

Wir betrachten im Wesentlichen zwei Probleme, die sich unmittelbar aus der Unbeobachtbarkeit bzw. Nicht-Verifizierbarkeit ergeben:

1. die Gefahr der strategischen Insolvenz, wenn der Kontrollübergang auf die kreditgebende Bank mit Effizienzverlusten verbunden ist, und
2. die Gefahr der Risikoverschiebung durch die Nicht-Konditionierbarkeit von Unternehmensentscheidungen während der Projektlaufzeit.

---

[1] Einen guten Überblick geben Harris/Raviv (1990).

In beiden Szenarien determinieren Instrumente, welche Vertragsbrüche bereits ex ante möglichst unattraktiv erscheinen lassen, die faktischen Eigentumsrechte des Finanziers. Diese Instrumente, so genannte Selbstbindungsmechanismen, stehen im Zentrum unseres Interesses. Dabei konzentrieren wir uns im Kontext der strategischen Insolvenz auf die Selbstbindungsmechanismen, Upfront-Investition in Restrukturierungs-Know-how und Kreditbesicherung.[2] Im Kontext der Nicht-Konditionierbarkeit von Unternehmensentscheidungen analysieren wir die Selbstbindungsfunktion von Kontroll- und Cash-flow-Rechten. Diese Auswahl mag auf den ersten Blick willkürlich erscheinen. Auf den zweiten Blick sollte jedoch sehr wohl erkennbar sein, dass es sich hier um die wesentlichen Instrumente handelt, die der Investor einsetzen kann, um sich vor Ex-post-Ausbeutung zu schützen. Da die Bereitschaft zur Unternehmenssanierung und die Einflussnahme auf das Firmenmanagement mithilfe von Kontrollrechten zentrale Aspekte einer Hausbankbeziehung darstellen, liefert die nachstehende Arbeit auch einen Beitrag zu ökonomischen Theorie der Hausbankbeziehung.

1.1 Nicht-kontrahierbare Unternehmenserträge und Insolvenz

Finanzierungsverträge haben im Kontext nicht-kontrahierbarer Unternehmenserträge grundsätzlich zwei Aufgaben. Sie sollen erstens dafür sorgen, dass die Kosten einer eventuellen Zahlungsunfähigkeit relativ gering bleiben. Zweitens sollen sie aber auch sicherstellen, dass der Unternehmer einen hohen Anreiz hat, Zahlungsunfähigkeit zu vermeiden. Bereits 1985 haben Gale/Hellwig argumentiert, dass der Standardkreditvertrag das optimale Finanzierungsinstrument ist, wenn die Unternehmenserträge nicht-verifizierbar sind.[3] Allerdings beruht die Argumentation von Gale/Hellwig (1985) entscheidend auf der Annahme, dass die Bank sich trotz der beim Kontrollübergang auftretenden Prüfungskosten selbst binden kann, im Falle der Insolvenz nicht nachzuverhandeln.

Bei übergangsbedingten Effizienzverlusten und damit faktischer Verwässerung des Rechtes, sich das vorhandene Betriebsvermögen[4] anzueignen, ist diese Art der Selbstbindung jedoch nicht glaubwürdig. Im Anschluss an Gale/Hellwig haben sich deshalb in der Literatur zwei entgegengesetzte Positionen herausgebildet. Eine Reihe von Modellen zur optimalen Unternehmensfi-

---
[2] Wir werden im Folgenden Sanierungs-Know-how und Restrukturierungs-Know-how als Synonyme behandeln.
[3] Vgl. dazu auch Townsend (1979).
[4] Wenn wir von Betriebsvermögen oder Privatvermögen sprechen, haben wir weniger die rechtliche als vielmehr die ökonomische Unterscheidung im Auge. Zum Beispiel ist das Wohnhaus des Unternehmers kein Bestandteil seines Betriebes. Wir bezeichnen es deshalb als Privatvermögen.

nanzierung geht explizit von übergangsbedingten Effizienzverlusten und daraus resultierend von Nachverhandlungen zwischen Bank und Unternehmer aus. Demgegenüber stehen neuere Beiträge zum Security-design. Sie eliminieren Nachverhandlungen, indem sie voraussetzen, dass der Kontrollübergang auf den Investor mit dem fixen Zahlungsanspruch effizient vonstatten geht. Da nicht davon auszugehen ist, dass Banken per se das Know-how zur Führung notleidender Unternehmen besitzen, wird von diesem Zweig der Literatur unterstellt, dass Banken entsprechendes Management-Know-how aufbauen und vorhalten. Analytisch gerechtfertigt ist weder die eine noch die andere ad-hoc-Annahme. Wir gehen deshalb im ersten Teil der Arbeit einen Schritt zurück und analysieren, ob und unter welchen Umständen es für den Kreditgeber rational ist, die Verwässerung seines Aneignungsrechtes am Betriebsvermögen (Inside-collateral) durch eine entsprechende Upfront-Investition in Restrukturierungs-Know-how zu verhindern.

Die vorhandene empirische Evidenz über die Beziehung zwischen Kreditgeber und Kreditnehmer bei Zahlungsunfähigkeit lässt den Schluss zu, dass der Kreditgeber bei der Unternehmenssanierung eine bedeutsame Rolle spielt. So hat beispielsweise Gilson (1993) für die 80er Jahre festgestellt, dass US-Banken in finanziellen Notsituationen in das Management von börsennotierten Kapitalgesellschaften eingreifen und oft einen großen Teil des Aktienkapitals übernehmen. Studien von Elsas/Krahnen (2000) und Brunner/Krahnen (2000) haben jüngst die Bereitschaft zur Entfaltung von Sanierungsaktivitäten für deutsche Banken empirisch belegt. In der theoretischen Literatur hat diese empirisch feststellbare, auf die Übernahme und Sanierung von Unternehmen ausgerichtete Managementfunktion von Banken indes bisher weniger Beachtung gefunden. Wenn es um den Einfluss der kreditgebenden Bank auf den stochastischen Unternehmensertrag geht, konzentriert sich das Interesse fast ausschließlich auf die Kreditüberwachung („delegated monitoring", Diamond 1984, Diamond 1991).

Die Vernachlässigung der Sanierungsfunktion muss aus mehreren Gründen verwundern. Erstens hängt sowohl das Design des (unvollständigen) Finanzierungsvertrages als auch die Finanzierbarkeit von Projekten entscheidend davon ab, wie effizient der Kontrollübergang auf die Bank vonstatten geht. Zweitens sind Übernahme und erfolgreiche Sanierung von verschuldeten und in Zahlungsschwierigkeiten geratenen Unternehmen für die Effizienz einer Volkswirtschaft von erheblicher Bedeutung. Da die Vermögenswerte einer zahlungsunfähigen Firma über Kreditvertrag und Insolvenzrecht faktisch der kreditgebenden Bank gehören, sind Banken quasi „natürliche Übernehmer", wenn die Kredite notleidend werden. Drittens ist es für den Kreditgeber offenbar effizient, passiv zu bleiben, solange die Kreditbeziehung normal verläuft

(Franks/Mayer/Renneborg 1997).[5] Das trifft jedoch nicht mehr zu, wenn sich das Unternehmen für zahlungsunfähig erklärt. Dann hält der Kreditgeber die Option, die weitere Entwicklung der Firma maßgeblich zu bestimmen, plötzlich in den Händen. In unserem Verständnis ist folglich die eventuelle Insolvenz immer der Wendepunkt in der Bank-Firmen-Beziehung und die Bank sollte sicherlich den höchsten Anreiz besitzen, sich gerade für dieses entscheidende Ereignis entsprechend vorzubereiten.

Es ist indes nicht so, dass die Literatur die Frage, wie sich das Vorhandensein eines bei Insolvenz sofort einsetzbaren Restrukturierungs-Know-hows auf den optimalen Finanzkontrakt auswirkt, gänzlich unbeachtet gelassen hätte. So zeigen Bolton/Scharfstein (1996), dass Kreditgeber ein geringeres Risiko haben, um ihre Kreditrückzahlung geprellt zu werden, wenn bei Rückzahlungsverweigerung Investoren mit Sanierungs-Know-how verfügbar sind. Ähnlich wie Berglöf (1991) sehen die Autoren das entsprechende Know-how allerdings nur bei Außenseitern, zum Beispiel bei anderen Firmen. Wollen die Kreditgeber einer kompletten Abschreibung ihrer notleidenden Forderung entgehen, müssen sie die übernommene Firma verkaufen. Implizit wird damit ein gut funktionierender Sekundärmarkt für Unternehmen unterstellt. Diese Annahme dürfte jedoch in den so genannten bankdominierten Finanzsystemen nur selten erfüllt sein. Bei Weiterverkäufen von übernommenen Unternehmen muss der ursprüngliche Kreditgeber in der Regel mit Wertabschlägen rechnen. Unter Umständen kann es sich hier für ihn lohnen, selbst in entsprechendes Sanierungs-Know-how zu investieren.[6]

Wenn es um die Ex-post-Durchsetzung von ex ante erworbenen Ansprüchen geht, mag es einen Trade-off zwischen impliziten und expliziten Eigentumsrechten geben. Erstere können nur durch eigene Anstrengung des Finanziers durchgesetzt werden. Letztere lassen sich im Vertrag explizit und bindend festlegen. Wir fokussieren hier auf den Trade-off zwischen der Investition in Restrukturierungs-Know-how und Kreditsicherheiten. Restrukturierungs-Know-how dient der Sicherung des impliziten Eigentumsrechts am Betriebsvermögen (Inside-collateral). Kreditbesicherung konstituiert hingegen vertraglich bindende und damit explizite Eigentumsrechte am Privatvermögen des Unternehmers (Outside-collateral).

Betriebsvermögen kann natürlich auch explizit vertraglich vereinbart als Sicherheit dienen. Ein Unterschied zwischen der impliziten, via Kreditgeberrechte im Insolvenzrecht festgelegten, Besicherung durch Betriebsvermögen und der vertraglich vereinbarten Besicherung besteht vor allem dann, wenn

---

[5] Vgl. dazu auch die Untersuchung von Burghof(2000) zum Informationsverhalten von Banken.
[6] Die Existenz solcher Investitionen in Sanierungskapazität wurde empirisch von Edwards/Fisher (1993) festgestellt. Die Autoren ordneten sie jedoch nur wenigen Großbanken zu.

1.1 Nicht-kontrahierbare Unternehmenserträge und Insolvenz

es mehrere Gläubiger gibt und Absonderungsrechte vorhanden sowie Prioritätsregeln zu beachten sind (Welch 1997, Longhofer 1997). Beide Phänomene spielen in unserer Argumentation keine Rolle, da wir im ersten Teil der Arbeit grundsätzlich von einem einzigen Kreditgeber ausgehen. Via Insolvenzrecht ist der Kredit dann automatisch immer auch durch das bei Insolvenz noch vorhandene Betriebsvermögen abgesichert. Wie hoch diese Absicherung tatsächlich ist, bestimmt die Bank selbst durch ihre Investition in Restrukturierungs-Know-how.

Die Restrukturierung der zahlungsunfähigen Firma kann grundsätzlich zwei Formen annehmen, eine rein finanzwirtschaftliche und eine realwirtschaftliche. Bei der rein finanzwirtschaftlichen Restrukturierung geht es ausschließlich um die Neuordnung der finanziellen Ansprüche des Finanziers. Die realwirtschaftliche Restrukturierung zielt hingegen direkt auf die zukünftige Ertragskraft des Unternehmens und den Wert des Betriebsvermögens. In unserer Analyse spielen beide Formen eine prominente Rolle. Wenn wir von strategischer Rückzahlungsverweigerung und (erfolgreichen) Schuldennachverhandlungen sprechen, haben wir die rein finanzwirtschaftliche Restrukturierung – genauer gesagt – den puren Schuldennachlass im Blick. Hingegen stellen wir mit der Upfront-Investition in Restrukturierungs-Know-how direkt auf die realwirtschaftliche Restrukturierung des Unternehmens ab. Wir unterstellen, dass das Betriebsvermögens einer insolventen Firma für eine Bank mit Restrukturierungs-Know-how einen höheren Wert hat als für eine Bank ohne dieses Know-how.[7]

Das Sanierungs-Know-how von Banken kommt bei notleidenden Krediten erst dann zum Tragen, wenn der Kontrollübergang vollzogen ist. Der Zeitraum, der für den Kontrollübergang benötigt wird, und die Restriktionen, denen sich der Kreditgeber hinsichtlich seiner Übernahmerechte ausgesetzt sieht, sind folglich bedeutsame Einflussfaktoren für den Firmenwert. Investitionen in Restrukturierungs-Know-how können ihren Wert ganz oder teilweise wieder verlieren, wenn das Kontrollrecht des Kreditgebers durch das Insolvenzrecht eingeschränkt und/oder der Übernahmevorgang administrativ in die Länge gezogen wird.[8] Da dies Rückwirkung sowohl auf den ex ante zu schließenden Kreditvertrag als auch auf den Anreiz zum Aufbau von Sanierungs-Know-how hat, wird das herrschende Insolvenzrechtsregime zum impliziten Bestandteil des Finanzierungsvertrages.

---

[7] In der Sanierungspraxis wird es in der Regel zu einer Kombination beider Instrumente kommen (Eidenmüller 1999). Stilisiert spiegelt sich diese Kombination auch in unseren Modellen wider, denn mit der Übernahme des Betriebsvermögens ist auch die Abschreibung eines Teiles des ursprünglich vereinbarten Rückzahlungsbetrages verbunden.

[8] Bolton/Scharfstein (1996), S.22.

Diese Arbeit konzentriert sich ausschließlich auf solche Rückkopplungen.[9] Sie schlägt damit einen etwas anderen Weg ein, als er üblicherweise in der theoretischen Literatur zur Insolvenz und Firmenreorganisation gegangen wird (zum Beispiel Bulow/Shoven 1978, Brown 1988, Gertner/Scharfstein 1991, Bebchuck 1988, Aghion/Bolton/Moore 1992, Bergman/Callen 1991). Dort liegt die Konzentration entweder auf der effizienten Neuordnung der finanziellen Ansprüche nach Eintritt der Insolvenz (finanzwirtschaftliche Restrukturierung) oder dem Problem der Unter- oder Überinvestition im Rahmen eines Workouts (zum Beispiel auch in Berkovitch/Israel 1998).[10]

Wir analysieren in Kap. 2 bis Kap. 4 im Wesentlichen zwei Szenarien. Im ersten Szenario setzen wir die Qualität des Schuldners als bekannt voraus, unterstellen aber Unvollständigkeit der Verträge im Sinne unbeobachtbarer Unternehmenserträge. Im zweiten Szenario gehen wir von unbeobachtbaren Erträgen und ex ante unbekannten Schuldnerqualitititäten aus. Mit Letzterem reihen wir uns nicht nur in einen prominenten Strang der auf Informationsasymmetrie beruhenden Besicherungsliteratur ein. Wir schlagen auch eine Brücke zwischen zwei bislang unverbundenen Zweigen, dem Zweig, der die disziplinierende Rolle von Kreditsicherheiten bei Vertragsunvollständigkeit betont und demjenigen Zweig, der Besicherung als Mittel der Schuldnerseparierung begreift.[11]

1.2 Nicht-kontrahierbare strategische Unternehmensentscheidungen

Bei mehrperiodigen Finanzierungsbeziehungen tritt nicht nur das Problem des effizienten Kontrollübergangs auf den Kreditnehmer bei Insolvenz auf. Üblicherweise stellt sich während der normalen Laufzeit eines Finanzkontrakts auch das Problem der Ex-post-Ausbeutung des Finanziers aufgrund nicht-kontrahierbarer Unternehmensentscheidungen. Verursacht wird dies durch die Unmöglichkeit, eingetretene Umweltzustände gegenüber Außenseitern (z.B. gegenüber einem Gericht) zu verifizieren. Wenn aber kontin-

---

[9] Rückkopplungseffekte spielen auch in den Gutachten zur Behandlung von Kreditsicherheiten im neuen Insolvenzrecht eine erhebliche Rolle (z.B. Drukarczyk 1992).
[10] Erst in allerjüngster Zeit zeichnet sich auch innerhalb dieses Zweigs der Literatur eine Veränderung ab. So argumentiert Longhofer (1997), dass die häufige Verletzung der Regel, Kreditgläubiger bei Insolvenz erstrangig zu bedienen, die Finanzierbarkeit von eigentlich lohnenden Projekten negativ beeinflusst und Kreditrationierung heraufbeschwört. Berkovitch/Israel (1998) erklären immerhin im Abspann, dass die interessanteste Erweiterung ihres Work-out-Modells wohl die Abbildung der Rückwirkung von Neuverhandlung und Firmenreorganisation auf den ursprünglichen Finanzierungskontrakt wäre.
[11] Bei Ersterem erhöhen Kreditsicherheiten die Kosten einer Zahlungseinstellung (Jaffee/Russel 1976, Rudolph 1982).

gente Aktionen nicht vertraglich bindend festzulegen sind, entscheidet über die Aktion nach Realisierung eines bestimmten Umweltzustandes allein der Halter der Kontrollrechte. Die Entscheidung ist davon abhängig, welche Cash-flow-Rechte der Kontrolleur besitzt. Kontroll- und Cash-flow-Rechte haben in diesem Kontext den Charakter von Selbstbindungsinstrumenten. Durch die Kontrahierung geeigneter Cash-flow-Rechte bindet sich die kontrollierende Vertragspartei an die ex post effiziente Entscheidung. Die ex ante und bindend festgelegte Kombination von Cash-flow- und Kontrollrecht determiniert den Vertragswert und damit die Finanzierbarkeit von Projekten.

Die Frage nach der unternehmenswertmaximierenden Allokation steht im Mittelpunkt des zweiten Teils der Arbeit. Dabei konzentrieren wir uns - was die Cash-flow-Rechte anbelangt – ausschließlich auf die Standardfinanzierungsinstrumente Beteiligungskontrakt, Kreditkontrakt oder Mischkontrakt. Unser spezielles Interesse gilt der zumindest in Deutschland häufig anzutreffenden Kombination von Bankkontrolle über Unternehmensentscheidungen und Mischfinanzierung. Mit Bankkontrolle meinen wir im zweiten Teil der Arbeit nicht die Kontrolle des Kreditgebers über die Entscheidungen eines zahlungsunfähigen Unternehmens wie sie via Insolvenzrecht herbeigeführt wird. Was uns in diesem Kapitel interessiert, ist die ex ante feststehende und zustandsunabhängige Kontrolle über strategische Unternehmensentscheidungen. Banken steht eine solche Kontrolle durch die Ausübung von Depotstimmrechten oder Aufsichtsratsmandaten offen.

1.3 Kurzzusammenfassung der wichtigsten Ergebnisse in den Kapiteln

Kapitel 2: Beobachtbarkeit der Risikoklasse, Firmenrestrukturierung und Kreditbesicherung. In Kap. 2 entwickeln wir das Grundmodell für die Beantwortung der Frage nach der Optimalität der Selbstbindungsmechanismen Kreditbesicherung und Restrukturierungs-Know-how. Wir lehnen uns an das Wiederverhandlungsmodell aus Bester (1994) an und betrachten einen risikoneutralen Unternehmer, der Kredit aufnimmt, um ein profitables Projekt zu finanzieren. Der Kreditgeber kennt die Risikoklasse des Unternehmers, kann aber die Projektergebnisse nicht direkt beobachten. Im Falle der Insolvenz übernimmt die Bank das gesamte Unternehmen. Allerdings ist der Kreditgeber a priori der schlechtere Manager. Bei wahrer Insolvenz würde er es deshalb immer vorziehen, Schuldennachlass zu gewähren und das Unternehmen in den Händen des ursprünglichen Eigners zu belassen. Realisierend, dass Insolvenz Schuldennachlass nach sich ziehen kann, und wissend, dass die Bank den Projekterfolg nicht beobachten kann, hat der Unternehmer ein starkes Motiv, auch bei Projekterfolg Insolvenz zu erklären und auf Schuldennachlass zu hoffen. Da die Bank auf diesen Anreiz mit einer erhöhten Bereitschaft zur ineffizienten Unternehmensübernahme reagiert, reduziert das

Täuschungsmotiv unmittelbar den Unternehmenswert. Als Folge davon sinkt die Finanzierungsbereitschaft der Bank. Daher mag es sich lohnen, Instrumente zur Eindämmung des Täuschungsmotivs einzusetzen.

Solange das ineffizente Firmenmanagement der Bank als gegeben und unvermeidbar angesehen wird, kann der Unternehmer nur durch Kreditbesicherung und der daraus erwachsenden Gefahr, das Privatvermögen zu verlieren, daran gehindert werden, den Kreditgeber ex post auszubeuten. Wir argumentieren allerdings, dass Effizienzverlust beim Kontrollübergang und die daraus resultierende Bereitschaft zur Nachverhandlung keinesfalls ein natürlicher Bestandteil des Kreditvertrages ist. Vielmehr ist es Resultat einer Entscheidung, die der Kreditgeber zum Vertragszeitpunkt getroffen hat. Zu diesem Zeitpunkt sind zwei Optionen verfügbar. Die Bank kann entweder in Restrukturierungs-Know-how investieren oder eine solche Investition unterlassen. Eine Bank, welche die Investition getätigt hat, muss bei der Übernahme eines tatsächlich zahlungsunfähigen Unternehmens keinen Effizienzverlust befürchten.

Im Zentrum der Analyse dieses Abschnitts steht die Frage, was unter der Prämisse der exakten Beobachtbarkeit der Schuldnerklasse die Entscheidung der Bank determiniert, in Restrukturierungs-Know-how zu investieren. Es zeigt sich erstens, dass Banken umso eher in das spezielle Know-how investieren, je stärker ihre Marktstellung und je größer das zu finanzierende Projekt ist. Zweitens substituieren Restrukturierungs-Know-how und Kreditbesicherung einander. Die Substitutionsbeziehung erklärt sich daraus, dass beide Instrumentarien vor Vertragsbruch schützen. Kreditbesicherung bindet den Unternehmer an eine größere Vertragstreue, weil durch sie Vertragsbruch und Verlust des Privatvermögens Hand in Hand gehen. Restrukturierungs-Know-how provoziert Vertragstreue, weil Banken, die die Upfront-Investition getätigt haben und so über das nötige Rüstzeug zur Sanierung verfügen, zahlungsunfähige Unternehmen lieber übernehmen, als den erhofften Schuldennachlass zu gewähren.

Die Ergebnisse sind robust, auch wenn Restrukturierungs-Know-how nicht mehr als Kapazität, sondern als endogener Produktionsfaktor interpretiert wird. Kreditbesicherung ist effizient und substituiert das Know-how entweder ganz oder zumindest teilweise. Banken hoher Qualität sind zu größeren Investitionen in Restrukturierungs-Know-how bereit und besichern weniger als Banken niedriger Qualität. Das legt nahe, dass man umso weniger Kreditbesicherung beobachten sollte, je erfahrener die Mitarbeiter der Restrukturierungsabteilung sind, und je stärker sie sich anstrengen, kreditspezifisches Know-how zur Unternehmenssanierung aufzubauen.

Das Kapitel verschafft neue und auch empirisch testbare Einsichten über die Beziehung der beiden wichtigsten Instrumente der indirekten Bankkontrolle, der Investition in Restrukturierungs-Know-how und der Kreditbesicherung durch Privatvermögen. Da die Upfront-Investition direkt den Wert des – via Insolvenzrecht der Kreditbesicherung dienenden – Firmenvermögens beeinflusst, setzt die empirische Testbarkeit allerdings eine saubere Aufspaltung der untersuchten Kredite in solche mit Besicherung durch Firmenvermögen und solche mit Besicherung durch Privatvermögen voraus. Argumentierend, dass Kreditbesicherung effizient ist, wenn die Bank die Risikoklasse des Schuldners kennt, stellt das Kapitel überdies auch ein wichtiges Element des neuen Insolvenzrechts in Frage, die Einschränkung der Zugriffsrechte des Kreditgebers auf Kreditsicherheiten.

Kapitel 3: Restrukturierungs-Know-how und Kreditsicherheiten: Überblick über die Empirie. In diesem Kapitel werden die zentralen, in Kap. 2 gewonnenen Erkenntnisse über den Zusammenhang zwischen Besicherung mit Privatvermögen und Restrukturierungs-Know-how der vorhandenen empirischen Evidenz gegenübergestellt. Das Problem, das sich dabei stellt, ist der Mangel an empirischen Studien, die diesen Zusammenhang direkt adressieren. Wir gehen deshalb einen indirekten Weg und benutzen mit der Qualität der Kreditgeber-Kreditnehmer-Beziehung ein Proxy, für den empirisch sowohl ein enger Zusammenhang mit der Sanierungsexpertise von Banken als auch mit dem Grad der Kreditbesicherung nachgewiesen wurde. Es scheint so zu sein, dass die Fähigkeit von Banken, das Unternehmen im Notfall zu sanieren, konstituierender Bestandteil einer intensiven Gläubiger-Schuldner-Beziehung ist und die Intensität dieser Beziehung wiederum die Besicherungsanforderungen der Bank beeinflusst.

Der Versuch, Theorie und Empirie miteinander zu verknüpfen, leidet allerdings unter der Tatsache, dass in den vorhandenen empirischen Analysen wichtige Unterscheidungen, die notwendig wären, um die Erkenntnisse aus Kap. 2 mit der vorhandenen Evidenz in einen stringenten Zusammenhang bringen zu können, nicht gemacht werden. Die für die hier generierten Hypothesen wichtigsten Differenzierungen sind sicherlich zum ersten die Unterscheidung zwischen Betriebs- und Privatvermögen und zum zweiten die Unterscheidung zwischen Schuldnern, deren spezifische Risikoklasse bekannt ist und solchen, deren Risikoklasse nur nach dem statistischen Durchschnitt aller Kreditnehmer eingeschätzt werden kann.

Diese mangelnde Differenzierung bedeutet, dass die auf der theoretischen Ebene identifizierten unterschiedlichen Motive für Kreditbesicherung und die daraus resultierenden unterschiedlichen Aussagen über den Zusammenhang zwischen Kreditrisiko und Kreditbesicherung in der Empirie miteinander vermengt und damit unkenntlich gemacht werden. Da dies sowohl das Aussageziel als auch die Aussagekraft der Studien beeinträchtigt, muss festgestellt werden, dass die Frage nach der empirischen Relevanz der Thesen aus Kap. 2

offen bleiben muss. Das gilt insbesondere für die zentrale These, wonach *Kreditbesicherung durch Privatvermögen* und *Investition in Restrukturierungs-Know-how* negativ miteinander verknüpft sein sollten. Das Kapitel nährt Zweifel an der in der empirischen Forschung üblichen Verwendung von Querschnittsdaten. Um aussagekräftige Studien zum Zusammenhang zwischen Kreditbesicherung und Sanierungs-Know-how zu erhalten, scheinen zumindest zwei Dinge notwendig. Zum einen sollte klar zwischen *Besicherung durch Betriebs-* und *Besicherung durch Privatvermögen* unterschieden werden. Zum anderen ist, wie es auch das folgende Kapitel untermauert, die Berücksichtigung des A-priori-Informationsstands der kreditgebenden Bank unabdingbar.

Kapitel 4: Unbeobachtbarkeit der Risikoklasse - Kreditbesicherung und Restrukturierungs-Know-how als Instrumente der Schuldnerseparierung. Wir lassen nun die Annahme fallen, die Bank kenne die Risikoklasse des Schuldners ex ante. Unter der Prämisse, der Schuldner habe sowohl private Information sowohl über seine eigene Risikoklasse als auch über den realisierten Projekterfolg, verändert sich die Rolle von Kreditsicherheiten und Sanierungs-Know-how. Kapitel 4 entwickelt drei zentrale Ergebnisse. Erstens zeigen wir, dass das Resultat in der Literatur, wonach unter dem Regime von Schuldennachverhandlungen schlechte Schuldner stärker besichern als gute, vom Ex-ante-Informationsstand der Bank über die Schuldnerqualitität abhängt. Wenn die Bank die Risikoklasse nicht kennt, spielen Kreditsicherheiten auch bei Zulassung von Schuldennachverhandlungen die übliche Rolle als Selektionsmechanismus, vorausgesetzt, die Besicherung ist ex post ineffizient. Ex post effiziente Besicherung erlaubt hingegen keine Schuldnerdifferenzierung. Zweitens zeigen wir in diesem Kapitel, dass die Art, wie Privatvermögen in Kreditkontrakten verwendet wird, Investitionen in Restrukturierungs-Know-how provozieren kann. Wenn Besicherung als Sortiermechanismus taugt, wird in Sanierungs-Know-how investiert, um die Kosten der ineffizienten Besicherung zu senken. Wenn Kreditsicherheiten ein Vereinigungsgleichgewicht induzieren, mag Sanierungs-Know-how die Rolle des Sortiermechanismus übernehmen und die Schuldner separieren.

Wie im Fall der Bekanntheit der Risikoklasse (Kap. 2) sind auch die Ergebnisse bei zweidimensionaler Informationsasymmetrie ausgesprochen sensitiv gegenüber einer Veränderung der Wettbewerbsposition der Bank. In einem monopolistischen Kreditmarkt ist Besicherung effizient. Daher taugen weder Kreditsicherheiten noch Restrukturierungs-Know-how als Sortierinstrumente. Was hier für Vereinigung oder Trennung sorgt, ist in erster Linie die Projektgröße und der Wert der Outside-Option des Unternehmers.

Das Kapitel zeigt, dass der Zweck von Kreditbesicherung entscheidend vom Informationsstand der Bank abhängt. Wenn dieser vergleichsweise gut und die Risikoklasse des Schuldners bekannt ist, werden Kreditsicherheiten als Selbstbindungsmechanismus eingesetzt. Das setzt voraus, dass der Selbstbindungsertrag größer ist als die damit verbundenen Kosten, was sofort effiziente Besicherung impliziert. Bei schlechtem Informationsstand, wenn die Bank nichts über die Risikoklasse der Schuldner weiß, dient Kreditbesicherung der Informationsaufdeckung. Diese zweite Funktion kann Besicherung (mit Privatvermögen) nur ausfüllen, wenn sie ex post ineffizient ist, was nichts anderes bedeutet, als dass die Ex-ante-Informationaufdeckung höhere Kosten impliziert als die Ex-post-Abschreckung vor strategischer Insolvenz.

Bezogen auf die empirische Forschung legt das Kapitel nahe, dass der Zusammenhang zwischen Schuldnerrisiko und Kreditbesicherung nur sinnvoll abgebildet werden kann, wenn zwischen unterschiedlichen Informationsständen der Bank und daraus resultierend unterschiedlichen Zwecken von Besicherung unterschieden wird. Interessanterweise steht das prominenteste empirische Resultat, wonach schlechte Schuldner eher besichern als gute, im auffälligen Gegensatz zum prominentesten theoretischen Resultat, wonach es sich gerade umgekehrt verhält. Nach unserem Verständnis muss das Puzzle nicht darin begründet sein, dass die Theorie realitätsferne Modellierungen benutzt. Genauso gut kann das Puzzle auch der Tatsache geschuldet sein, dass die Empirie keine adäquaten Differenzierungen hinsichtlich der Kreditbesicherungsmotive vornimmt.

Kapitel 5: Unternehmenskontrolle und Standardfinanzierungsinstrumente. Ist es von Bedeutung, sich mit Standardfinanzierungsinstrumenten und den Kontrollrechten von Banken über strategische Unternehmensentscheidungen auseinander zusetzen? Es scheint so, denn die Kombination aus Mischfinanzierung (Beteiligungs- und Kreditfinanzierung) und Investorkontrolle wird in unterschiedlichen Finanzsystemen unterschiedlich gesehen. In den USA wurde vor kurzem mit der gesetzlichen Abschaffung des Trennbankensystems der Schlussstrich unter eine Entwicklung gezogen, die es den Banken in zunehmendem Maße erlaubte, von der mehr indirekten Investorkontrolle via Kreditsicherheiten und Kreditnebenabreden (Covenants) auf die direkte Kontrolle via Aktionärsvertretung und Beteiligungsbesitz umzusteigen. Demgegenüber wird in der deutschen Öffentlichkeit einer Bank grundsätzlich Interessenkollision unterstellt, wenn sie in einem Unternehmen, dessen Projekte sie sowohl durch Kredite als auch durch Beteiligungen finanziert hat, via Aufsichtsrat oder Depotstimmrecht bedeutsame Kontrollrechte besitzt. Ein viel beachteter Ausdruck der Konfliktthese ist die Empfehlung der Monopolkommission, den Anteilsbesitz von Banken gesetzlich auf 5 % zu begrenzen.

Interessenkollision impliziert, dass der Investor das Kontrollrecht über strategische Unternehmensentscheidungen zur Durchsetzung von Optionen benutzt, die den Unternehmenswert schmälern und die übrigen Anteilseigner ausbeuten. Im Rahmen eines Modells, in dem die Ex-post-Entscheidung über unterschiedlich riskante Optionen die Ex-ante-Leistungsentscheidung des Eigners/Managers wesentlich beeinflusst, gehen wir in diesem Kapitel der Frage nach, welche Kombination von Cash-flow- und ex ante festgelegten Kontrollrechten diese Interessenkollision verhindert. Insbesondere interessieren wir uns dabei für die Rolle des Mischkontrakts bei der Durchsetzung der unternehmenswertmaximierenden Option. Im Ergebnis argumentieren wir, dass das notwendige Finanzierungsvolumen die unternehmenswertmaximierende Kombination aus Kontrollregime und Cash-flow-Rechten determiniert.

Bei kleineren und mittleren Finanzierungsvolumina minimiert Managerkontrolle, gepaart mit einer diesem Kontrollregime angepassten (anreizkompatiblen) Finanzierungsstruktur, das Unterinvestitionsproblem. Bei sehr kleinen Projekten lässt sich das Problem der Unterinvestition in persönliche Leistung durch Managerkontrolle sogar eliminieren. Überschreitet die Investitionshöhe allerdings eine bestimmte Schwelle, sind unternehmenswertmaximierende Entscheidungen und die Minimierung des Unterinvestitionsproblems nur mehr durch Mischfinanzierung bei gleichzeitiger Investorkontrolle zu erreichen. Bei einem sehr großen Finanzierungsvolumen, das dem Outside-Investor zwangsweise die Rolle eines Quasi-Residualeinkommensempfängers zuweist ist unter der Prämisse der Investorkontrolle jedes Standardfinanzierungsinstrument entscheidungseffizient. Die Minimierung des Unterinvestitionsproblems auf der Managerseite gelingt unter diesen Umständen sowohl mit Misch- als auch mit reiner Kreditfinanzierung.

Die Kontrakthierarchie ist robust gegenüber Nachverhandlungen. Robustheit zeigt das Modell auch im Hinblick auf multiple Projektfinanzierung. Passive Portfolioinvestoren, die einen Teil der Kreditfinanzierung übernehmen, stärken sogar die Arbeitsanreize des Managers. Der geringere Kreditanteil der Beteiligungsbank senkt die anreizkompatible Beteiligungsquote und lässt damit den Manager stärker am Ertrag seiner eigenen Leistung teilhaben. Das erhöht seine Leistungsbereitschaft. Allerdings eröffnet multiple Projektfinanzierung für Manager und Hauptinvestor auch die Gelegenheit zu kollusionieren, und die Gruppe der Portfolioinvestoren ex post auszubeuten. Um das zu verhindern, sollten Mischkontrakte immer einen hinreichend großen – Kollusionsgewinne ausschließenden – Kreditanteil enthalten.

Im Lichte dieser Ergebnisse sollte Bankkontrolle und Mischfinanzierung durch die kontrollierende Bank in kapitalintensiven Branchen häufiger vorkommen als in Branchen mit geringeren Finanzierungsvolumina. Mischfinanzierung und eine dominante Rolle von Banken in der Unternehmenskontrolle scheinen zudem komplementär zueinander zu sein, so dass ein gegenseitiger regulativer Ausschluss Anpassungskosten hervorrufen dürfte. Das Modell legt zudem die Vorteilhaftigkeit multipler Projektfinanzierung nahe. Falls die Einbeziehung von Portfolioinvestoren jedoch mit einem zu geringen Kreditanteil der Beteiligungsbank einhergeht, drohen nur den gemeinsamen Interessen von Bank und Manager entsprechende, suboptimale Unternehmensentscheidungen.

1.4 Fazit

> Imagine a buyer, who requires a good (or service) from a seller. Suppose that the exact nature of the good is uncertain: more precisely, it depends on the state of nature which is yet to be realized. In an ideal world, the parties would write a contingent contract specifying exactly which good is to be delivered in each state. However, if the number of states is very large, such a contract would be prohibitively expensive. So, instead the parties will write an incomplete contract. Then when the state of nature is realized, they will renegotiate the contract, since at this stage they know what kind of good should be traded (Hart/Moore 1999).

In dieser Arbeit wird ein spezieller Service, die zeitweise Überlassung von Finanzmitteln zur Durchführung von Projekten betrachtet. Wenn jede Kontingenz im Verlauf einer Finanzierungsbeziehung beschreibbar und damit kontrahierbar wäre, würden weder Nachverhandlungen noch Selbstbindungsmechanismen zur Verhinderung von Ex-post-Ausbeutung jemals auf der Agenda der Vertragspartner stehen. Ebenso wenig hätte die Allokation von Unternehmenskontrolle irgendeine Relevanz für die Finanzierungskapazität (den Wert) eines Vertrages.

Die Welt allerdings ist eine andere. Nicht nur, dass Vertragspartner und Außenseiter, die Verträge verifizieren sollen, mit unterschiedlichen Fähigkeiten ausgestattet sind, den Zustand der Welt auch tatsächlich beurteilen zu können. Auch dann, wenn wir in der Lage wären, komplette Finanzierungsverträge zu schreiben, würden wir wegen der damit verbundenen Kosten freiwillig darauf verzichten. In einer solchen Welt ist die Allokation von Ex-post-Kontrollrechten und die Ex-ante-Investition in Selbstbindungsmechanismen von entscheidender Bedeutung für die Finanzierungskapazität eines Vertrages. Wie die Finanzierungskapazität durch Kontrollrechte und Selbstbindungsmechanismen beeinflusst wird, analysieren die folgenden Kapitel. Dabei konzentrieren wir uns auf die drei wesentlichen Instrumente, die der Finanzier zum Schutz vor Ex-post-Ausbeutung zur Verfügung hat – *Kreditbesicherung, Investition in Sanierungs-Know-how und und Ex-ante-Zuordnung von Unternehmenskontrolle.*

2. Beobachtbarkeit der Risikoklasse, Firmenrestrukturierung und Kreditbesicherung

2.1 Einführung

Sinkt der Firmenwert, wenn Banken die Kontrolle übernehmen? Die theoretische Literatur hält dazu keine einheitliche Antwort bereit. Einige neuere Beiträge zum Security-design setzen implizit voraus, dass keine übergangsbedingten Effizienzverluste auftreten, wenn Vermögenswerte und Firmenmanagement auf den Investor mit dem fixen Zahlungsanspruch übergehen. Zender (1991) benutzt die Annahme der effizienten Projektübernahme, um endogen die gemischte Kapitalstruktur als Resultat von Vermögensrestriktionen der Investoren abzuleiten. Dewatripont/Tirole (1994) zeigen unter Verwendung dieser Prämisse, dass Manager nur dann zu effizienten Entscheidungen gezwungen werden können, wenn bei Insolvenz des Unternehmens die Bank die Entscheidungsgewalt erhält. Damit wird von diesem Zweig der Literatur implizit unterstellt, dass Banken das entsprechende Know-how zur Führung notleidender Unternehmen entweder per se besitzen oder es aufbauen und vorhalten. Letzteres verursacht zwar Investitionen in Infrastruktur und vor allem in entsprechendes Humankapital, da diese Kosten aber zum Zeitpunkt der Insolvenz (ex post) versunken sind, wäre auch hier von einem kostenlosen Kontrollübergang auszugehen.[1]

Demgegenüber stehen Modelle, in denen die These vertreten wird, ein Kontrollübergang schade sowohl dem Unternehmer als auch dem Investor. Grundlage dieser Ergebnisse ist die Annahme die Vermögenswerte der Firma seien in den Händen des Unternehmers mehr wert als in den Händen eines externen Investors. So beruht der von Gale und Hellwig (1985) geführte Nachweis der Optimalität des Standardkreditvertrags auf der Annahme, dass der Investor Kosten aufwenden muss, um die Cash-flows zu verifizieren. Bester (1994) hingegen erklärt den Wertverlust bei Übernahme durch das schlechtere Projektmanagement der übernehmenden Bank. Noch weiter gehen Berglöf/v. Thadden (1994). Sie argumentieren, dass der Unternehmenswert auf den puren Liquidationserlös der materiellen Vermögensgegenstände sinkt, wenn die Kontrolle wegen Insolvenz auf den besicherten Finanzier übergeht.

---

[1] Da es sich in erster Linie um Humankapitalinvestitionen handelt, werden wir im Folgenden häufig von Restrukturierungs-Know-how sprechen.

Diese unterschiedlichen Konzepte werfen die Frage auf, welche Position gerechtfertigt ist. Haben Banken einen Anreiz, so genannte Restrukturierungskapazitäten aufzubauen, Kapazitäten also, die es ihnen erlauben, das Unternehmen bei Insolvenz zu übernehmen und es ohne sofortige Abschreibung auf den Unternehmenswert weiterzuführen, oder ist der Verzicht auf die Herausbildung dieses speziellen Know-hows rational?[2] Darauf eine Antwort zu finden, ist Ziel dieses Abschnitts.[3] Dabei beschränken wir uns analog zu Bester (1994) zunächst auf die reine Kreditfinanzierung. Das ist wohl begründet. Nach wie vor ist Kreditfinanzierung die dominierende Art der Außenfinanzierung. So haben Bolton und Scharfstein (1996) selbst für die USA festgestellt, dass in den Jahren zwischen 1946 und 1987 ca. 85 % der Außenfinanzierung aus der Aufnahme von Krediten stammte. Eigenkapitalfinanzierung trug hingegen nur mit 7 % zum gesamten Außenfinanzierungsvolumen bei.[4]

Für die Analyse greifen wir auf das Wiederverhandlungsmodell von Bester (1994) zurück. Im Mittelpunkt dieses Modells steht die Verhandlungsposition der kreditgebenden Bank bei proklamierter Insolvenz des Unternehmers. Da angenommen wird, dass das Projektmanagement der Bank weniger effizient ist als das des ursprünglichen Managers, verlieren die Vermögenswerte bei Übernahme sofort an Wert, selbst wenn davon ausgegangen wird, dass die direkten Kosten des Konkurses null sind.[5] Folglich ist für die Bank der Schuldennachlass bei Projektmisserfolg die dominante Strategie. Wenn der Erfolg nicht beobachtbar ist, erwächst für den Projektinhaber daraus der Anreiz, sich auch bei hohen Rückflüssen für insolvent zu erklären und darauf zu hoffen, dass seine Rückzahlungsverpflichtung reduziert wird. Diese Rückzahlungsverweigerung wird in der Literatur als strategic default (strategische Insolvenz) bezeichnet.[6] Davon zu unterscheiden ist die tatsächliche, durch

---

[2] Die Konzentration auf Banken ist bei dieser Fragestellung schon deshalb gerechtfertigt, weil die Geldgeber bei Mitteln, die am Kapitalmarkt aufgenommen wurden, in der Regel breit gestreut sind. Das Free-rider-Problem verhindert sowohl Wiederverhandlungen als auch den Aufbau von Restrukturierungskapazität. Insolvenz führt bei dieser Art der Finanzierung zur Liquidation. Vgl. Rajan (1992), der diese Finanzierungsart als arm length debt bezeichnet.

[3] Die Tatsache, dass es neuerdings Banken gibt, die ihre Risikoprämien auf der Grundlage des aus der Optionspreistheorie entliehenen Merton-Modells berechnen, ist als Indiz dafür zu werten, dass in diesen Banken entsprechende Kapazitäten vorgehalten werden. Die kostenlose Übernahme der Unternehmensaktiva bei Insolvenz zählt zu den wichtigsten Prämissen dieses Modells. Vgl. Merton (1977). Zu den Grundlagen des Optionspreismodells vgl. Kruschwitz/Schöbel (1984) und Kruschwitz (1999), Kapitel 9.

[4] Bolton/Scharfstein (1996), S. 2.

[5] Als direkte Kosten wird die Gesamtheit aller Verwaltungsgebühren und Gerichtskosten bezeichnet, die durch das Konkursverfahren selbst entstehen. Vgl. Weiss (1993), S. 161 und Wruck (1993) S. 262f.

[6] Fallstudien zum Problem des strategischen Bankrotts finden sich in Delaney (1998).

den Projektmisserfolg verursachte Insolvenz (liquidity default).[7] Aufbauend auf dem genannten Modellrahmen, argumentieren wir, dass der angenommene Effizienzverlust beim Kontrollübergang nicht per se, sondern nur dann eintritt, wenn die Bank keine Investitionen in Restrukturierungs-Know-how vorgenommen hat. Um effizient restrukturieren zu können, müssen entsprechend qualifizierte Fachleute engagiert und die notwendige Infrastruktur bereitgestellt werden. Beides erfordert Zeit. Diese Investition muss deshalb von der Bank ex ante, also bereits vor der Projektübernahme durchgeführt werden. In unserem Fall entscheidet die Bank simultan mit der Kreditvergabe auch bereits über das Restrukturierungs-Know-how.[8] Zum Zeitpunkt der Inanspruchnahme sind die Kosten für den Aufbau des Know-hows versunken und der Kontrollübergang ist faktisch kostenlos.[9]

Restrukturierungsmaßnahmen, wie Ablösung des alten Managements oder Veränderung der Arbeitsorganisation, haben in notleidenden Unternehmen Aussicht auf Erfolg. In erfolgreichen Unternehmen dürften sie die Beschäftigten jedoch eher demotivieren und zu Abwehrmaßnahmen führen.[10] Wir nehmen deshalb an, dass das von Banken vorgehaltene Restrukturierungs-Know-how nur dann eine positive Wirkung entfaltet, wenn die Insolvenz nicht strategischer Natur ist, die Bank also ein tatsächlich insolventes Unternehmen übernimmt. Wie sich zeigen lässt, reduziert der Aufbau von Restrukturierungs-Know-how die Neigung des Projektinhabers, sich aus strategischen Gründen für insolvent zu erklären. Verursacht wird die größere Wahrheitsliebe durch die geringere Bereitschaft zum Schuldenerlass bei Banken mit entsprechendem Know-how.

In der Modellierung von Bester (1994) wird unterstellt, dass die Bank auf der längeren Marktseite steht und um die Finanzierung des Projekts konkurrieren muss. Wir argumentieren hingegen, dass bei kleineren, aber auch bei mittelständischen Kreditnehmern häufig das Gegenteil der Fall ist. Für diese Gruppe sind Banken vielfach die einzige Finanzierungsquelle. Dabei konkurrieren die Unternehmer mit anderen Nachfragern um die knappen Mittel. Nicht die Kreditnehmer, sondern die Kreditgeber besitzen in diesem Marktsegment die Verhandlungsmacht und bestimmen die Ausgestaltung des Kreditvertrags.

Um zu klären, ob die Verhandlungsposition der Bank den Aufbau von Restrukturierungs-Know-how beeinflusst, beziehen wir beide Positionen explizit in die Analyse mit ein. Dabei stellt sich heraus, dass der Reservationsnutzen

---

[7] Vgl. Bolton und Scharfstein (1996), S. 2.
[8] Vgl. Hauswald (1995).
[9] Zu den Auswirkungen von versunkenen Kosten auf die Unternehmensfinanzierung vgl. auch Krahnen (1991).
[10] Vgl. auch Chang (1992).

des Projektinhabers und die Anschaffungsausgabe des Projekts einen entscheidenden Einfluss ausüben. Ein niedriger Reservationsnutzen wirkt zugunsten von Restrukturierungs-Know-how, wenn die Bank den Vertrag bestimmt. Warum? In dieser Situation gelingt es der Bank dank ihrer Verhandlungsmacht, einen hohen Rückzahlungsbetrag für den Kredit zu vereinbaren. Da nun der Verlust bei Schuldennachlass besonders groß ist, schränkt sie ihre Bereitschaft zu Nachverhandlungen ein, so dass sich die suboptimalen Übernahmen häufen. Durch den Aufbau von Restrukturierungskapazität kann diesem marktstellungsbedingten Effekt entgegengewirkt werden. Die Kapazität verhindert bei tatsächlicher Insolvenz den übernahmebedingten Effizienzverlust und lässt strategische Insolvenz ganz verschwinden. Banken, die das Projekt eines Unternehmers mit einer niedrigen Outside-option finanzieren, erzielen folglich mit Restrukturierungskapazität einen höheren Gewinn als solche, die auf die entsprechende Vorsorge verzichtet haben. Steht der Projektinhaber hingegen auf der kürzeren Marktseite, wird ein hoher Rückzahlungsbetrag immer dann kontrahiert, wenn das Projekt relativ groß ist. Infolgedessen lohnt es sich nur bei diesem Projekttyp, die Finanzierung einer Bank mit Restrukturierungs-Know-how zu übertragen, denn nur hier drohen gehäuft ineffiziente Übernahmen.

Im Zuge der Diskussion um das neue Insolvenzrecht wurde die Vermutung geäußert, dass Banken keinen Anreiz zum Aufbau von volkswirtschaftlich sinnvollen Restrukturierungskapazitäten besitzen, wenn die Kredite durch Betriebs- und Privatvermögen besichert sind.[11] Tatsächlich gibt es empirische Hinweise, dass bei anhaltend hoher Besicherung von Geschäftskrediten nur wenige Universalbanken in Deutschland über Restrukturierungskapazität verfügen.[12] Unklar ist allerdings, ob diejenigen Banken, die eine Reorganisationsabteilung besitzen, weniger Sicherheiten verlangen bzw. besicherte Banken gar nicht oder nur in geringem Umfang derartige Spezialabteilungen aufbauen.

Wir kommen zu dem Ergebnis, dass Restrukturierungs-Know-how tatsächlich durch die Besicherung der Kredite substituiert werden kann. Die Substitutionsbeziehung erklärt sich daraus, dass beide Instrumente gleichermaßen geeignet sind, den gewünschten Effekt, nämlich größere Vertragstreue beim Schuldner, hervorzurufen. Kreditbesicherung diszipliniert, weil durch sie Vertragsbruch und Verlust des Privatvermögens Hand in Hand gehen. Restrukturierungskapazität diszipliniert, weil Banken, die über das nötige Rüstzeug zur Sanierung verfügen, bekundet insolvente Unternehmen lieber übernehmen, als den vom Projektinhaber erhofften partiellen Schuldennachlass zu gewähren.

---

[11] Zum Beispiel Drukarczyk (1992).
[12] Vgl. Edwards/Fischer (1993), S. 149.

Wenn die Annahme, die Investition in Restrukturierungs-Know-how sei eine Kapazitätsinvestition, fallengelassen wird und stattdessen davon ausgegangen wird, dass das Know-how ein kreditspezifischer „Produktionsfaktor" ist, bleiben alle wichtigen Ergebnisse erhalten. Entscheidend für die Höhe der Upfront-Investition ist dann, wie effektiv die Bank bei der Nutzung dieses Produktionsfaktors ist. Hocheffektive Banken, Banken hoher Qualität also, erwerben mehr Restrukturierungs-Know-how und besichern weniger als Kreditgeber mit geringer Effektivität. Bei gegebener Bankqualität wird stärker in das Know-how investiert, wenn der Kreditgeber die Verhandlungsmacht besitzt und/oder große Projekte finanziert werden müssen. Kreditbesicherung substituiert für bestimmte Projekttypen den Aufbau von Restrukturierungs-Know-how. Die Substitution ist jedoch nicht immer vollständig. Bei relativ geringer Bankqualität und wertvollen Sicherheiten, kann es sich lohnen, zum Schutz vor strategischer Insolvenz beide Instrumente parallel einzusetzen. Banken hoher Qualität mögen allerdings von vornherein so große Investitionen tätigen, dass für sie der Paralleleinsatz von Restrukturierungs-Know-how und Kreditbesicherung keine relevante Option ist.

Hinsichtlich der Wohlfahrt lässt sich feststellen, dass sie tendentiell höher ist, wenn die Vertragspartei mit Informationsvorsprung, also der Projektinhaber, den Kontrakt bestimmt. Restrukturierungs-Know-how erhöht die Wohlfahrt, wenn große Projekte finanziert werden müssen. Bemerkenswert ist, dass die Upfront-Investition extrem große Projekte vor der Nichtrealisierung bewahrt, falls der Projektinhaber über kein Privatvermögen verfügt und folglich die Kreditbesicherung grundsätzlich nicht möglich ist. Das Problem der Kreditrationierung für Inhaber von Großprojekten, die ohne Privatvermögen dastehen, sollte deshalb weniger gravierend sein, wenn Banken die Upfront-Investition tätigen. Ist Privatvermögen vorhanden und Kreditbesicherung möglich, hat die mit der Besicherung einhergehende Substitution von Restrukturierungs-Know-how – entgegen der oben angeführten Vermutung in der Literatur – immer eine Wohlfahrtssteigerung zur Folge.

Um diese Aussagen zu belegen, ist der Rest des Kapitels wie folgt organisiert. Im zweiten Abschnitt stellen wir die grundlegenden Annahmen und das Basismodell dar. Danach zeigen wir, wie sich die Existenz von Restrukturierungskapazität auf den optimalen Kontrakt auswirkt. Im dritten Abschnitt analysieren wir, wie die Marktmacht des Investors die Entscheidung über den Aufbau von Restrukturierungskapazität beeinflusst und welche Folgen daraus für die Gesamtwohlfahrt erwachsen. Der zum Restrukturierungs-Know-how substitutive Charakter von Sicherheiten wird im vierten Abschnitt herausgearbeitet. Anschließend analysieren wir Besicherungs- und Restrukturierungsentscheidung unter der Prämisse eines von Bankqualität und Investitionssumme direkt abhängigen Restrukturierungsertrages.

2.2 Das Modell

Betrachten wir eine risikoneutrale Bank, die ein riskantes Projekt mit Anschaffungsausgabe I finanzieren soll.[13] Der Projekteigner selbst besitzt keinerlei finanzielle Mittel. Bei Erfolg liefert das Projekt den Ertrag x_h und bei Misserfolg den Ertrag x_l. Es besteht vollkommene Information über die Risikoklasse des Schuldners und damit über die Wahrscheinlichkeit p, mit der das Projekt Erfolg hat. Das Management des Projekts muss in den Händen des „Erfinders" liegen, und nur er kann beobachten, welcher Zustand tatsächlich realisiert wird.[14]

Der Bank stehen zwei Optionen offen. Entweder sie beschränkt sich auf die reine Finanzierung, oder sie trifft Vorsorge für einen eventuellen Kontrollübergang und investiert zum Zeitpunkt der Kreditauszahlung die Summe S, um Restrukturierungskapazität aufzubauen. Die Entscheidung der Bank bilden wir durch $k \in \{0, S\}$ ab. Die 0-Bank muss bei Übernahme den Abschlag $(1 - \alpha_i) x_i$, $i \in \{l, h\}$ auf die Firmenaktiva hinnehmen. Für den erwarteten Übernahmewert gelte mit $k = 0$ und W als Privatvermögen

$$p\alpha_h x_h + (1-p)\alpha_l x_l > W + x_l. \tag{2.1}$$

Eine S-Bank bewertet die Vermögenswerte einer tatsächlich insolventen Firma wegen des vorhandenen, spezialisierten Management-Know-hows höher. Wir gehen in diesem Abschnitt vereinfachend davon aus, dass im Zustand $i = l$ beim Kontrollübergang auf eine S-Bank kein Wertverlust auftritt und definieren

$$\gamma_k \equiv \begin{cases} 1 & \text{falls } k = S \\ \alpha_l & \text{falls } k = 0. \end{cases} \tag{2.2}$$

Wenn allerdings ein eigentlich liquides, aber vom Management aus strategischen Gründen für insolvent erklärtes Unternehmen übernommen wird $(i = h)$, sollen bei einer S-Bank aus den bereits erwähnten Gründen die gleichen Effizienzverluste wie im Fall der Nichtinvestition auftreten. Der Wertabschlag ist bei einem erfolgreichen Unternehmen unabhängig von k und beträgt $(1 - \alpha_h) x_h$. Außerdem gehen wir davon aus, dass ein erfolgreiches Projekt niemals weniger wert sein kann als ein erfolgloses: $\alpha_h x_h > \gamma_k x_l$.[15]

Da S eine spezifische Upfront-Investition seitens der Bank ist, könnte man auf den ersten Blick vermuten, dass sie – falls der Unternehmer den Vertrag anbieten kann – sofort dem Hold-up-Problem zum Opfer fällt (Alchian/Klein/Crawford 1978). Um diese Vermutung erst gar nicht aufkommen

---
[13] Eine Unterschlagung der Investitionssumme wie in (Bester/Scheepens 1996) schließen wir hier wie in den übrigen Kapiteln per Annahme aus.
[14] Bester (1994), S. 84. Da die zustandsabhängigen Realisationen bekannt sind, kann der Kreditnehmer seinen Ertragstyp nicht durch die Höhe des Rückzahlungsangebotes signalisieren wie in Gale/Hellwig (1989).
[15] Wir setzen voraus, dass Gläubiger in jedem Fall vollen Zugriff auf das Vermögen haben und zwar sowohl auf die Firmenaktiva als auch gegebenenfalls auf das Privatvermögen des Managers.

2.2 Das Modell

zu lassen, nehmen wir im ersten Schritt an, S sei verifizierbar. Im Verlauf der Analyse wird sich jedoch zeigen, dass das Hold-up-Problem hier gegenstandslos ist, so dass wir die Annahme der Verifizierbarkeit später wieder fallen lassen können. Allerdings gehen wir grundsätzlich davon aus, dass der Projektinhaber die Optionen k kennt und auch beobachten kann, welche die Bank ergreift. Den Zins setzen wir vereinfachend auf null.

Der Projektinhaber ist im Besitz von illiquidem Privatvermögen in Höhe von W. Ob die Bank das Vermögen teilweise oder ganz als Kreditsicherheit $C \in [0, W]$ einsetzt, hängt vom Effekt der Besicherung auf den Projektgewinn ab. Wenn besichert wird und das Vermögen wegen Insolvenz liquidiert werden muss, entstehen Transaktionskosten in Höhe von $(1 - \beta)C$. Das liquidierte Vermögen hat demzufolge für den Kreditgeber nur den Wert βC. Bei Projektmisserfolg verliert der Manager im schlechtesten Fall die gestellten Sicherheiten W und den Unternehmenswert x_l. Wir nehmen an, dass der Kreditgeber, selbst wenn er beides ohne Transaktionskosten übernehmen könnte, Verluste erzielen würde: $x_l + W < I$. Damit es überhaupt zur Kreditvergabe kommt, muss der Rückzahlungsbetrag R größer als I sein,

$$R > I > x_l + W. \tag{2.3}$$

Betrachten wir die Situation, wenn das Projekt ein Misserfolg ist. Hat die Bank die Anfangsinvestition S unterlassen, sinkt der Wert der Aktiva bei Projektübernahme durch die Bank auf $\alpha_l x_l$. Sie kann folglich ihre Position verbessern, wenn sie den Rückzahlungsbetrag auf die maximal mögliche Höhe x_l reduziert, auf die Übernahme verzichtet und nur das zur Besicherung herangezogene Privatvermögen übernimmt. Die Aussicht auf Neuverhandlung und Schuldennachlass schafft jedoch einen Anreiz, die Insolvenz auch bei Projekterfolg zu erklären. Wenn die Bank im Glauben, das Projekt befinde sich in einem schlechten Zustand, auf die Übernahme verzichtet und stattdessen die Schuld reduziert, gewinnt der Projektinhaber $R - x_l - C > 0$. Die Situation ist anders, wenn S investiert wurde. Dann ist der Ertrag des Schuldennachlasses null. Die S-Bank erzielt bei Übernahme im schlechtesten Fall x_l und im besten Fall $\alpha_h x_h > x_l$. Schuldennachverhandlungen sind deshalb für sie trotz der Unbeobachtbarkeit des Projekterfolges unattraktiv. Der Kreditgeber steht auf der kürzeren Marktseite. Die Projektinhaber konkurrieren um die Kreditverträge (R_k, C_k), so dass das Gewinnmaximierungskalkül der Bank den Rückzahlungsbetrag R und die geforderten Kreditsicherheiten C bestimmt. Der Inhaber erhält den Reservationsnutzen π, wobei π durch den Wert der Outside-option des Inhabers festgelegt wird. Im Normalfall entspricht er der Entlohnung, die der Manager erzielen könnte, wenn er auf die Durchführung des Projekts verzichten und einer alternativen Beschäftigung nachgehen würde. Das Projekt kann jedoch nicht ohne den Inhaber verwirklicht werden. Folglich hat π den Charakter von Opportunitätskosten, die ebenso wie die Anschaffungsausgaben I durch die erwarteten Auszahlungen des Projekts abgedeckt werden müssen. Projekte, die diese Bedingung nicht erfüllen, sollten nicht finanziert werden. Da der Wert der Outside-option bestimmt, inwieweit der Kreditgeber eine eventuell vorhandene dominante Verhandlungsposition in konkrete Ausbeutung umsetzen kann, determiniert π auch die faktische Marktmacht einer auf der kürzeren Marktseite stehenden Bank.[16] Wie wir nachher sehen werden, übt die Höhe von π entscheidenden Einfluss auf den Anreiz der Bank aus, Restrukturierungs-Know-how aufzubauen.

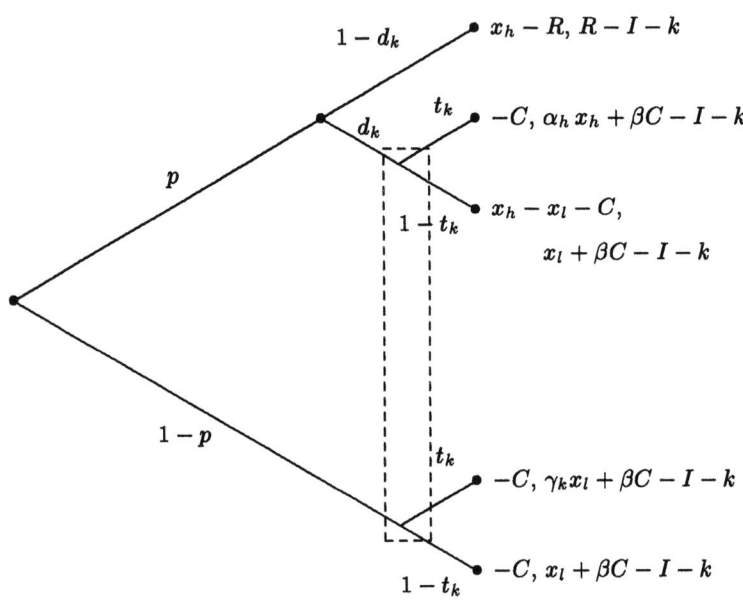

Abb. 2.1. Restrukturierungs-Know-how und Wiederverhandlung

Abbildung 2.1 zeigt den resultierenden Spielbaum. Wir unterscheiden zwei Zeitpunkte, $t = 0$ und $t = 1$. In $t = 0$ schließt die Bank den Vertrag (R_k, C_k)

---

[16] Diese Modellierung weist Analogien zum Konzept der „contestable markets" (Baumol/Panzar/Willig 1982) auf. Die faktische Marktmacht des Monopolisten wird nach dieser Theorie nicht von der momentanen Monopolposition bestimmt, sondern ist allein davon abhängig, wie hoch die Markteintrittskosten potentieller Konkurrenten sind. Bei uns wird die faktische Marktmacht des Kreditgebers nicht allein durch das Recht den Kontrakt vorzuschlagen, determiniert. Vielmehr sind es hier die „Vertragseintrittskosten" des Unternehmers, die über die aktuelle Ausbeutungsgefahr durch eine im Markt dominante Bank entscheiden.

ab, vergibt den Kredit I und entscheidet über die Investitionsausgabe S. Der Aufbau von Restrukturierungskapazität ist beobachtbar, so dass sich zwei Teilspiele, $k = S$ und $k = 0$, ergeben. Das Teilspiel $k = 0$ entspricht dem Gesamtspiel von Bester (1994). In $t = 1$ realisiert sich entweder x_h oder x_l. Bei niedrigem Ertrag ist der Projektinhaber nicht zahlungsfähig. Bei hohem Ertrag kann er zwischen vertragsgemäßer Rückzahlung und Proklamation der Insolvenz wählen. Im ersten Fall erhält er $x_h - R$. Der Nettoertrag der S-Bank beträgt $R - I - S$, der der 0-Bank ist $R - I$. Gemischte Strategien sind zugelassen. Die Wahrscheinlichkeit der strategischen Insolvenz sei mit $0 \leq d_S \leq 1$ bzw. $0 \leq d_0 \leq 1$ bezeichnet.

Wurde in $t = 1$ die Insolvenz erklärt, ist die Bank wieder am Zug. Sie kann das Projekt übernehmen oder nachverhandeln. Im Falle der Übernahme verliert der Inhaber das gesamte Projekt und die gestellten Sicherheiten. Die S-Bank erhält $\alpha_h x_h + \beta C - S - I$ im Erfolgs- und $x_l + \beta C - S - I$ im Misserfolgsfall. Der Payoff der 0-Bank ist $\alpha_h x_h + \beta C - I$ bei Projekterfolg und $\alpha_l x_l + \beta C - I$ bei einem Fehlschlag. Kommt es zur Nachverhandlung, wird die Schuld auf die im Misserfolgsfall maximal zur Rückzahlung verfügbare Höhe x_l abgesenkt. Das Projekt bleibt in den Händen des ursprünglichen Inhabers. Dessen Auszahlung beträgt in beiden Teilspielen $x_h - x_l - C$ bei strategischer und $-C$ bei tatsächlicher Insolvenz. Die S-Bank erhält sowohl im Erfolgs- als auch im Misserfolgsfall $x_l + \beta C - I - S$. Die Payoffs der 0-Bank belaufen sich in beiden Zuständen auf $x_l + \beta C - I$. Die Übernahmewahrscheinlichkeit durch die Bank sei $0 \leq t_S \leq 1$ bzw. $0 \leq t_0 \leq 1$.

2.2.1 Gleichgewichtige Strategien

Zur Lösung des Spiels benutzen wir das Konzept des perfekten Baysianischen Gleichgewichts. Wie Bester (1994) gezeigt hat, gibt es für das Teilspiel 0 kein Gleichgewicht in reinen Strategien. Um das zu sehen, nehmen wir zunächst an, der Projektinhaber würde immer lügen, $d_0 = 1$. Der erwartete Ertrag aus der Übernahme betrüge dann für die Bank

$$p\alpha_h x_h + (1-p)\alpha_l x_l + \beta C > x_l + \beta C.$$

Daraus folgt als beste Antwort $t_0 = 1$. Mit $t_0 = 1$ aber wäre es für den Inhaber optimal, niemals zu lügen: $d_0 = 0$ wegen $x_h - R > -C$. Die „beliefs" $d_0 = 1$ und $t_0 = 1$ sind nicht miteinander kompatibel. Prüfen wir nun $d_0 = 0$. Wird Insolvenz erklärt, weiß die Bank, dass das Projekt nicht erfolgreich war. Sie präferiert unter diesen Umständen den Schuldennachlass, $t_0 = 0$. Dies allerdings veranlasst den Projektinhaber wegen (2.3) und folglich $x_h - x_l - C > x_h - R$ mit Sicherheit zu lügen, $d_0 = 1$. Die Gleichgewichtsstrategien müssen deshalb gemischt sein: $0 < d_0 < 1$ und nach analoger Argumentation $0 < t_0 < 1$.[17]

---
[17] Vgl. Bester (1994), S. 80.

Im Gleichgewicht ist die Bank indifferent zwischen Schuldennachverhandlung und Übernahme. Mit $pd_0/(pd_0+1-p_0)$ als A-postiori-Wahrscheinlichkeit für das bloße Vortäuschen von Insolvenz gilt daher

$$\frac{pd_0}{pd_0 + 1 - p}\alpha_h x_h + \frac{1-p}{pd_0 + 1 - p}\alpha_l x_l = x_l. \tag{2.4}$$

Daraus resultiert als gleichgewichtige Täuschungswahrscheinlichkeit,

$$d_0 = \frac{(1-p)(1-\alpha_l)x_l}{p(\alpha_h x_h - x_l)}.$$

Aus der Indifferenz des Unternehmers zwischen Vertragserfüllung und strategischer Insolvenz,

$$x_h - R = (1 - t_0)(x_h - C - x_l) + t_0(-C), \tag{2.5}$$

ergibt sich als gleichgewichtige Übernahmestrategie der Bank

$$t_0 = \frac{R - C - x_l}{x_h - x_l}.$$

Wenden wir uns nun dem Teilspiel S zu. Für $\gamma_k = 1$ existiert ein Gleichgewicht in reinen Strategien. Um das zu sehen, beginnen wir mit $d_S = 0$. Wird nicht zurückgezahlt, ist die Bank sicher, dass das Projekt keinen Erfolg hatte. Wegen der Investition in entsprechendes Know-how wird sie nun die Übernahme schwach präferieren. Aus $t_S = 1$ folgt jedoch sofort $d_S = 0$. Die „beliefs" sind gegenseitig kompatibel. Das Gleichgewicht lautet $d_S = 0$ und $t_S = 1$, so dass sich das Teilspiel in Abb. 2.1 auf zwei Äste reduziert. Wenn das Projekt fehlschlägt, übernimmt die Bank die Aktiva und die Sicherheiten. Ist es erfolgreich, zahlt der Inhaber vertragsgemäß R zurück. Dieses Ergebnis bildet sich auch heraus, wenn zunächst $0 < d_S \leq 1$ unterstellt wird. Wegen $\alpha_h x_h > x_l$ wählt die Bank $t_S = 1$, was wiederum $d_S = 0$ induziert.

Mit dem Aufbau von Restrukturierungskapazität sind somit zwei Effekte verbunden. Unmittelbar erkennbar ist der direkte Effekt. Die Bank hat sich die Kompetenz angeeignet, notleidende Unternehmen effizient restrukturieren zu können. Sie muss also zum Vertragszeitpunkt keine übergangsbedingte Effizienzeinbuße von $(1-p)(1-\alpha_l)x_l$ mehr befürchten. Etwas weniger offensichtlich ist der indirekte, strategische Effekt. Restrukturierungskapazität stellt für die Bank auch ein perfekt wirksames Drohpotential dar. Aufgrund der strikten Präferenz für die Übernahme würde der Projektinhaber sein erfolgreiches und ihm deshalb sehr am Herzen liegendes Projekt mit Sicherheit verlieren, wenn er den Versuch machen würde, seinen Pay-off mittels einer vorgetäuschten Insolvenz zu erhöhen. Als Folge der strikten Übernahmepräferenz der S-Bank findet der erfolgreiche Unternehmer das buchstabengetreue Erfüllen seines Kreditvertrags attraktiver als den Vertragsbruch. Obwohl angenommen wurde, dass die Investition S bei Übernahme im „guten

Zustand" nutzlos ist, sorgt der indirekte, strikte Vertragstreue induzierende Effekt dafür, dass der Effizienzverlust von $pd_0t_0(1-\alpha_h)x_h$ auch im Erfolgsfall vermieden werden kann.

Daraus folgt unmittelbar, dass es sich für eine Bank niemals lohnen kann, die mittels S aufgebaute Restrukturierungsabteilung auf die generellere Verminderung der übernahmebedingten Effizienzverluste auszurichten. Da davon auszugehen ist, dass das Management von erfolgreichen Projekten andere Qualifikationen erfordert als das von erfolglosen, wird die Generalisierung immer durch die Hingabe von Spezialisierungsvorteilen erkauft werden müssen (Berglöf 1991, S. 113.). Wegen des oben beschriebenen Doppeleffekts wird jedoch eine Bank, die auf die Übernahme tatsächlich zahlungsunfähiger Unternehmen spezialisiert ist, ein reüssierendes Unternehmen ohnehin niemals übernehmen müssen. Folglich ist es für diesen Banktyp unbedeutend, wie hoch der übernahmebedingte Wertabschlag im Zustand h ausfällt.

2.2.2 Der optimale Kontrakt

Wir betrachten zunächst ein Szenario, in dem die Bank das Vorschlagsrecht für den Kontrakt besitzt. Bei einem solchen von der Bank determinierten Vertrag sprechen wir im Folgenden gelegentlich auch von einem *Bankkontrakt*. Der Projektinhaber erhält unter diesen Umständen nur den Reservationsnutzen π. Unter Nutzung der Indifferenzbedingungen (2.4) und (2.5) ergibt sich als Kompensation für den Projektinhaber

$$p(x_h - R) + (1-p)(-C) = \pi$$

und als Bankgewinn

$$G_k = p(1-d_k)R + (1-p+pd_k)(x_l + \beta C) - I - k.$$

Nach Auflösen der ersten Gleichung

$$R = x_h + \frac{(1-p)(-C)}{p} - \frac{\pi}{p} \qquad (2.6)$$

und Einsetzen in die zweite erhält man die Gewinngleichung der Bank die Form

$$G_k = p(1-d_k)(x_h - \frac{\pi}{p}) + (1-p+pd_k)x_l$$
$$+ \Big((pd_k + 1 - p)\beta - (1-d_k)(1-p)\Big)C - I - k. \qquad (2.7)$$

Differentiation nach C, Nullsetzen und Auflösen nach β liefert die kritische Verwertungsquote

$$\hat{\beta}_k \equiv \frac{(1-d_k)(1-p)}{pd_k + 1 - p}.$$

Die gewinnmaximierende Besicherungsstrategie lautet daher

2. Beobachtbarkeit der Risikoklasse

$$\beta > \hat{\beta}_k \implies C = W, \qquad (2.8)$$
$$\beta < \hat{\beta}_k \implies C = 0.$$

Nach Einsetzen von d_k in die Optimalbedingungen zeigt sich, dass die k-Bank keine Sicherheit hereinnimmt, wenn

$$\beta < \hat{\beta}_k = 1 - \frac{(1-\gamma_k)x_l}{p(\alpha_h x_h - \gamma_k x_l)}$$

ist. Mit $k = S$ (S-Bank) liegt $\hat{\beta}_S$ bei 1, so dass dieser Banktyp niemals Kreditsicherheiten verlangt. Ökonomische Ursache für diese Abstinenz der S-Bank ist die Nutzlosigkeit der Kreditbesicherung. Während bei der 0-Bank den verwertungsbedingten Kosten der Besicherung auch ein Nutzen in Form größerer Vertragstreue beim Schuldner gegenübersteht, fallen bei der S-Bank nur Besicherungskosten an. Der Anreiz zur Rückzahlungsverweigerung wird hier bereits über das Restrukturierungs-Know-how beseitigt.

Der von uns unterstellte Normalfall, die Bank sei im Besitz der gesamten Verhandlungsmacht, unterscheidet sich von der Modellformulierung in Bester (1994). Dort wird argumentiert, dass die Bank um die Projektfinanzierung konkurrieren muss und deshalb im Erwartungswert nur das Reservationsniveau I erhält. Prinzipiell sind hier zwei Vertragstypen denkbar. Der erste Vertragstyp (R_S, C_S) kompensiert die Bank sowohl für die Investitionskosten S als auch für die Projektkosten I. Um das Hold-up-Problem zu umgehen, sei angenommen, dass der Aufbau von Restrukturierungskapazität als verifizierbare Nebenabsprache im Kreditvertrag festgehalten werden kann. Beim zweiten Vertragstyp (R_0, C_0) decken die erwarteten Auszahlungen nur die Projektkosten I. Die Teilnahmebedingung für die Bank lautet unter diesen Umständen

$$I + k = p(1-d_k)R + (1 - p + pd_k)(x_l + \beta C),$$

so dass

$$R = \frac{I+k}{p(1-d_k)} - \frac{(1-p+pd_k)(x_l + \beta C)}{p(1-d_k)}. \qquad (2.9)$$

Einsetzen in die Gewinnfunktion des Projektinhabers ergibt als Gewinn

$$\Pi_k = px_h - \frac{I+k}{(1-d_k)} + \frac{(1-p+pd_k)(x_l + \beta C)}{(1-d_k)} - (1-p)C - \pi. \qquad (2.10)$$

Es ist leicht zu sehen, dass (2.8) auch in diesem Fall die gewinnmaximierende Besicherungsstrategie beschreibt. Um zu klären, ob die Entscheidung für oder gegen den Aufbau von Restrukturierungskapazität durch die Ex-ante-Verhandlungsposition der Bank beeinflusst wird, analysieren wir im Folgenden beide Marktkonstellationen. Dabei nennen wir einen vom Unternehmer (Manager) vorgeschlagenen Vertrag gelegentlich schlicht einen *Managerkontrakt*.

2.3 Verhandlungsmacht und Restrukturierungs-Know-how – der Fall ohne Sicherheiten

Der Zusammenhang zwischen Verhandlungsmacht beim Vertragsabschluss und Anreiz zum Aufbau von Restrukturierungskapazitäten lässt sich durch eine Gegenüberstellung der Gewinnfunktionen mit und ohne Restrukturierungskapazität darstellen. Diese Funktionen hängen davon ab, ob die 0-Bank Sicherheiten verlangt oder darauf verzichtet. Wir prüfen zunächst den Fall $\beta < \hat{\beta}_0$. Hier werden grundsätzlich keine Sicherheiten verlangt. In diesem Szenario beträgt der Bankgewinn

$$G_S = px_h + (1-p)x_l - I - S - \pi, \qquad (2.11)$$

wenn investiert wurde, und

$$G_0 = p(1-d_0)x_h + (1-p+pd_0)x_l - I - (1-d_0)\pi \qquad (2.12)$$

bei Unterlassung. Sorgt die Konkurrenz um die Finanzierung des Projekts dafür, dass die Bank nur das Reservationsniveau erhält, erzielt der Projektinhaber

$$\Pi_S = px_h + (1-p)x_l - I - S - \pi \qquad (2.13)$$

respektive

$$\Pi_0 = px_h + \frac{1-p+pd_0}{1-d_0}x_l - \frac{I}{1-d_0} - \pi. \qquad (2.14)$$

Ob die Bank Restrukturierungs-Know-how aufbaut, wird davon abhängen, wie „teuer" diese Upfront-Investition ist. Intuitiv würden wir wohl vermuten, dass die Kapazität immer aufgebaut wird, wenn sie bezogen auf den erwarteten Projektertrag „kaum etwas" kostet, und diese Investition nie durchgeführt wird, wenn sie, relativ gesehen, extrem „teuer" ist. Diese intuitive Vermutung entspricht genau dem, was das Modell vorhersagt. Wir definieren $S_{\min} \equiv d_0 W/(1-d_0)$ und $S_{\max} \equiv d_0 p(x_h - x_l)$. Wegen (2.1) ist $S_{\max} > S_{\min}$.[18] Damit gelangen wir zu Proposition 2.3.1. Bei extremen Kostenniveaus hängt die Entscheidung für oder gegen das Know-how nicht davon ab, wer ex ante die Verhandlungsmacht besitzt und den Vertrag vorschlägt.

Proposition 2.3.1. *Die Bank verzichtet grundsätzlich auf den Aufbau von Restrukturierungs-Know-how, wenn $S > S_{\max}$. Sie investiert hingegen immer in das Know-how, wenn $S < S_{\min}$ ist.*

---

[18] $d_0 W/(1-d_0) < d_0 p(x_h - x_l)$ ergibt

$$W\frac{\alpha_h x_h - x_l}{x_h - x_l} < p\alpha_h x_h + (1-p)\alpha_l x_l - x_l,$$

was wegen genannter Annahme in jedem Fall erfüllt ist.

Beweis

Bestimmt die Bank den Kontrakt, wird S nicht investiert, wenn

$$G_S - G_0 = pd_0(x_h - x_l - \frac{\pi}{p}) - S < 0 \quad \forall \quad 0 \leq \pi \leq \bar{\pi} \tag{2.15}$$

gilt. Die obere Grenze des Intervalls $\bar{\pi}$ markiert den Reservationsnutzen, bei dem beide Vertragspartner indifferent zwischen Durchführung und Unterlassung des Projekts sind. Sie ergibt sich durch Nullsetzen von (2.12) und Auflösen nach π. Negativ abhängig von den Investitionskosten kann sie wegen $I > x_l + W$ höchstens

$$\bar{\pi} < \bar{\pi}_{\max} = p\left(x_h - x_l - \frac{W}{p(1-d_0)}\right)$$

betragen. Mit

$$\frac{\partial G_0}{\partial \pi} = -(1-d_0) > \frac{\partial G_S}{\partial \pi} = -1$$

ist (2.15) für alle π und I erfüllt, wenn sie für die untere Intervallgrenze gilt. Einsetzen von $\pi = 0$ liefert unmittelbar $S > d_0 p(x_h - x_l)$. Hingegen lohnt es sich für jeden Projekttyp, Restrukturierungs-Know-how aufzubauen, wenn

$$G_S - G_0 = pd_0(x_h - x_l - \frac{\pi}{p}) - S > 0 \quad \forall \quad 0 \leq \pi \leq \bar{\pi} \tag{2.16}$$

erfüllt ist. Einsetzen von $\bar{\pi}_{\max}$ in (2.16) und Auflösen nach S ergibt $S < S_{\min} = d_0 W/(1-d_0)$. Ist der Inhaber im Besitz der Verhandlungsmacht, wird er unabhängig von π und I niemals den Kontrakt $(R_S, 0)$ anbieten, wenn

$$\Pi_S - \Pi_0 = \frac{d_0}{1-d_0}(I - x_l) - S < 0 \quad \forall \quad x_l + W < I \leq I_{\max} \tag{2.17}$$

ist, wobei $I_{\max} = px_h(1-d_0) + (pd_0 + 1 - p)x_l$ durch $\Pi_0 = 0$ und $\pi = 0$ definiert wird. Wegen

$$\frac{\partial \Pi_S}{\partial I} = -1 > \frac{\partial \Pi_0}{\partial I} = -\frac{1}{1-d_0} \tag{2.18}$$

ist (2.17) im gesamten Definitionsbereich erfüllt, wenn sie für die obere Grenze Gültigkeit besitzt. Einsetzen von $I_{\max}$ und Auflösen nach S liefert die gleichen Prohibitivkosten $S_{\max} = d_0 p(x_h - x_l)$ wie für den Fall des bankdeterminierten Kontrakts. Um diejenige Kostengrenze zu identifizieren, die die grundsätzliche Überlegenheit von $(R_S, 0)$ herbeiführt, genügt es wegen (2.18) in

$$\frac{d_0}{1-d_0}(I - x_l) - S > 0 \quad \forall \quad x_l + W \leq I \leq I_{\max},$$

die untere Intervallgrenze einzusetzen und nach S aufzulösen. Wir erhalten unmittelbar $S < S_{\min} = d_0 W/(1-d_0)$. △

2.3 Verhandlungsmacht und Restrukturierungs-Know-how

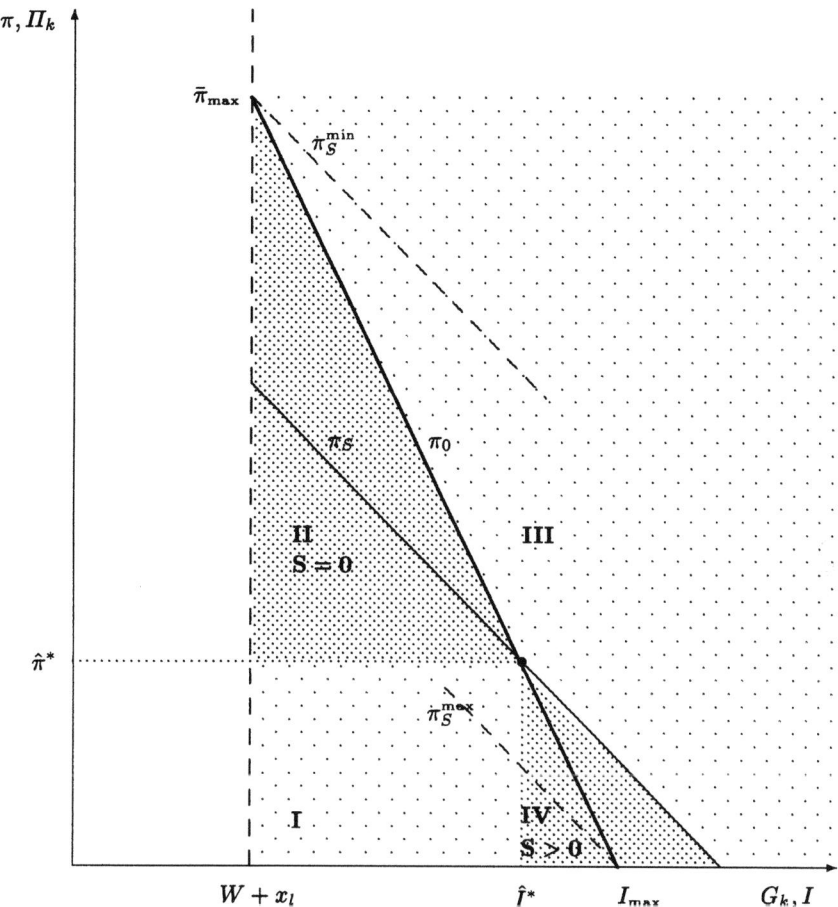

Abb. 2.2. Reservationsnutzen, Projektkosten und Restrukturierungs-Know-how

Die Irrelevanz der Ex-ante-Verhandlungsmacht der Vertragspartner bezüglich S_{max} und S_{min} lässt sich anhand von Abb. 2.2 verdeutlichen. Die fette Linie bildet alle π-I-Kombinationen ab, bei denen der Gewinn der 0-Bank in (2.12) gerade null ist, wenn sie den Kreditvertrag vorschlägt. Diese Kombinationen sind identisch mit denjenigen, für die auch der Gewinn des Unternehmers, Π_0 in (2.14), null ist, wenn er den Kontrakt bestimmt. Wir bezeichnen diesen Kurventyp im Folgenden kurz als Paretogrenze π_0. Da Projekte mit Anschaffungskosten $I < x_l + W$ per Annahme ausgeschlossen sind, definiert der Schnittpunkt zwischen der Senkrechten über $I = x_l + W$ und der Geraden denjenigen Reservationsnutzen $\bar{\pi}_{max}$, bei dem selbst diese, von der Anschaffungsausgabe her „preiswerten" Projekte nicht durchgeführt werden.

2. Beobachtbarkeit der Risikoklasse

Der Abszissenabschnitt markiert die ohne S-Investition maximal mögliche Anschaffungsausgabe I_{max}. Die zweite Interpretation dieser Geraden ergibt sich, wenn in (2.14) ein Reservationsnutzen von null angenommen wird. Unter diesen Umständen stellt sie den erreichbaren Maximalgewinn Π_0^{max} bei Kontraktvorschlag durch den Unternehmer dar. Für gegebene $0 < \pi < \Pi_0^{max}$ lässt sich der Gewinn des Projektinhabers durch den vertikalen Abstand zwischen der Geraden und π messen. Wie man leicht durch Umstellen von (2.12) nach I nachvollziehen kann, zeigt der horizontale Abstand zwischen der Geraden π_0 und einem gegebenem I hingegen den Gewinn der Bank an, wenn diese den Kontrakt bestimmt.

Wird Restrukturierungskapazität aufgebaut, definiert die Nullgewinnbedingung aus (2.11) respektive (2.13) eine Schar von Paretogrenzen π_S, die alle flacher verlaufen als die fett gezeichnete Gerade. Je höher S, desto näher liegt die entsprechende Paretogrenze am Ursprung. Die zu „extrem" niedrigen Kosten S_{min} gehörende Kurve π_S^{min} schneidet die steile Gerade im Punkt $[W + x_l, \bar{\pi}_{max}]$. Sie ist in Abb. 2.2 gestrichelt eingezeichnet. Bei einem solchen Kostenniveau lohnt sich der Aufbau von Restrukturierungs-Know-how selbst dann, wenn die Bank nur ein geringes Kreditengagement $I = W + x_l + \epsilon > I + W$ mit $\epsilon \to 0$ eingegangen ist und folglich der täuschungsbedingte Verlust auch entsprechend gering ist.

Die ebenfalls gestrichelte Paretogrenze π_S^{max} für das hohe Kostenniveau S_{max} schneidet die steile Gerade im Punkt $[I_{max}, 0]$. Bei einem solchen Kostenniveau lohnt sich Kapazitätsaufbau nie. Hier reicht selbst beim hohen Kreditengagement I_{max} der zu erwartende Täuschungsverlust nicht aus, um die Kapazitätskosten, die ja nichts anderes sind als die Kosten der Täuschungsvermeidung, wieder hereinzuholen.

Die Kosten für den Aufbau von Restrukturierungskapazität sind in hohem Maße davon abhängig, welches Management-Know-how benötigt wird. Banken werden sich mit der Attrahierung und Ausbildung von adäquatem Humankapital umso leichter tun, je bekannter und je standardisierter die benötigten Managementtechniken sind. Da das Wissen um die adäquaten Managementtechniken in jungen, innovativen und hochdynamischen Branchen am wenigsten entwickelt ist (Allen/Gale 1995), ist anzunehmen, dass der Aufbau einer erfolgversprechenden task force für die Sanierung von Projekten, die in solchen Branchen beheimatet sind, außerordentlich teuer ist. Standardisierte Managementtechniken sind am ehesten in Branchen mit reifen Technologien anzutreffen. Der Aufbau einer effektiven Restrukturierungskapazität sollte deshalb bei dieser Art von Branchen relativ leicht fallen. Wir betrachten im Folgenden Projekte, die weder dem einen noch dem anderen Extrem angehören, und konzentrieren uns auf das Kostenintervall $\hat{S} \in [S_{min}, S_{max}]$. Wie sich zeigen wird, verliert die Ex-ante-Verhandlungsmacht in diesem In-

2.3 Verhandlungsmacht und Restrukturierungs-Know-how

tervall ihren Irrelevanzcharakter und kann zur entscheidenden Triebkraft für oder gegen den Aufbau von Restrukturierungs-Know-how werden. In Vorbereitung dazu definieren wir

$$I^* \equiv x_l + \frac{1-d_0}{d_0}\hat{S}$$

und

$$\pi^* \equiv p(x_h - x_l) - \frac{\hat{S}}{d_0}.$$

Ersteres erhalten wir durch $\Pi_k = 0$ in (2.13) und (2.14), Gleichsetzen und Isolieren von I. Letzteres ergibt sich nach analogem Vorgehen aus (2.11) und (2.12) durch anschließendes Auflösen nach π.

Proposition 2.3.2. *Bei Projekten mit $\pi < \pi^*, I < I^*$ investiert die Bank nur in Restrukturierungs-Know-how, wenn sie ex ante selbst im Besitz der Verhandlungsmacht ist.*

Beweis
Die Herleitung von I^* und π^* impliziert

$$G_0 = G_S = \Pi_0 = \Pi_S = 0. \tag{2.19}$$

Bei Durchführung des Projekts $[I^*, \pi^*]$ erreichen beide Vertragspartner einen Gewinn von null. Wegen (2.19),

$$\frac{\partial[G_S - G_0]}{\partial \pi} = -d_0 < 0 \quad \text{und} \quad \frac{\partial[G_S - G_0]}{\partial I} = 0 \tag{2.20}$$

gilt

$$G_0 < G_S \quad \forall \quad \pi < \pi^* \quad \text{und} \quad \forall \quad I < I^*.$$

Bestimmt der Projektinhaber den Kontrakt, ergibt sich

$$\frac{\partial[\Pi_S - \Pi_0]}{\partial I} = \frac{d_0}{1-d_0} > 0 \quad \text{und} \quad \frac{\partial[\Pi_S - \Pi_0]}{\partial \pi} = 0, \tag{2.21}$$

so dass

$$\Pi_0 > \Pi_S \quad \forall \quad \pi < \pi^* \quad \text{und} \quad \forall \quad I < I^*$$

ist. △

Ein Projekt $[I < I^*, \pi < \pi^*]$ wird einmal mit und einmal ohne Restrukturierungs-Know-how finanziert, je nachdem wer in $t = 0$ den Vertrag vorschlagen kann. Woher kommt diese Asymmetrie? Entscheidender Hebel ist hier die von der Ex-ante-Verhandlungsmacht abhängige Höhe des Rückzahlungsbetrags R. Bestimmt die Bank den Kontrakt, kann sie einen hohen Rückzahlungsbetrag durchsetzen, wenn der Projektinhaber mit einem niedrigen Reservationsnutzen ausgestattet ist.

Die hohe Zahlungsverpflichtung eines ehrlichen Projektinhabers führt nun aber unmittelbar dazu, dass die Vertragstreue stark an Attraktivität verliert. Um in dieser Situation nicht mit Sicherheit davon ausgehen zu müssen, getäuscht und in verlustreiche Nachverhandlungen gezwungen zu werden, hat die Bank keine andere Wahl, als den erwarteten Überschuss aus dem Vertragsbruch so zu reduzieren, dass beim Projektinhaber wieder Indifferenz zwischen den beiden Alternativen Vertragstreue und Vertragsbruch herrscht. Dies geschieht über die Anhebung der Übernahmewahrscheinlichkeit. Übernahmen sind jedoch grundsätzlich kostenträchtig und drücken auf den Gewinn, wenn kein Restrukturierungs-Know-how vorhanden ist. In Situationen, in denen sie mit hoher Wahrscheinlichkeit stattfinden, lohnt es sich deshalb besonders, Restrukturierungskapazitäten aufzubauen und ineffiziente Übernahmen gänzlich zu eliminieren. Anders ist es, wenn der Inhaber den Kontrakt determiniert. Wegen der geringen Projektkosten ist die Kredithöhe und der Rückzahlungsbetrag entsprechend niedrig. Vertragstreue bei Projekterfolg liefert einen hohen Überschuss, so dass es sich die 0-Bank leisten kann, die Wahrscheinlichkeit für ineffiziente Übernahmen gering zu halten. Teure Restrukturierungskapazität aufzubauen, um die ohnehin nur mit geringer Wahrscheinlichkeit stattfindenden Übernahmen zu verhindern, zahlt sich hier nicht aus.[19]

Proposition 2.3.3. *Bei durchführbaren Projekten mit $I > I^*$ wird unabhängig davon, wer ex ante die Verhandlungsmacht besitzt, immer Restrukturierungskapazität aufgebaut. Projekte mit $\pi > \pi^*$ werden immer von 0-Banken finanziert.*

Beweis
Wegen

$$\frac{d\pi}{dI}_{|\Pi_S=0} = -1 < 0$$

(2.19), (2.20) und (2.21) sind die Ungleichungen $\Pi_S > \Pi_0$ und $G_S > G_0$ für alle durchführbaren Projekte mit $I > I^*$ erfüllt. Für $\pi > \pi^*$ gelten aus den gleichen Gründen $\Pi_S < \Pi_0$ und $G_S < G_0$. △

Die Vorteilhaftigkeit der Finanzierung großer Projekte durch eine Bank mit Restrukturierungs-Know-how spiegelt sich auch in Abb. 2.2 wider. Projekte mit Anschaffungskosten $I < x_l + W$ sind per Annahme ausgeschlossen. Für Π_S wird aus Illustrationsgründen davon ausgegangen, dass die Kosten der S-Investition gerade dem direkten Effekt, also den in Zustand x_l vermiedenen übergangsbedingten Effizienzverlusten entsprechen,[20]

$$S_{\min} < S' \equiv (1-p)(1-\alpha_l)x_l < S_{\max}.$$

---

[19] Für den Rest des Kapitels gehen wir davon aus, dass das Indifferenzprojekt ohne Restrukturierungskapazität finanziert wird.
[20] Die Bedingung $S_{\min} < S' < S_{\max}$ ist für alle $x_l + W < p\alpha_h x_h + (1-p)\alpha_l x_l$ erfüllt.

2.3 Verhandlungsmacht und Restrukturierungs-Know-how

Der Schnittpunkt von $\Pi_S = 0$ und $\Pi_0 = 0$ liegt bei

$$I^* = \hat{I}^* \equiv p\alpha_h x_h + (1-p)\alpha_l x_l, \quad \pi^* = \hat{\pi}^* \equiv p(1-\alpha_h)x_h.$$

Diese Koordinaten teilen die Graphik in vier Regionen ein. Beginnen wir mit Region IV. Für $\pi < \hat{\pi}^*$ und $I > \hat{I}^*$ ist der Rückzahlungsbetrag R hoch. Eine Monopolbank kontrahiert einen hohen Rückzahlungsbetrag, denn die niedrige Outside-option des Inhabers erlaubt es ihr, große Teile des Projektertrages abzuschöpfen. Ein Unternehmer mit Verhandlungsmacht muss eine hohe Zahlungsverpflichtung eingehen, weil die schiere Projektgröße ihn dazu zwingt. Restrukturierungs-Know-how zahlt sich hier aufgrund der hohen Wahrscheinlichkeit ineffizienter Übernahmen aus. Sie wird grundsätzlich aufgebaut, egal wer die Verhandlungsmacht hat. Das umgekehrte Pendant dazu ist Region II. Der Rückzahlungsbetrag und damit die Übernahmewahrscheinlichkeit ist relativ niedrig. Es wird niemals in Restrukturierungskapazität investiert. In Region I hingegen hängt R davon ab, wer den Vertrag vorschlagen kann. Es wird nur investiert, wenn die Bank den Kontrakt bestimmt. Region III beeinhaltet nichtrealisierbare Kombinationen von π und I.

Bemerkenswert ist, dass Restrukturierungskapazität extrem große Projekte vor der Nichtrealisierung bewahrt, falls der Projektinhaber über kein Privatvermögen verfügt und folglich die Kreditbesicherung grundsätzlich nicht möglich ist. Projekte der Region IV, die rechts der fetten Kurve π_0 liegen, würden ohne Restrukturierungskapazität und der Möglichkeit zur Kreditbesicherung der hohen Neigung zur ineffizienten Übernahme zum Opfer fallen. Eine Finanzierung käme nicht zustande, da unter diesen Umständen mindestens einer der Vertragspartner einen Verlust davontragen würde. Restrukturierungskapazität eliminiert die Neigung zur ineffizienten Übernahme und ermöglicht so einen positiven Projektüberschuss. Folglich sollte das Problem der Kreditrationierung für Inhaber von Großprojekten, die ohne Privatvermögen dastehen, weniger gravierend sein, wenn Banken Restrukturierungs-Know-how aufbauen. Anders ausgedrückt, Banken sollten besonders geneigt sein, in das Know-how zu investieren, wenn sie es mit Großprojekten zu tun haben, für die mangels Masse keine Besicherung möglich ist. Aufbauend auf das beschriebene Kostenbeispiel sollte sich auch Korollar 2.3.1 leicht erschließen. Die Upfront-Investition mag selbst dann überlegen sein, wenn sich die Bank kostenlos binden könnte, niemals nachzuverhandeln. Mit B als Wohlfahrtsniveau gilt:

Korollar 2.3.1.

Sei $S_{min} < \hat{S} = \hat{S}' < S'$, dann generiert sowohl der Restrukturierungskontrakt $(R_S, 0)$ als auch der Nachverhandlungskontrakt $(R_0, 0)$ im Gleichgewicht eine höhere Wohlfahrt als kostenlose Selbstbindung.

Beweis

Mit kostenloser Selbstbindung ist

$$B_0^{SB} \equiv px_h + (1-p)\alpha_l x_l - \pi - I.$$

Das Wohlfahrtsniveau B_0^{SB} ist unabhängig davon, wer den Kontrakt determiniert. Mit $(R_S, 0)$ beträgt der Projektüberschuss und damit die Wohlfahrt

$$G_S = \Pi_S = px_h + (1-p)x_l - \pi - I - \hat{S}' > B_0^{SB}. \quad (2.22)$$

Restrukturierungs-Know-how ist in zwei Fällen optimal, entweder handelt es sich bei $\pi < \pi^*(\hat{S}')$ um einen Bankkontrakt oder das Projekt ist hinreichend groß, $I > I^*(\hat{S}')$. Unter diesen Umständen gilt wegen (2.22)

$$B = G_S > B_0^{SB} \quad \text{oder}$$
$$B' = \Pi_S > B_0^{SB}.$$

Optimalität des Nachverhandlungskontraktes $(R_0, 0)$ erfordert entweder $\pi \geq \pi^*(\hat{S}')$ oder im Falle des Kontraktvorschlags durch den Manager $I \leq I^*(\hat{S}')$. Bei Letzterem ist mit (2.22) die Ungleichung

$$B' = \Pi_0 > \Pi_S > B_0^{SB}$$

erfüllt. Beim Bankkontrakt impliziert (2.22) für $\pi \geq \pi^*(\hat{S}')$

$$B = G_0 > G_S > B_0^{SB}.$$

△

Abbildung 2.3 verdeutlicht die grundsätzliche Unterlegenheit von kostenloser Selbstbindung bei einem hinreichend niedrigen S. Die gestrichelte π^{SB}-Kurve stellt die Paretogrenze bei kostenloser Selbstbindung dar. Betragen die Kapazitätskosten $\hat{S}' = S'$, liegt die π_S-Kurve genau auf der π^{SB}-Kurve. Für alle $\hat{S}' < S'$ befindet sich die π_S-Kurve nicht mehr auf, sondern rechts neben der π^{SB}-Kurve. Gäbe es für die Bank die Möglichkeit, sich ohne Kosten daran zu binden, in $t = 0$ nicht nachzuverhandeln, würde zwar bei allen Projekten das Phänomen des Vertragsbruchs beseitigt, leider aber auch die Option des effizienzneutralen Schuldennachlasses. Insolvenz würde somit im Falle des Projektmisserfolgs die sichere Übernahme und einen Übernahmeverlust von $(1-\alpha_l)x_l$ erzwingen. Vergleicht man dies mit der bei Nichtbindung möglichen, jeglichen Übernahmeverlust eliminierenden Kreditnachverhandlung, so ist bei allen Projekten mit $I < \hat{I}^*$ (Managerkontrakt) oder $\pi > \hat{\pi}^*$ (Bankkontrakt) Nichtbindung der kostenlosen Selbstbindung zweifellos überlegen.[21]

Das Indifferenzprojekt ist für $\hat{S}' < S'$ durch $\pi^*(\hat{S}') > \hat{\pi}^*$ und $I^*(\hat{S}') < \hat{I}^*$ definiert. Als dominierende Vertragspartei würde die Bank bei Projekttypen mit $\pi < \pi^*(\hat{S}')$ und $I < I^*(\hat{S}')$ Restrukturierungskapazität aufbauen und

---
[21] Vgl. dazu auch Bester (1994), S. 84.

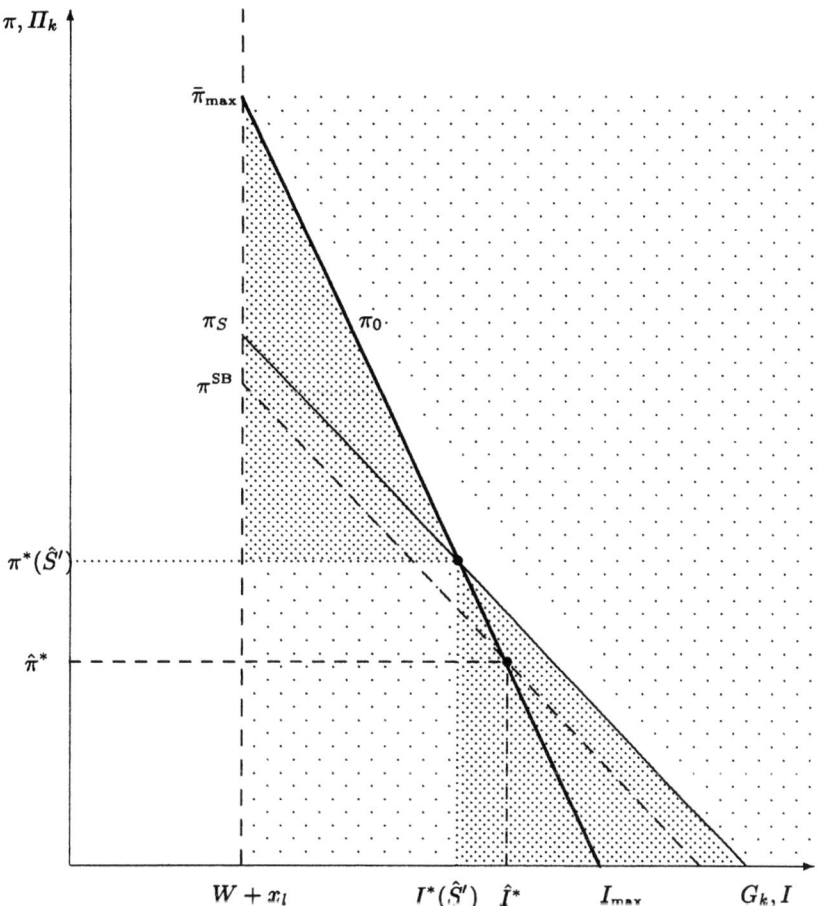

Abb. 2.3. Kostenlose Selbstbindung und Restrukturierungs-Know-how

so die Täuschungsgefahr beseitigen. Da sie dafür weniger als S' verausgaben muss, sind die Kosten, die für die Eliminierung ineffizienter Übernahmen anfallen, kleiner als der Ertrag in Form vermiedener Wertverluste beim Kontrollübergang. Diese Überlegung greift grundsätzlich auch für alle Projekte mit $I > I^*(\hat{S}')$, so dass auch hier der Aufbau von Restrukturierungs-Knowhow der kostenlosen Selbstbindung vorzuziehen ist.

Bislang sind wir davon ausgegangen, dass die Investition S als Nebenabsprache im Kreditvertrag festgehalten und damit auch verifizierbar ist. Da dies in realen Kreditverträgen kaum jemals der Fall sein wird, wäre es zweckmäßig, auf die Annahme zu verzichten. Satz 2.3.4 zeigt, dass die Bank immer dann, wenn der Projektinhaber den Vertrag $(R_S, 0)$ anbietet, auch tatsächlich in Restrukturierungs-Know-how investieren wird. Ebenso wird sie selbst niemals die Investition unterlassen, wenn sie einen Restrukturierungsvertrag anbietet. Damit können wir die Annahme der Kontrahierbarkeit der S-Investition fallenlassen.

Proposition 2.3.4.

1. *Der vom Projektinhaber angebotene Vertrag $(R_S, 0)$ ist anreizkompatibel, selbst wenn die S-Investition zwar beobachtbar, aber nicht kontrahierbar ist.*
2. *Bestimmt die Bank den Vertrag, wird sie für alle $\pi < \pi^*$ den Vertrag $(R_S, 0)$ anbieten und die Investition durchführen, selbst wenn die S-Investition nur beobachtbar und nicht kontrahierbar ist.*

Beweis

1. Gemäß Proposition 2.3.3 ist $(R_S, 0) \succ (R_0, 0)$ bei Projektgrößen von $I > I^*$ erfüllt. Aus $(R_S, 0)$ resultiert mit $\hat{S} \in (S_{\min}, S_{\max})$ der Rückzahlungsbetrag

$$R_S = \frac{I + \hat{S}}{p} - \frac{1-p}{p} x_l.$$

Strategisches Unterlassen der S-Investition führt dazu, dass der Projektinhaber die Bank nach Vertragsabschluss wie eine 0-Bank behandelt. Unter diesen Umständen ergibt sich für alle $I > I^* = \frac{(1-d_0)}{d_0} \hat{S} + x_l$ eine erwartete Auszahlung von

$$p(1 - d_0)R_S + (1 - p + pd_0)x_l < I = pR_S + (1-p)x_l.$$

2. Der durchsetzbare Rückzahlungsbetrag beträgt für die vorschlagende Bank

$$R_S = x_h - \frac{\pi}{p}.$$

Einsetzen von R_S in (2.11) beziehungsweise (2.12) liefert als Bedingung für die Überlegenheit der tatsächlichen Upfront-Investition

$$p(1-d_0)x_h + (1-p+pd_0)x_l - (1-d_0)\pi < px_h + (1-p)x_l - \hat{S} - \pi,$$

was sich sofort zu $\pi < \pi^*$ umformen lässt. △

Der Projektinhaber bietet den Vertrag $(R_S, 0)$ nur an, wenn der Aufbau von Restrukturierungskapazität die Auszahlung des Projekts erhöht. Den höheren Überschuss schöpft er bereits ex ante durch die Reduktion des Rückzahlungsbetrages auf R_S ab. Wenn nun die Bank nach Vertragsabschluss darauf

2.3 Verhandlungsmacht und Restrukturierungs-Know-how

verzichtet, die Minderung des Rückzahlungsbetrages wieder zu erwirtschaften, indem sie mittels Restrukturierungskapazität die Wahrscheinlichkeit des Vertragsbruchs auf null reduziert und die stattfindenden Übernahmen effizient gestaltet, gerät sie zwangsläufig in die Verlustzone. Ex post besteht für die Bank daher kein Anreiz, vom Vertrag $(R_S, 0)$ abzuweichen. Das gilt erst recht, wenn sie selbst den Vertrag determiniert. Jeglicher Mehrerlös aus Effizienzverbesserungen verbleibt dann naturgemäß bei der Bank. Da die Investition S nur durchgeführt wird, wenn sie effizient ist, kann es sich niemals lohnen, die Investition nach Abschluss von $(R_S, 0)$ zu unterlassen. Wenden wir uns nun der Frage zu, welchen Einfluss die Marktmacht der Bank auf die Wohlfahrt ausübt.

Proposition 2.3.5. *Durchführbare Projekte mit $I < I^*$ generieren eine größere Wohlfahrt, wenn der Projektinhaber den Kontrakt bestimmt. Bei Projektkosten von $I > I^*$ ist die Wohlfahrt unabhängig davon, wer den Kontrakt vorschlägt.*

Beweis
Bei einem bankdeterminierten Kontrakt beträgt die Wohlfahrt

$$B = \begin{cases} G_S & \text{für } \pi < \pi^* \\ G_0 & \text{für } \pi \geq \pi^*. \end{cases}$$

Ein Managerkontrakt generiert den Projektüberschuss

$$B' = \begin{cases} \Pi_0 & \text{für } I \leq I^* \\ \Pi_S & \text{für } I > I^*. \end{cases}$$

Wegen

$$G_0 < \Pi_0 \quad \forall \quad \pi < px_h + \frac{1-p+pd_0}{1-d_0}x_l - \frac{I}{1-d_0} \equiv \Pi_0(I,0),$$

ist

$$B' > B \quad \forall \quad I < I^* \quad \text{und} \quad \forall \quad \Pi_0(I,0) > \pi > \pi^*.$$

Für das Indifferenzprojekt (I^*, π^*) gilt weiterhin

$$B' = \Pi_0 = B = G_0.$$

Die Identität der Gewinnfunktionen, $G_S = \Pi_S$, in Kombination mit (2.19)-(2.21) aus Proposition 2.3.2, liefert zudem

$$B' = \Pi_0 > B = G_S \quad \forall \quad I < I^* \quad \text{und} \quad \forall \quad \pi < \pi^*$$
$$B' = \Pi_S = B = G_S \quad \forall \quad I > I^* \quad \text{und} \quad \forall \quad \pi \leq \pi^*.$$

△

Triebkraft für die Überlegenheit des Managerkontrakts bei Projekten mit niedrigen Anschaffungsausgaben ist die Tatsache, dass ineffiziente Übernahmen hier vergleichsweise selten sind. Um auch im Falle des bankbestimmten Kontrakts das Wohlfahrtsniveau B' zu erreichen, müsste die Bank für alle $I < I^*$ den im Vertrag festgelegten Rückzahlungsbetrag freiwillig soweit reduzieren, dass der Inhaber im Erwartungswert eine Auszahlung von $\Pi_0(I,0) > \pi$ erhält. Das aber bedeutet für die Bank einen freiwilligen vollständigen Gewinnverzicht, der bereits in $t = 0$ festgelegt wird.

Ein derartiges Verhalten einer marktmächtigen Bank ist aber nur denkbar, wenn sie sich einer kompensierenden Transferzahlung durch den Projekteigner sicher ist. Zu einem solchen Transfer ist der Unternehmer aufgrund der fehlenden Mittel erst in $t = 1$ in der Lage. Zu diesem Zeitpunkt gibt es für ihn jedoch keinen Anreiz mehr, die Bank tatsächlich zu kompensieren. Der Vertrag mit dem niedrigen R garantiert dem Projektinhaber nicht nur den gesamten Bankgewinn G_k, $k \in \{0, S\}$, sondern darüber hinaus auch noch den aus der Reduktion ineffizienter Übernahmen resultierenden zusätzlichen Projektüberschuss. Jegliches Versprechen des Unternehmers die Bank ex post für den in $t = 0$ geleisteten Gewinnverzicht zu entschädigen, muss zwangsläufig unglaubwürdig sein. Die überschusserhöhende Nash-Bargaining-Lösung (Nash 1950), also die Kontrahierung von Rückzahlungsbeträgen, die niedriger sind, als diejenigen, die eine kontraktdeterminierende Bank durchsetzen könnte, scheitert ähnlich wie in Berglöf/v. Thadden (1994) und Bolton/Scharfstein (1990) an der Zeitinkonsistenz des Kompensationsversprechens.

2.4 Restrukturierungs-Know-how und Besicherung

Kreditsicherheiten werden nur verlangt, wenn die S-Investition nicht durchgeführt wurde und die Verwertungsquote im Bereich $\hat{\beta}_0 < \beta < 1$ liegt. Zur leichteren Unterscheidung nennen wir den Gewinn, welcher sich mit $k = 0$ und $C = W$ in (2.7) ergibt, G_{0w}. Nach analogem Einsetzen in (2.10) erhalten wir Π_{0w}. Mit $\hat{\beta}_0 < \beta$ betragen die jeweiligen Gewinndifferenzen

$$G_S - G_{0w} = d_0 p \left(x_h - x_l - \frac{\pi}{p} \right) - \hat{S} - v_0 W$$

und

$$\Pi_S - \Pi_{0w} = \frac{d_0}{1 - d_0} \left(I - x_l - \frac{v_0}{d_0} W \right) - \hat{S},$$

wobei $v_0 \equiv \beta(1 - p + pd_0) - (1 - d_0)(1 - p)$ aufgrund von (2.8) positiv ist. Durch Nullsetzen der Gewinndifferenzen und Auflösen nach π und I erhalten wir als neue Indifferenzniveaus

$$\pi_{\mathrm{w}}^* \equiv p(x_h - x_l) - \frac{\hat{S} + v_0 W}{d_0} < \pi^*$$

und

$$I_{\mathrm{w}}^* \equiv x_l + \frac{1-d_0}{d_0}\hat{S} + \frac{v_0}{d_0}W > I^*.$$

Proposition 2.4.1. *Der Anreiz, Restrukturierungskapazitäten aufzubauen, ist umso geringer, je größer die Verwertungsquote der Kreditsicherheiten. Dies gilt unabhängig davon, wer den Kontrakt vorschlägt.*

Beweis
Mit $\partial v_0/\partial \beta > 0$ steigt I_{w}^* (sinkt π_{w}^*) umso stärker, je besser die Bank die Sicherheiten verwerten kann. Wegen $\partial[G_S - G_{0\mathrm{w}}]/\partial \pi < 0$ und $\partial[\Pi_S - \Pi_{0\mathrm{w}}]/\partial I > 0$ folgen daraus

$$G_S < G_{0\mathrm{w}} \quad \forall \quad \pi^* > \pi > \pi_{\mathrm{w}}^*$$

und

$$\Pi_S < \Pi_{0\mathrm{w}} \quad \forall \quad I^* < I < I_{\mathrm{w}}^*.$$

Bei steigender Verwertungsquote erfüllen immer mehr durchführbare Projekte die beiden Ungleichungen. △

Proposition 2.4.2. *Sicherheiten steigern die Wohlfahrt bei Projekten mit $\pi > \pi_w^*$ und $I < I_w^*$ unabhängig davon, wer den Kontrakt bestimmt. Bei Projekten, für die $\pi < \pi_w^*$ und $I < I_w^*$ gilt, wirken sich Kreditsicherheiten nur wohlfahrtssteigernd aus, wenn der Inhaber den Kontrakt bestimmt.*

Beweis
Wegen (2.8) gilt

$$\Pi_{0\mathrm{w}} > \Pi_0 \text{ und } G_{0\mathrm{w}} > G_0 \quad \forall \quad \beta > \hat{\beta}_0.$$

Bei Projekten mit $\pi > \pi_{\mathrm{w}}^*$, $I < I_{\mathrm{w}}^*$ wird niemals in Restrukturierungskapazität investiert, so dass $\Pi_{0\mathrm{w}} - \Pi_0 > 0$ (Managerkontrakt) bzw. $G_{0\mathrm{w}} - G_0 > 0$ (Bankkontrakt) die aus der Kreditbesicherung resultierende Wohlfahrtszunahme wiedergeben. Die zweite Projektkategorie mit $\pi < \pi_{\mathrm{w}}^*$, $I < I_{\mathrm{w}}^*$ wird nur für den Fall eines Managerkontrakts ohne Restrukturierungs-Know-how finanziert. Die Wohlfahrt nimmt in diesem Fall um $\Pi_{0\mathrm{w}} - \Pi_0$ zu. Bestimmt hingegen die Bank den Kontrakt, investiert sie in die entsprechenden Kapazitäten. Da dies den Verzicht auf Sicherheiten nach sich zieht, bleibt die Wohlfahrt hier unverändert. △

40   2. Beobachtbarkeit der Risikoklasse

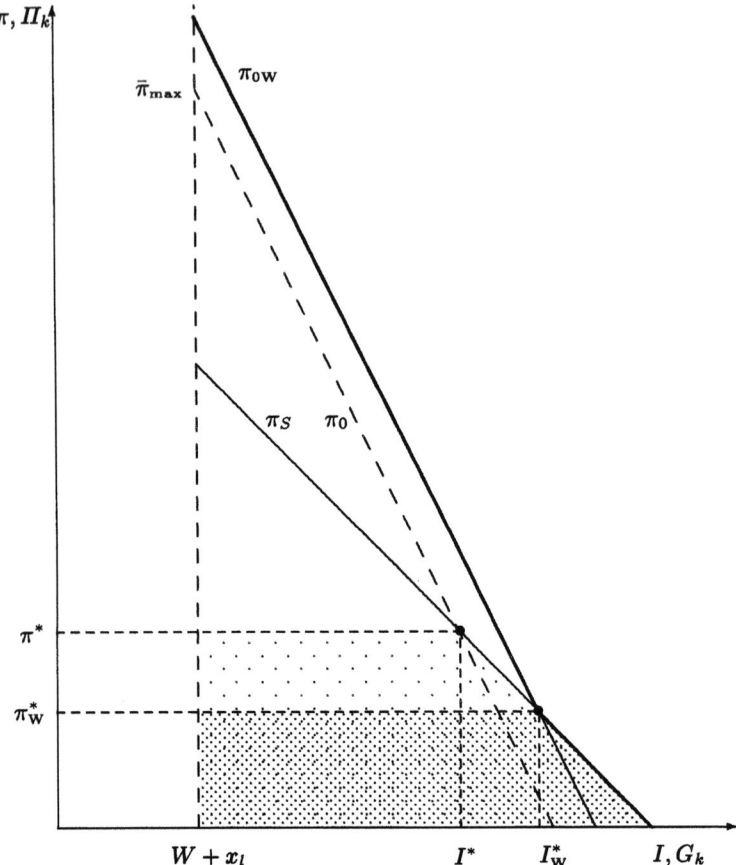

Abb. 2.4. Substitutionswirkung von Sicherheiten

Die Auswirkungen der Hereinnahme von Sicherheiten sind in Abb. 2.4 dargestellt. Aufgrund der niedrigen Transaktionskosten der Kreditsicherheiten verschiebt sich die π_0-Kurve parallel nach rechts und wird zur π_{0w}-Kurve. Diese Verschiebung vergrößert den Projekt-Realisationsbereich. Das Indifferenzprojekt für beide Vertragspartner ist nun durch $\pi = \pi_w^*$ und $I = I_w^*$ charakterisiert, so dass sich die Gesamtfläche von Region I und IV vermindert. Bei gegebenen Kosten $\hat{S}$ sind seltener Projekteigenschaften vorhanden, die den Aufbau von Restrukturierungskapazität erzwingen. Selbst wenn die Bank den Kontrakt bestimmt, finanziert sie Projekte mit $\pi^* > \pi > \pi_w^*$ nun ohne Restrukturierungs-Know-how. Bei noch durchführbaren, aber großen Projekten ($I_w^* > I > I^*$) schließt der Inhaber den Vertrag (R_S, C_S) nicht ab, wenn er Sicherheiten anbietet.

2.4 Restrukturierungs-Know-how und Besicherung

Der Gewinn im Teilspiel ohne Restrukturierungskapazität stellt die Opportunitätskosten für das Teilspiel mit Restrukturierungskapazität dar. Die bei hohem β auftretende gewinnerhöhende Wirkung der Besicherung treibt folglich die Opportunitätskosten der S-Investition in die Höhe und vermindert ihre Attraktivität. Warum das so sein muss, lässt sich leicht mit Hilfe von Indifferenzbedingung (2.5) nachvollziehen. In Teilspiel 0 resultieren aus der Kreditbesicherung zwei Effekte. Wie die Differentiation von (2.6) und (2.9) zeigt, reduziert Besicherung erstens unabhängig von der Marktkonstellation den geforderten Rückzahlungsbetrag, $\partial R/\partial C < 0$, und erhöht damit den Ertrag aus einer ordnungsgemäßen Vertragserfüllung. Dieses, die linke Seite von (2.5) betreffende Phänomen wird noch durch ein zweites, auf die rechte Seite einwirkendes verstärkt. Sicherheiten vermindern auch den erwarteten Ertrag aus der Täuschung. Die Bank kann deshalb die Wahrscheinlichkeit ineffizienter Übernahmen niedrig halten, so dass der Wert des Projektes nur in geringem Maße beeinträchtigt wird. Abhängig von der jeweiligen Marktstellung erhöht der durch Besicherung vermiedene Effizienzverlust dann entweder den Gewinn der Bank oder den des Projektinhabers.

Bei einem Teil der Projekte wird der Aufbau von Restrukturierungskapazitäten durch die Hereinnahme von Sicherheiten substituiert. Wann immer dies jedoch stattfindet, hat es einen positiven Effekt auf die Wohlfahrt. Damit kann die gelegentlich geäußerte Vermutung, Besicherung verhindere den Aufbau von volkswirtschaftlich sinnvollen Restrukturierungskapazitäten, nicht bestätigt werden.

2.5 Endogene Restrukturierungsexpertise

Die Annahme exogener Kosten für den Aufbau von Restrukturierungs-Knowhow ist plausibel, solange es sich um eine reine Kapazitätsinvestition handelt. Sie wird indes unplausibel, wenn der Restrukturierungserfolg stark davon abhängt, ob zum Zeitpunkt der Zahlungsunfähigkeit kreditspezifisches Reorganisations-Know-how vorhanden ist. In einem solchen Fall ist eher zu erwarten, dass der Restrukturierungserfolg direkt von der Höhe der spezifischen Investition abhängt. Restrukturierungs-Know-how wird zum Produktionsfaktor, dessen Output unter anderem auch von der Effektivität des Kreditgebers beim Einsatz dieses Inputs (Bankqualität) beeinflusst wird. Dies berücksichtigend formulieren wir im Folgenden eine qualitätsabhängige Ertragsfunktion für den Restrukturierungserfolg. Die Kosten S mögen dann als Anstrengungskosten des zuständigen Teams in der Reorganisationsabteilung interpretiert werden.

Um die Analogie zur Kapazitätsinvestition zu sehen, gehen wir exakt den Weg, den wir bereits in den vergangenen Abschnitten beschritten haben. Zunächst betrachten wir eine Situation, in der entweder keine Sicherheiten vorhanden sind oder die Verwertungsquote derart niedrig ist, dass Besicherung weder im Kalkül einer 0-Bank noch in dem einer S-Bank eine Rolle spielt. Danach analysieren wir, wie vergleichsweise liquides und deshalb zur Besicherung geeignetes Privatvermögen die Entscheidung über den Erwerb von Restrukturierungs-Know-how beeinflusst. Wir gehen auch in diesem Szenario der Frage nach, wie sich die Ex-ante-Verhandlungsposition des Kreditgebers auf die Investition in Restrukturierungs-Know-how auswirkt.

2.5.1 Ertragsfunktion und optimaler Kontrakt

Unter der Prämisse einer kreditspezifischen Investition wird Restrukturierungs-Know-how zum Produktionsfaktor, dessen Output γ von der Effektivität θ (Bankqualität) und der Höhe der Upfront-Investition S abhängt,

$$\gamma = f(\theta, S) \quad \text{mit} \quad \gamma(\theta, S = 0) = \alpha_l.$$

Für diese Ertragsfunktion gilt

$$\frac{\partial \gamma(\theta, S)}{\partial S} > 0, \quad \frac{\partial \gamma(\theta, S = 0)}{\partial S} = c < \infty, \quad \frac{\partial \gamma(\theta, S \to \infty)}{\partial S} = 0, \qquad (2.23)$$

$$\frac{\partial^2 \gamma(\theta, S)}{\partial S^2} < 0 \quad \frac{\partial \gamma(\theta, S)}{\partial \theta} > 0 \text{ falls } S > 0, \quad \frac{\partial^2 \gamma(\theta, S)}{\partial S \partial \theta} > 0 \text{ falls } S > 0$$

wobei $\theta > 1$ einen bankspezifischen Qualitätsindex darstellt.[22] Aus (2.4) resultiert dann

---
[22] Die beschriebenen Eigenschaften besitzt beispielsweise die logarithmische Funktion $\gamma = \ln[S\theta + e^{\alpha_l}]$.

2.5 Endogene Restrukturierungsexpertise

$$d(\theta, S) = \frac{(1-p)(1-\gamma(\theta,S))x_l}{p(\alpha_h x_h - x_l)}, \quad \gamma < 1.$$

Je mehr investiert wird, desto eher hält sich der Schuldner an den Orginalvertrag. Dieser indirekte Effekt, die Erzwingung einer größeren Vertragstreue, hat jedoch seine Grenzen. Wenn die Übernahmequote auf $\gamma = 1$ angehoben wurde, ist wegen $\alpha_h x_h > x_l$ immer $d(\theta, S) = 0$. Für $\gamma \geq 1$ gilt $\partial d(\theta, S)/\partial \gamma = 0$. Jegliche Mehrinvestition in Restrukturierungs-Know-how kommt dann ausschließlich der direkten Ertragskomponente, dem Übernahmewert $(1-p)\gamma x_l$ zugute. Der Gewinn aus einem *Bankkontrakt*, also jenem Kontrakt, den die dominierende Bank anbietet, beträgt

$$G_{\mathrm{SW}} = p(1 - d(\theta,S))(x_h - \frac{\pi}{p}) + (1 - p + pd(\theta,S))x_l \quad (2.24)$$
$$+ \Big((pd(\theta,S) + 1 - p)\beta - (1 - d(\theta,S))(1-p)\Big)C - I - S, \quad \gamma \leq 1,$$
$$G_{\mathrm{SW}} = px_h + (1-p)\gamma(\theta,S)x_l - \pi - I - S, \quad \gamma > 1. \quad (2.25)$$

Ableitung nach S liefert nach geringfügiger Umstellung die Optimalbedingungen für die Investition in Restrukturierungs-Know-how

$$\frac{\partial \gamma(\theta,S)}{\partial S} = \frac{p(\alpha_h x_h - x_l)}{(1-p)x_l} \frac{1}{p(x_h - x_l - \frac{\pi}{p}) - (1 - p(1-\beta))C}, \quad \gamma \leq 1, \quad (2.26)$$

$$\frac{\partial \gamma(\theta,S)}{\partial S} = \frac{1}{(1-p)x_l}, \quad \gamma > 1. \quad (2.27)$$

Ableiten der rechten Seite von (2.26) nach π führt zu

$$\frac{p(\alpha_h x_h - x_l)}{(1-p)x_l} \frac{1}{\Big(p(x_h - x_l - \frac{\pi}{p}) - (1 - p(1-\beta))C\Big)^2} > 0. \quad (2.28)$$

Die Konkavität der Ertragsfunktion $\gamma(\cdot)$ und (2.28) implizieren für $\gamma(\theta, S) \leq 1$ einen Anstieg des optimalen Restrukturierungsaufwands S, wenn der Reservationsnutzen des Projektinhabers abnimmt. Das ist auch vollkommen plausibel. Bei einem geringen Wert der Outside-option des Unternehmers setzt der Kreditgeber einen hohen Rückzahlungsbetrag durch. Die daraus resultierende hohe Übernahmewahrscheinlichkeit zieht einen hohen Marginalertrag für die Investition in Restrukturierungs-Know-how nach sich.

Ein *Managerkontrakt* liefert

$$\Pi_{\mathrm{SW}} = px_h - \frac{I+S}{(1-d(\theta,S))} \quad (2.29)$$
$$+ \frac{(1-p+pd(\theta,S))(x_l + \beta C)}{(1-d(\theta,S))} - (1-p)C - \pi, \quad \gamma \leq 1,$$

2. Beobachtbarkeit der Risikoklasse

woraus wir als Bedingung erster Ordnung[23]

$$\frac{\partial \gamma(\theta, S)}{\partial S} = \frac{p\alpha_h x_h + (1-p)\gamma(\theta,S)x_l - x_l}{(1-p)x_l(I + S - x_l - \beta C)}, \gamma \leq 1 \quad (2.30)$$

gewinnen. Differentiation der rechten Seite nach I ergibt

$$-\frac{(p\alpha_h x_h + (1-p)\gamma(\theta,S)x_l - x_l)(1-p)x_l}{((1-p)x_l(I + S - x_l - \beta C))^2} < 0. \quad (2.31)$$

Der Manager präferiert ceteris paribus umso höhere Investitionen in Restrukturierungs-Know-how, je größer sein Projekt ist. Große Projekte bedeuten eine hohe Rückzahlungsverpflichtung, anderenfalls würde die Bank die Kreditgewährung verweigern. Das impliziert große erwartete Übernahmeverluste und daraus resultierend einen hohen Marginalertrag der Upfront-Investition S. Falls $\gamma > 1$ ist der Unternehmergewinn bei eigenem Kontraktvorschlag durch (2.25) definiert, $G_{sw} = \Pi_{sw}$, so dass (2.27) die optimale Investition S^* determiniert. Es wird sich zeigen, dass in Abhängigkeit von Bankqualität und Wert des Privatvermögens unterschiedliche Gleichgewichtstypen existieren. Um diese im Folgenden relevant werdenden Typen voneinander abzugrenzen, beginnen wir zunächst mit der Definition dieser Gleichgewichte:

Definition 2.5.1.

G1 Gleichgewicht ohne Restrukturierungs-Know-how und Kreditbesicherung $[S = 0, C = 0]$: *Die Bank schützt sich nicht gegen strategische Zahlungsunfähigkeit.*

G2 Pures Restrukturierungs-Gleichgewicht $[S^* > 0, C = 0]$: *Die Bank investiert in das Know-how. Der Kredit bleibt unbesichert.*

G3 Pures Besicherungsgleichgewicht $[S = 0, C = W]$: *Die Bank besichert den Kredit, unterlässt aber die Investition in das Know-how.*

G4 Gleichgewicht mit Restrukturierungs-Know-how und Kreditbesicherung $[S^* \geq 0, C = W]$: *Die Bank investiert in Restrukturierungs-Know-how und besichert gleichzeitig den Kredit.*

Bei einer niedrigen Verwertungsquote $\beta < \hat{\beta}_0$ spielen Kreditsicherheiten bekanntermaßen weder bei einem Bankkontrakt noch bei einem Managerkontrakt eine Rolle, $C = 0$. Diesem Szenario wenden wir uns zuerst zu. Bei der Beweisführung benutzen wir des öfteren Nullgewinnfunktionen, die wir analog zum vorangegangenen Abschnitt als Paretogrenzen bezeichnen wollen.

2.5.2 Ex ante Verhandlungsmacht und Bankqualität

Mit $C = 0$ kann es nur zwei Typen von Gleichgewichten geben, G1 und G2. Aus (2.26) folgt unmittelbar, dass die optimale Investition bei einem

---
[23] Für $\gamma < 1$ zeigt Ableiten von (2.30) nach S und Einsetzen von (2.30) in den resultierenden Ausdruck für $\partial^2 \gamma/\partial S^2$, dass die Bedingung erster Ordnung im Maximum des rechten Ausdrucks von (2.30) erfüllt ist.

2.5 Endogene Restrukturierungsexpertise

Bankkontrakt eine Funktion von Bankqualität und Reservationsnutzen ist, $S^*(\theta, \pi)$. Analog ergibt sich für den Managerkontrakt aus (2.30) $S^*(\theta, I)$. Auflösen von (2.26) nach π und Einsetzen von (2.30) liefert

$$\pi_s(\theta, I) = px_h - \frac{I + S^*}{1 - d(\gamma(S^*))} + \frac{1 - p + pd(\gamma(S^*))}{1 - d(\gamma(S^*))} x_l, \quad \gamma \leq 1. \quad (2.32)$$

Die Funktion $\pi_s(\theta, I)$ repräsentiert jene Projekte $[\pi, I]$, bei denen die optimale Investition $S = S^*$ beträgt, unabhängig davon, wer den Vertrag vorschlägt. Nullsetzen von (2.24) und (2.29), Einsetzen des optimalen Investitionsniveaus S^* und Auflösen nach π zeigt, dass $\pi_s(\theta, I)$ die Paretogrenze darstellt. Umstellen von (2.32) nach I und Ableiten nach π ergibt

$$\frac{\partial I}{\partial \pi} = -(1 - d(\gamma(S^*))) + \left[-p\left(x_h - x_l - \frac{\pi}{p}\right) \frac{\partial d}{\partial \gamma} \frac{\partial \gamma(S^*)}{\partial S} - 1 \right] \frac{\partial S^*}{\partial \pi}.$$

Wegen der Bedingung erster Ordnung (2.26) ist der zweite Term auf der rechten Seite null. Das impliziert

$$\frac{\partial \pi_s}{\partial I} = -\frac{1}{1 - d(\gamma(S^*))} < 0. \quad (2.33)$$

Außerdem ist wegen (2.31)

$$\frac{\partial^2 \pi_s}{\partial I^2} = -\frac{1}{(1 - d(\gamma(S^*)))^2} \frac{\partial d}{\partial \gamma} \frac{\partial \gamma(S^*)}{\partial I} > 0,$$

so dass die Paretogrenze für $\gamma(S^*) \leq 1$ konvex ist. Mit

$$\frac{\partial^2 \pi_s}{\partial I \partial \theta} = -\frac{1}{(1 - d(\gamma(S^*)))^2} \frac{\partial d}{\partial \gamma} \frac{\partial \gamma(S^*)}{\partial \theta} > 0$$

nimmt die Konvexität in θ zu.

Kritische Bankqualität. Wir führen nun die kritische Bankqualität $\theta = \theta_m$ ein. θ_m ist durch

$$\frac{\partial \gamma(S, \theta_m)}{\partial S} = \frac{1}{(1-p)x_l} = \frac{p(\alpha_h x_h - x_l)}{(1-p)x_l} \frac{1}{p(x_h - x_l - \frac{\pi}{p})}$$

definiert. Diese Gleichung ist dann und nur dann erfüllt, wenn $\pi = p(1-\alpha_h)x_h$ gilt. Zur Vereinfachung der Notation legen wir mit

$$S_1(\theta) \equiv f^{-1}\left(\gamma = 1, \theta\right) \quad (2.34)$$

jenes Investitionsniveau fest, welches zu $\gamma = f(S, \theta) = 1$ führt. S_1 hängt nur vom Qualitätsindex θ ab. Außerdem benutzen wir für das aus

$$\frac{\partial \gamma(S, \theta_m)}{\partial S} = \frac{1}{(1-p)x_l}.$$

resultierende optimale Kostenniveau die Definition $S^*(\theta_m) \equiv S_1^*$. Eine θ_m-Bank investiert für alle $\pi < p(1 - \alpha_h)x_h$ die Summe S_1^* und realisiert den Übernahmeertrag $\gamma(S^*) = 1$. Folglich bricht der Schuldner mit Reservationsnutzen $\pi < p(1 - \alpha_h)x_h$ im *puren Restrukturierungs-Gleichgewicht* G2 niemals den Vertrag, wenn er den Kredit von einer θ_m-Bank bezieht. Wegen $\partial^2 \gamma / \partial S \partial \theta > 0$ gilt bei Realisierung von $\gamma(S^*) = 1$

$$\frac{p(\alpha_h x_h - x_l)}{(1-p)x_l} \frac{1}{p(x_h - x_l - \frac{\pi}{p})} \geq \frac{1}{(1-p)x_l} \quad \text{für} \quad \theta \geq \theta_m \quad (2.35)$$

$$\frac{p(\alpha_h x_h - x_l)}{(1-p)x_l} \frac{1}{p(x_h - x_l - \frac{\pi}{p})} < \frac{1}{(1-p)x_l} \quad \text{für} \quad \theta < \theta_m,$$

so dass Banken mit Qualität $\theta \leq \theta_m$ niemals einen höheren Restrukturierungsertrag als $\gamma x_l = x_l$ erreichen. Größere Erträge bleiben Kreditgebern mit höheren Qualitätsindex $\theta > \theta_m$ vorbehalten. Falls $\gamma(S^*) > 1$ ist, lautet die Paretogrenze

$$\pi_S(\theta, I) = p x_h + (1-p)\gamma(S^*)x_l - S^* - I, \quad (2.36)$$

wobei die genaue Höhe von S^* und damit von γ wegen (2.27) nur von der Bankqualität θ abhängen. Wegen $\partial \gamma(\cdot)/\partial \theta > 0$ muss

$$\frac{\partial \pi_S(\theta, I)}{\partial \theta} > 0 \quad \forall \quad \gamma(S^*) > 1 \quad (2.37)$$

sein. Mit $\theta > \theta_m$ ist die Paretogrenze nicht mehr stetig. Die jeweilige Sprungstelle wird mit (2.34) durch

$$\pi_1 \equiv p(x_h - x_l) - \frac{p(\alpha_h x_h - x_l)}{(1-p)x_l \frac{\partial \gamma(S_1, \theta)}{\partial S}}$$

und

$$I_1 \equiv \frac{p(\alpha_h x_h - x_l)}{(1-p)x_l \frac{\partial \gamma(S_1, \theta)}{\partial S}} - S_1 + x_l$$

markiert. Aus der Nichtstetigkeit folgt, dass die Paretogrenze für $\theta > \theta_m$ auch nicht mehr unabhängig davon ist, wer den Kontrakt vorschlägt. Wegen $\gamma(S^*) > 1$ für alle $\pi > \pi_1$ erhalten wir mit $\pi_1 - \epsilon, \epsilon \to 0$ in (2.36) als maximalen Kreditbetrag, den die kontraktdeterminierende Bank finanziert: $I(\pi_1 - \epsilon) > I_1, \epsilon \to 0$. Entsprechend muss mit $I_1 + \epsilon, \epsilon \to 0$ aus (2.36) die Ungleichung $\pi(I_1 + \epsilon) > \pi_1, \epsilon \to 0$ resultieren. Projekte mit $[I > I_1, \pi > \pi_1]$ werden demzufolge durch eine $\theta > \theta_m$-Bank mit Restrukturierungs-Know-how finanziert, wenn der Unternehmer in der Lage ist, den Kreditvertrag zu diktieren. Die gleichen Projekte haben jedoch keine Chance auf Durchführung, wenn die Bank den Kontrakt bestimmt. Aufgrund des relativ hohen Reservationsnutzens ist der Rückzahlungsbetrag R, den der Kreditgeber durchsetzen kann, zu niedrig, als dass es sich für die Bank lohnte, eine den Vertragsbruch verhindernde Menge an Restrukturierungs-Know-how zu erwerben. Für die dominante Bank handelt es sich bei dem Vorhaben um ein Projekt mit negativem NPV. Besitzt der Unternehmer die Verhandlungsmacht, stellt sich die Situation anders dar. Er muss dem Kreditgeber wegen der Projektgröße $I > I_1$ einen relativ hohen Rückzahlungsbetrag zugestehen. Der daraus resultierende Grenzertrag für das Know-how ist hoch genug, um $\gamma > 1$ zu induzieren, so dass das Projekt $[I > I_1, \pi > \pi_1]$ für den Unternehmer zu einem Vorhaben mit positivem Nettobarwert wird. Somit existiert für $S^* > S_1$ eine von der Ex-ante-Verhandlungsmacht unabhängige Paretogrenze nur für Projekte mit $[\pi < \pi_1, I > I_1]$.

Optimale Investition. Mit $S^* = 0$ hängt der Grenzertrag nur vom Qualitätsindex ab, $\frac{\partial \gamma(0,\theta)}{\partial S}$. Sei θ_l die Bankqualität, welche

$$\frac{\partial \gamma(0,\theta_l)}{\partial S} \equiv \frac{\alpha_h x_h - x_l}{(1-p)x_l(x_h - x_l)} \tag{2.38}$$

erfüllt und θ_h jener Qualitätsindex für den

$$\frac{\partial \gamma(0,\theta_h)}{\partial S} \equiv \frac{p\alpha_h x_h + (1-p)\alpha_l x_l - x_l}{(1-p)x_l W} \tag{2.39}$$

gilt, so lässt sich feststellen:

Proposition 2.5.1. *Unabhängig davon, wer den Kontrakt vorschlägt, investieren hocheffektive Banken mit $\theta > \theta_h$ immer in Restrukturierungs-Knowhow. Banken der Qualität $\theta \leq \theta_l$ investieren hingegen niemals.*

Beweis
Aus (2.1) folgt unmittelbar

$$\frac{p\alpha_h x_h + (1-p)\alpha_l x_l - x_l}{(1-p)x_l W} > \frac{\alpha_h x_h - x_l}{(1-p)x_l(x_h - x_l)} \quad \text{so dass } \theta_h > \theta_l \text{ ist.}$$

Bankkontrakt. $\partial \gamma(\theta, S=0)/\partial S = c < \infty$, $\partial \gamma(\theta,S)/\partial S \partial \theta > 0$ und (2.28) implizieren, dass für jeden gegebenen Reservationsnutzen $\pi \in [0, \bar{\pi}_{\max}]$ ein Qualitätsniveau θ existieren muss, bei dem die dominante Bank auf jegliche Investitionen in Restrukturierungskapazität verzichtet: $S^* = 0$ und $\gamma = \alpha_l$.[24] Einsetzen von $C = 0$, $\pi = 0$ und $S = 0$ in (2.26) ergibt

---
[24] Vgl. die Definition von

$$\bar{\pi} < \bar{\pi}_{\max} = p\left(x_h - x_l - \frac{W}{p(1-d_0)}\right)$$

in Abschnitt 2.3. Man beachte, dass $[\bar{\pi}_{\max}, x_l + W]$ wegen der Annahme $I > x_l + W$ nicht zur Menge der möglichen Projekte gehört.

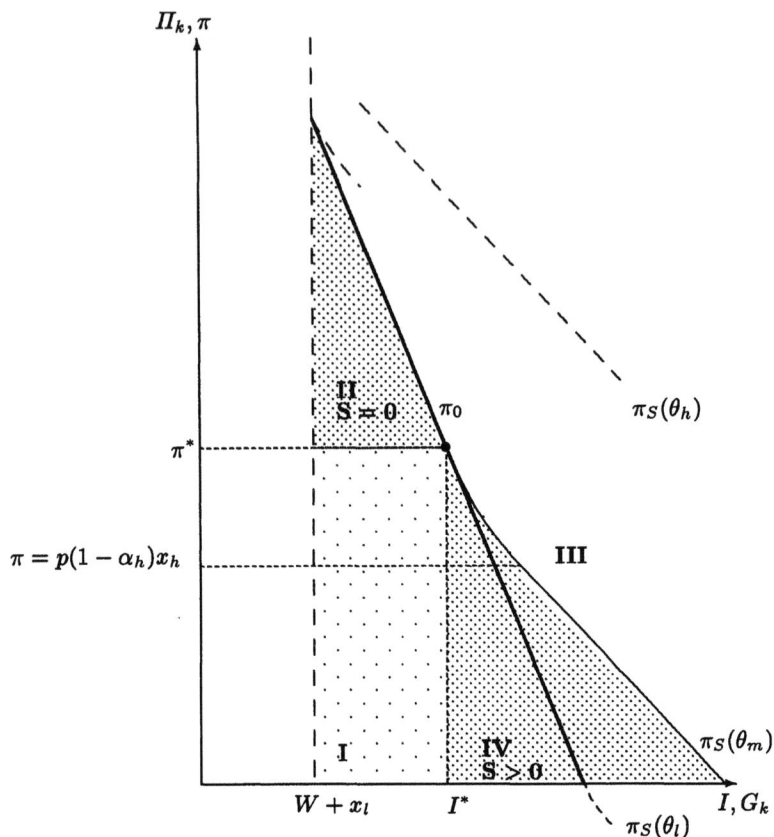

Abb. 2.5. Kreditspezifisches Restrukturierungs–Know–how

$$\frac{\partial \gamma(0,\theta)}{\partial S} = \frac{\alpha_h x_h - x_l}{(1-p)x_l(x_h - x_l)}$$

und somit $\theta = \theta_l$ als einziges Effektivitätsniveau, das der Optimalbedingung für $S = 0$ und $\pi = 0$ gehorcht. Mit (2.28) wird eine θ_l-Bank jedes Projekt $(I, \pi \geq 0)$ ohne Restrukturierungs-Know-how finanzieren. Ersetzt man hingegen in (2.26) S durch 0 und π durch $\bar{\pi}_{max}$, resultiert unter Berücksichtigung von $C = 0$

$$\frac{\partial \gamma(0,\theta)}{\partial S} = \frac{p\alpha_h x_h + (1-p)\alpha_l x_l - x_l}{(1-p)x_l W}.$$

Folglich kann nur $\theta = \theta_h$ dasjenige Effektivitätsniveau sein, welches die Optimalitätsbedingung für $S = 0$ erfüllt. Wegen $\partial^2 \gamma/\partial S \partial \theta > 0$ und (2.28) erwirbt eine den Kreditvertrag determinierende θ-Bank mit $\theta > \theta_h$ für jedes durchführbare Projekt Restrukturierungs-Know-how.

2.5 Endogene Restrukturierungsexpertise

Managerkontrakt. „Diktiert" der Unternehmer den Kreditvertrag, wird wegen (2.31) auf Restrukturierungs-Know-how verzichtet, wenn θ so niedrig ist, dass für $S = 0$ die Optimalbedingung nur für die Projektgröße $I_{\max} = px_h(1-d_0) + (pd_0 + 1 - p)x_l$ erfüllbar ist. Einsetzen von $C = 0$, $S = 0$ und $I_{\max}$ in (2.30) zeigt, dass (2.30) mit (2.38) identisch ist, falls $\theta = \theta_l$ ist. Dieses Qualitätsniveau induziert somit unabhängig vom Vertragsvorschlagsrecht für alle Projekte $S = 0$. Hingegen wird immer in Restrukturierungs-Know-how investiert, wenn für Projekte mit $I = W + x_l$ Gleichung

$$\frac{\partial \gamma(0,\theta)}{\partial S} = \frac{p\alpha_h x_h + (1-p)\alpha_l x_l - x_l}{(1-p)x_l W} \quad (2.40)$$

erfüllt ist. Da (2.40) für $\theta = \theta_h$ äquivalent mit (2.39) ist, investieren θ-Banken mit $\theta > \theta_h$ wegen (2.31) immer in das Know-how: $S > 0$. △

Die Paretogrenzen für eine θ_h-Bank respektive θ_l-Bank sind in Abb. 2.5 durchbrochen dargestellt. Liegt der Qualitätsindex θ im Intervall $\theta_h < \theta < \theta_l$, determinieren die Projekteigenschaften $[I, \pi]$ und die Verhandlungsposition des Kreditgebers das Ausmaß der Investition in Restrukturierungs-Knowhow. Um das zu sehen, definieren wir ein Nullgewinn-Projekt (I^*, π^*) mit $I^* \in [W + x_l, I_{\max}]$ und $\pi^* \in [0, \bar{\pi}_{\max}]$. Proposition 2.5.1 impliziert, dass ein solches Projekt nur im Qualitätsintervall $\theta_l < \theta < \theta_h$ existieren kann. Unter Berücksichtigung $C = 0$ und $S = 0$ in (2.26) und (2.30) erhalten wir nach Umstellung das Grenzprojekt $[\pi^*, I^*]$, wobei

$$\pi^* \equiv p(x_h - x_l) - \frac{p(\alpha_h x_h - x_l)}{(1-p)x_l \frac{\partial \gamma(0,\theta)}{\partial S}},$$

$$I^* \equiv \frac{p\alpha_h x_h + (1-p)\alpha_l x_l - x_l}{(1-p)x_l \frac{\partial \gamma(0,\theta)}{\partial S}} + x_l$$

ist. Mit $[\pi^*, I^*]$ lässt sich zeigen, dass die Ex-ante-Verhandlungsmacht auch bei kreditspezifischem Restrukturierungs-Know-how eine entscheidende Rolle für die Investitionsentscheidung spielt.

Proposition 2.5.2. *Eine θ-Bank mit $\theta_h > \theta > \theta_l$ wird für Projekte $[I, \pi^*]$ mit $\pi < \pi^* < \bar{\pi}_{max}$ nur dann in Reorgansations-Know-how investieren, wenn sie im Besitz der Verhandlungsmacht ist. Liegt die Verhandlungsmacht beim Unternehmer, wird die Upfront-Investition nur für Projekte mit $I \in [I^*, I_{max}]$ durchgeführt.*

2. Beobachtbarkeit der Risikoklasse

Beweis
Mit (2.28) ist sichergestellt, dass für ein gegebenes θ beim Bankkontrakt in das Know-how nur investiert wird, wenn $\pi < \pi^*$ ist. Wegen (2.31) wird ein Unternehmer mit Ex-ante-Verhandlungsmacht nur dann eine Bank mit Restrukturierungs-Know-how bevorzugen, wenn $I > I^*$ ist. △

Abbildung 2.5 zeigt das Entscheidungskalkül der θ_m-Bank. Die $\pi_S(\theta_m)$-Kurve bildet alle π-I-Kombinationen ab, bei denen der Gewinn mit $C = 0$ in (2.24) gerade null ist, wenn die Bank vom θ_m-Typ ist und den Kreditvertrag vorschlägt. Völlig analog zum vorhergehenden Abschnitt sind diese Kombinationen identisch mit denjenigen, für die auch der Gewinn des Unternehmers null ist, wenn er den Kontrakt bestimmt und von einer θ_m-Bank finanziert wird. Auch hier besitzt die $\pi_S(\theta_m)$-Kurve eine zweite Interpretation. Wenn in (2.29) ein Reservationsnutzen von null angenommen wird, stellt sie den erreichbaren Maximalgewinn bei Kontraktvorschlag durch den Unternehmer dar.

Falls die Bank selbst im Besitz der Verhandlungsmacht ist, investiert sie in das Know-how, wenn Projekte finanziert werden müssen, die entweder in Region I oder in Region IV liegen. Allerdings sieht sich die S-Bank nicht bei jedem dieser Projekttypen dazu veranlasst, mit $\gamma = 1$ einen vollständigen Schutz gegen Vertragsbruch und Wiederverhandlung aufzubauen. Solche hohen Know-how-Investitionen lohnen sich nur, wenn das Risiko, in Nachverhandlungen gezwungen zu werden, auch entsprechend hoch ist. Für die θ_m-Bank ist das lediglich bei Reservationsnutzen von $\pi < p(1 - \alpha_h)x_h$ der Fall. Besitzt der Unternehmer die Verhandlungsmacht, wird er erst dann auf Restrukturierungs-Know-how bei der finanzierenden Bank drängen, wenn die Projektgröße I^* überschreitet. Auch für ihn ist jedoch die Finanzierung durch eine voll sanierungsfähige Bank erst dann interessant, wenn das Kreditvolumen und damit die Gefahr der ineffizienten Übernahme groß genug ist.

Korollar 2.5.1. *Besitzt die Bank einen Qualitätsindex von $\theta > \overline{\theta} \equiv \overline{\theta}_h > \theta_h$ werden ausschließlich reine Strategien gespielt. Liegt der Qualitätsindex im Intervall $\theta < \underline{\theta} \equiv \overline{\theta}_l$ mit $\theta_l < \overline{\theta}_l < \theta_h$, so existieren nur Gleichgewichte in gemischten Strategien.*

Beweis
Da die Paretogrenze für $\gamma(S^*) \leq 1$ durch die Ex-ante-Verhandlungsmacht nicht beeinflusst wird, genügt es, die Behauptung für den Bankkontrakt zu beweisen. Es werden ausschließlich reine Strategien gespielt, wenn für ein auf der Paretogrenze (2.32) liegendes Projekt $[\pi_S, x_l + W + \epsilon]$, $\epsilon \to 0$,[25]

$$\gamma(S^*(\theta, \pi_S(x_l + W))) = 1$$

---
[25] Siehe Fußnote 24.

gilt. Einsetzen von (2.34) in (2.26) liefert

$$\frac{\partial \gamma(\theta, S_1)}{\partial S} = \frac{p(\alpha_h x_h - x_l)}{(1-p)x_l p(x_h - x_l - \frac{\pi_S}{p})}. \tag{2.41}$$

In Proposition 2.5.1 wurde $\gamma(S^*(\theta_h, \bar{\pi}_{\max}(x_l + W))) = \alpha_l$ gezeigt. (2.33) und die Konvexität der Paretogrenze π_S für $\gamma \leq 1$ implizieren dann unmittelbar, dass die Optimalbedingung (2.41) nur mit

$$\pi_S(W + x_l) > \bar{\pi}_{\max}(W + x_l) \text{ und } \bar{\theta}_h > \theta_h$$

erfüllbar ist. Analog dazu erhalten wir nach Einsetzen von $\pi_S = 0$ und S_1 in (2.26)

$$\frac{\partial \gamma(S_1, \theta)}{\partial S} = \frac{\alpha_h x_h - x_l}{(1-p)x_l(x_h - x_l)}.$$

Mit $S_1 > 0$ und $\partial \gamma / \partial S \partial \theta > 0$ ergibt sich daraus zwingend $\bar{\theta}_l > \theta_l$. △

Ist die Bank vom $\bar{\theta}_h$-Typ, wird der ursprüngliche Standardkreditvertrag aufgrund der hohen Restrukturierungsinvestition $S^* \geq S_1$ für kein Projekt $[I > W + x_l, \pi < \bar{\pi}_{\max}]$ jemals nachverhandelt. Die Übernahme durch diesen Banktyp ist für Unternehmen jedweder Couleur mit einer Wertsteigerung verbunden. Die entgegengesetzte Feststellung lässt sich für die Unternehmensfinanzierung durch einen $\bar{\theta}_l$-Banktyp treffen. Da hier die Restrukturierungsinvestition S^* niemals ein Niveau erreicht, mit dem der Managementvorteil des Projektinhabers zumindest ausgeglichen werden könnte, ist die Wahrscheinlichkeit des Vertragsbruchs bzw. der ineffizienten Übernahme durch die Bank bei allen Projekttypen positiv.

2.5.3 Bankqualität und Kreditsicherheit

Sicherheiten werden in das Kalkül einbezogen, wenn zumindest die Null-Bank davon profitiert. Das setzt eine Verwertungsquote von $\beta > \hat{\beta}_0$ voraus. Solange $\gamma(S^*) < 1$ sind Gleichgewichte vom Typ G4, in denen die Bank sowohl in Restrukturierungs-Know-how investiert als auch den Kredit besichert, a priori nicht auszuschließen. Mit $C = W$ stellen (2.26) und (2.30) die Bedingungen für die optimale Investition in Restrukturierungs-Know-how dar. Da die jeweils rechten Seiten der Optimalbedingungen mit W und β zunehmen, geht die Investition in Restrukturierungs-Know-how bei tatsächlich stattfindender Kreditbesicherung, $C = W > 0$, zurück. Das ist auch plausibel, denn mit der Besicherung nimmt der Rückzahlungsbetrag ab und der Marginalertrag der Investition sinkt. $S^* = 0$ in (2.26) und (2.30) definiert das Grenzprojekt bei Kreditbesicherung. Es sei mit $[\pi_W^*, I_W^*]$ bezeichnet, wobei

$$\pi_W^* \equiv \pi^* - W(1 - p(1-\beta)) \tag{2.42}$$
$$I_W^* \equiv I^* + \beta W. \tag{2.43}$$

2. Beobachtbarkeit der Risikoklasse

Man beachte, dass die Hereinnahme von Sicherheiten bei $\beta = \hat{\beta}_0$ eine sprunghafte Reduzierung des Grenzertrags bewirkt. Die Differenz zwischen den Grenzprojekten $[\pi_w^*, I_w^*]$ und $[\pi^*, I^*]$ ist für jedes gegebene θ konstant und allein von der Höhe der Verwertungsquote abhängig. Unter Berücksichtigung von $S^* = S^*(\theta, \beta, I) = S^*(\theta, \beta, \pi)$ und $C = W$ ergibt Gleichsetzen von (2.26) und (2.30) die Paretogrenze für das G4-Gleichgewicht $[S^* \geq 0, C = W]$,

$$\pi_{sw} = px_h - \frac{I+S}{1-d(\gamma(S^*))} + \frac{\left(1-p+pd(\gamma(S^*))\right)x_l}{1-d(\gamma(S^*))} \qquad (2.44)$$
$$+ \frac{(1-p+pd(\gamma(S^*)))\beta - (1-d(\gamma(S^*)))(1-p)}{1-d(\gamma(S^*))}W, \ \gamma \leq 1,$$

mit[26]

$$\frac{\partial \pi_{sw}}{\partial I} = -\frac{1}{1-d(\gamma(S^*))} < 0, \quad \frac{\partial^2 \pi_{sw}}{\partial I^2} > 0.$$

Inwiefern jedoch das G4-Gleichgewicht mit $S^* = 0$ beim Grenzprojekt $[\pi_w^*, I_w^*]$ tatsächlich relevant wird, ist noch zu prüfen. A priori scheint es durchaus möglich, dass dieses Gleichgewicht durch ein *pures Restrukturierungsgleichgewicht* $[S^* > 0, C = 0]$ zumindest schwach dominiert wird. Falls sich ein solch dominantes G2-Gleichgewicht finden lässt, wird es niemals zum gleichzeitigen Einsatz beider Instrumente kommen. Entweder wird der Kredit besichert und auf Restrukturierungs-Know-how gänzlich verzichtet (G3) - die zugehörige Paretogrenze lautet dann bekanntermaßen

$$\pi_{ow}(I) = px_h - \frac{I}{1-d_0} + \frac{(1-p+pd_0)x_l}{1-d_0} + \frac{v_0}{1-d_0}W \qquad (2.45)$$

- oder die Bank zieht die entgegengesetzte Strategie vor und verlässt sich ausschließlich auf ihre Investition in das entsprechende Know-how.

Existiert hingegen kein dominantes Gleichgewicht vom Typ $[S^* > 0, C = 0]$ muss es zumindest bei einigen Projekten so sein, dass die Bank aufgrund der Besicherung nicht vollständig auf das Know-how verzichtet, sondern ihre Upfront-Investition lediglich reduziert. Tritt dieses Phänomen auf, so sprechen wir im Folgenden von *partieller Substitution*. Die vollständige Ablösung von Restrukturierungs-Know-how durch Kreditbesicherung nennen wir *vollständige Substitution*.

Partielle und vollständige Substitution. Mit $[\pi_{23}(\beta, \theta), I_{23}(\beta, \theta)]$ bezeichnen wir das Projekt, bei dem Indifferenz zwischen reiner Besicherung (G3) und exklusiver Investition in Restrukturierungs-Know-how (G2)

---

[26] Die Steigung der Paretogrenze ergibt sich analog zum Fall ohne Kreditsicherheiten durch das Ausnutzen der First-order-Bedingungen.

2.5 Endogene Restrukturierungsexpertise

herrscht. Aus (2.42) resultiert $\partial \pi_w^*/\partial \beta = -pW$. Isolieren von I in (2.45) und Einsetzen in (2.32) liefert nach Umstellung und Ableiten

$$\frac{\partial \pi_{23}}{\partial \beta} = -\frac{(\alpha_h x_h - \alpha_l x_l)pW}{x_l(\gamma(S^*) - \alpha_l)} < -pW < 0, \qquad (2.46)$$

wobei annahmegemäß $\gamma(S^*)x_l < \alpha_h x_h$. Für $\gamma > 1$ folgt nach Auflösen von (2.45) und Einsetzen in (2.36)

$$\frac{\partial \pi_{23}}{\partial \beta} = -\frac{(\alpha_h x_h - \alpha_l x_l)pW}{x_l(1 - \alpha_l)} < -pW < 0. \qquad (2.47)$$

Diese Ungleichungen implizieren, dass es für ein gegebenes θ eine kritische Verwertungsquote $\tilde{\beta}$ geben mag, so dass

$$\pi_{23} \begin{cases} \geq \pi_w^* & \text{falls } \beta \leq \tilde{\beta} \\ < \pi_w^* & \text{falls } \beta > \tilde{\beta} \end{cases}$$

gilt. Der Projektbereich, in dem vollständige Substitution stattfindet, lässt sich dann durch

$$D_{v\pi} \equiv \pi^* - \max[\pi_{23}, \pi_w^*] > 0 \quad \text{und} \quad D_{vI} \equiv \min[I_{23}, I_w^*] - I^* > 0$$

beschreiben. Mit $[\pi_{24}(\beta, \theta), I_{24}(\beta, \theta)]$ als Indifferenzprojekt zwischen den Gleichgewichten G4 und G2 wird der Bereich partieller Substitution (falls er existiert) durch

$$\Delta_{p\pi} \equiv \pi_w^* - \pi_{24}(\cdot) > 0 \quad \text{und} \quad \Delta_{pI} \equiv I_{24}(\cdot) - I_w^* > 0$$

abgegrenzt. Um zu klären, wovon *vollständige* und *partielle* Substitution abhängen, gehen wir im ersten Schritt davon aus, dass die Bank ein Effektivitätsniveau von θ_m besitzt, wobei $\theta_m \in (\theta_l, \bar{\theta}_h)$ durch (2.35) und Anmerkung 2.5.1 definiert ist.[27] Mit θ_m sei $\tilde{\beta} \equiv \beta_m$ und $\gamma(S^*) \equiv \gamma_m$. Das zu $\tilde{\beta}$ korrespondierende Indifferenzprojekt zwischen den Gleichgewichten G2, G3 und G4, $[\pi_w^*(\tilde{\beta}), I_w^*(\tilde{\beta})]$, nennen wir $[\pi_w^{**}, I_w^{**}]$. Mit S_I^* als Kostenniveau, das durch die Bedingung erster Ordnung

$$\frac{\partial \gamma(S, \theta_m)}{\partial S} = \frac{1}{(1-p)x_l}$$

eindeutig festgelegt ist, lässt sich für die Referenzqualität θ_m Folgendes zeigen:

---

[27] Man beachte, dass $\theta_m = \theta_h$ nicht ausgeschlossen ist. In unseren Abbildungen gehen wir jedoch immer von $\theta_m < \theta_h$ aus.

2. Beobachtbarkeit der Risikoklasse

Lemma 2.5.1.

1. $\beta_m(\theta_m)$ *existiert und ist kleiner als 1, unabhängig davon, welcher Vertragspartner den Kontrakt vorschlagen kann.*

2. *Mit θ_m existiert ein kritisches Privatvermögensniveau W_m. Falls $\beta = \beta_m$ und $W \geq W_m$, investiert die auf Restrukturierung spezialisierte θ_m-Bank bei allen Projekten $[\pi \leq \pi_w^{**}, I \geq I_w^{**}]$ gerade S_1^*, so dass sie mit $\gamma_m = 1$ keine übernahmebedingten Wertverluste befürchten muss. Mit $\beta = \beta_m$ und $W < W_m$ finanziert die θ_m-Bank das Indifferenzprojekt $[\pi_w^{**}, I_w^{**}]$ mit weniger Restrukturierungs-Know-how: $\gamma_m < 1$.*

Beweis: siehe Anhang

Ausgehend von θ_m gelingt es nachzuweisen, dass Kreditsicherheit und kreditspezifisches Restrukturierungs-Know-how für jeden gegebenen Qualitätsindex in substitutiver Beziehung zueinander stehen. Um die Anzahl der Fallunterscheidungen einzugrenzen, beschränken wir unsere Analyse auf $W \geq W_m$.[28]

Proposition 2.5.3. *Sicherheiten substituieren kreditspezifisches Restrukturierungs-Know-how entweder vollständig oder partiell. Die Substitution ist bei gegebener Bankqualität umso stärker, je größer die Verwertungsquote ist.*

Beweis: siehe Anhang

Abbildung 2.6 zeigt die teilspielperfekten Gleichgewichte für die zwei Qualitätsindizes θ_h und θ_m. Die fetten π_S-Kurven geben die Paretogrenze im reinen Restrukturierungsspiel (G2) wieder. Die konvexen π_{SW}-Kurven repräsentieren die Nullgewinn-Gleichgewichte im Spiel mit Restrukturierungs-Know-how und Besicherung (G4). Die fette Gerade $\pi_{0W}(\beta_m)$ begrenzt ebenso wie die äußere, durchbrochen eingezeichnete Gerade $\pi_{0W}(\beta = 1)$ die möglichen Gleichgewichte im reinen Besicherungsspiel (G3). Auf der Geraden $\pi(\theta, W, I)|_{\gamma = \alpha_l}$ (siehe (A.1) im Anhang) liegen alle Projekte $[\pi_w^*(\beta), I_w^*(\beta)]$, für die im G4-Gleichgewicht $S^* = 0$ ist und die Vertragspartner zwischen den Gleichgewichten G3 und G4 indifferent sind. Die Bank mit Qualitätsindex θ_m verzichtet bei einer Verwertungsquote β_m bei allen Projekten, die in der schwach gepunkteten Region liegen, auf Restrukturierungs-Know-how und setzt stattdessen auf Besicherung. Es ist unmittelbar erkennbar, dass bei geringeren Verwertungsquoten ($\beta < \beta_m$) der Schnittpunkt zwischen Besicherungskurve $\pi_{0W}(\beta)$ und Restrukturierungskurve $\pi_S(\theta_m)$ oberhalb von $\pi(\theta_m, W, I)|_{\gamma = \alpha_l}$ liegt. Das bedeutet, dass bei einer Verwertungsquote wie $\beta < \beta_m$ das Gleichgewicht mit beiden Instrumenten (G4) immer durch ein Restrukturierungsgleichgewicht (G2) dominiert wird. Partielle Substitution existiert nicht.

---

[28] Das stellt einen monotonen Zusammenhang zwischen dem Grad der Substition und β sicher.

2.5 Endogene Restrukturierungsexpertise

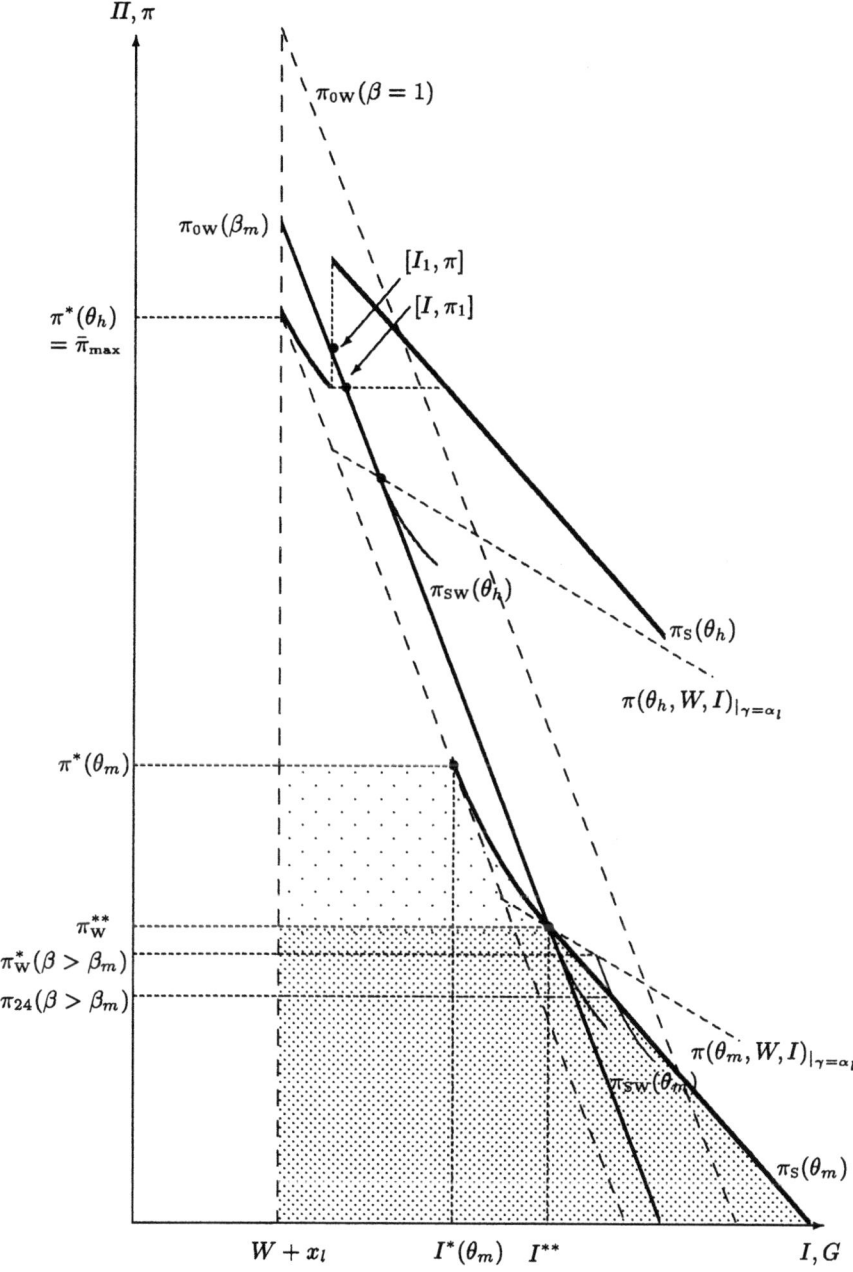

Abb. 2.6. Substitution durch Sicherheiten

Für größere Quoten ($\beta > \beta_m$) liegt der entsprechende Schnittpunkt unterhalb der $\pi(\theta_m, W, I)_{|\gamma=\alpha_l}$-Kurve. Daraus lässt sich unmittelbar schlussfolgern, dass es bei einer solchen Verwertungsquote neben den Projekten, bei denen Besicherung durch Restrukturierungs-Know-how abgelöst wird, auch solche gibt, wo G4 das dominante Gleichgewicht ist. Besicherung reduziert bei diesem Projekttyp nur die Höhe der Upfront-Investition. In Abb. 2.6 ist der nur für $\beta > \beta_m$ relevante Bereich partieller Substitution durch die gestrichelten Linien $\pi_w^*(\beta > \beta_m)$ und $\pi_{24}(\beta > \beta_m)$ abgegrenzt. Aus den Verläufen von $\pi_S(\theta_m)$ und $\pi(\theta_m, W, I)_{|\gamma=\alpha_l}$ lässt sich ablesen, dass sowohl vollständige als auch partielle Substitution bei umso mehr Projekten stattfindet, je höher β ist.

Worauf ist nun Art und Ausmaß der Substitution zurückzuführen? Kreditsicherheiten reduzieren unabhängig von der Marktstruktur den Rückzahlungsbetrag und damit die Wahrscheinlichkeit der ineffizienten Übernahme. Das erhöht den Gewinn und damit die Opportunitätskosten des Know-hows. Gleichzeitig senkt es aber auch den Grenzertrag der Upfront-Investition,

$$-\frac{\partial d}{\partial \gamma}\frac{\partial \gamma}{\partial S}\left(p(x_h - x_l - \frac{\pi}{p}) - (1 - p(1-\beta))W\right).$$

Letzteres stellt sich selbst dann ein, wenn Kreditsicherheiten mit $\beta = \hat{\beta}_0$ einen Zusatzgewinn von Null induzieren.

Liegt die Verwertungsquote nur geringfügig über der kritischen Grenze $\hat{\beta}_0$, kommt es durch die Hereinnahme der Sicherheiten zu einer starken Absenkung des Marginalertrags. Der Gewinn (2.45) steigt jedoch nur in bescheidenem Ausmaß an, so dass bereits eine kleine Zunahme des Kreditvolumens (kleine Absenkung des Reservationsnutzens) ausreicht, um in (2.44) ein Investitionsvolumen zu induzieren, das den Opportunitätskosteneffekt kompensiert. Eine solch geringfügige Variation reicht jedoch nie aus, um den Marginalertrag auf ein Niveau anzuheben, bei dem es sich lohnen könnte, den Kredit zu besichern und gleichzeitig die Upfront-Investition zu tätigen. Solange die Verwertungsquoten hinreichend klein sind, spielt folglich der Einsatz beider Instrumente zum Schutz vor Vertragsbruch weder für den Bankkontrakt noch für den Managerkontrakt eine Rolle. Die Substitution ist immer vollständig. Bei Projekten, die eine geringe „Tendenz" zum Vertragsbruch induzieren (relativ kleines Kreditvolumen bzw. ein relativ hoher Reservationsnutzen), löst Kreditbesicherung die Upfront-Investition grundsätzlich ab.

Wie (2.46) und (2.47) zeigen, erhöht jedoch jede marginale Zunahme der Verwertungsquote die Opportunitätskosten des Know-hows stärker als es den Grenzertrag senkt. Beim Projekt $[\pi_w^{**}, I_w^{**}]$ sind die Akteure gerade indifferent zwischen den Gleichgewichten G2, G3 und G4. Für $\beta > \tilde{\beta}$ gilt $\pi_{23} < \pi_w^*$ bzw. $I_{23} > I_w^*$, so dass sich der Einsatz beider Instrumente lohnt. Vollständige Substitution ist dann denjenigen Projekten vorbehalten, bei denen die Gefahr der Rückzahlungsverweigerung hinreichend gering ist ($\pi > \pi_w^*$ und

$I < I_w^*$). Droht der Vertragsbruch mit höherer Wahrscheinlichkeit ($\pi < \pi_w^*$ und $I > I_w^*$), schützt sich die Bank sowohl mit Besicherung als auch mit Restrukturierungs-Know-how (G4).

Wegen des geringeren Rückzahlungsbetrages ist der Grenzertrag der Upfront-Investition im Gleichgewicht mit Kreditbesicherung und Restrukturierungs-Know-how (G4) immer kleiner als im Gleichgewicht mit exklusiver Upfront-Investition (G2). Es muss daher bei gegebener Verwertungsquote $\beta > \tilde{\beta}$ ein kritisches Projekt $[\pi_{24}, I_{24}]$ existieren, bei dem es strikt besser ist, nur in Restrukturierungs-Know-how zu investieren.[29]

Je höher die Verwertungsquote der Kreditsicherheiten, desto mehr wird der Grenzertrag des Know-hows durch Besicherung reduziert und desto höher sind die Opportunitätskosten des Know-hows für den Fall, dass nur besichert wird. Folglich ist das Projektintervall, in dem die Vertragspartner Besicherung oder eine Kombination aus Besicherung und Know-how bevorzugen, umso größer, je geringer die Verluste bei der Verwertung der eingezogenen Sicherheiten ausfallen. Anders ausgedrückt, Sicherheiten substituieren die kreditspezifische Investition in Restrukturierungs-Know-how umso stärker, je größer der Wert des Privatvermögens ist.

Korollar 2.5.2. *Bei gegebener Verwertungsquote $\hat{\beta}_0 < \beta < 1$ ist die Substitution von Restrukturierungs-Know-how durch Kreditsicherheiten umso geringer, je höher die Bankqualität ist.*

Beweis: siehe Anhang
Die fixe Verwertungsquote impliziert konstante Opportunitätskosten der Upfront-Investition. Gleichzeitig löst eine gegebene Erhöhung des Rückzahlungsbetrages bei Banken hoher Qualität immer einen stärkeren Investitionsimpuls aus als bei Banken niedriger Qualität. Das Projekt-Intervall, in dem Besicherung die Gefahr der ineffizienten Übernahme stärker reduziert als Restrukturierungs-Know-how, muss daher mit wachsender Qualität kleiner werden. Das illustriert auch Abb. 2.6. Eine Bank hoher Qualität wie θ_h wird niemals den Kredit besichern und gleichzeitig in das Know-how investieren. Die Substitution ist immer vollständig und der Projektbereich, in dem es sich lohnt, die Upfront-Investition durch Kreditbesicherung zu ersetzen, ist entsprechend klein. Das ergibt sich aus der Tatsache, dass für $\beta < 1$ zwischen π_{0w}, $\pi(\theta_h, W, I)_{|\gamma=\alpha_l}$ und $\pi_s(\theta_h)$ kein gemeinsamer Schnittpunkt mehr existiert. Im Falle des *Bankkontrakts* ersetzt Kreditbesicherung Restrukturierungs-Know-how bei allen Projekten mit Reservationsnutzen $\pi \in [\pi_{max}, \pi_1(\theta_h)]$, wenn $\beta = \beta_m$. Ein *Managerkontrakt* induziert bei allen Projekten mit $I \in [W + x_l, I_1(\theta_h)]$ die Substitution.

---

[29] Die Existenz eines Schnittpunktes $[\pi_{24}, I_{24}]$ setzt eine hinreichend niedrige Qualität der Bank voraus.

2.6 Zusammenfassung und Fazit

Dieses Kapitel baut auf die von Aghion/Bolton (1992), Bester (1994), Hart/Moore (1994) und Berglöf/v. Thadden (1994) entwickelte Theorie unvollständiger und deshalb wiederverhandlungsanfälliger Kreditkontrakte auf. Gemäß dieser Theorie beeinflusst die Managementqualität des Kreditgebers das Ergebnis der Wiederverhandlungen. Da das Verhandlungsergebnis von beiden Vertragspartnern antizipiert wird, wirkt es auf die Entscheidungen zum Zeitpunkt des Vertragsabschlusses zurück.

Im Kontext vollkommener Information über den Schuldnertyp wird das Design des Kreditkontrakts determiniert durch den Trade-off zwischen der Abwehr strategischer Insolvenz und der Verhinderung einer ineffizienten Liquidation bei tatsächlicher Insolvenz. Wir haben gezeigt, dass dieser essentielle Trade-off verschwinden kann, wenn berücksichtigt wird, dass Banken Restrukturierungs-Know-how aufbauen können. Die Verringerung des Übernahmeverlustes reduziert die Bereitschaft des Kreditgebers, nachzuverhandeln. Größere Unnachgiebigkeit seitens der Bank wiederum hält den Unternehmer davon ab, sich aus strategischen Gründen für insolvent zu erklären. Folglich determiniert der Trade-off zwischen den Kosten der Wiederverhandlungen und den Kosten des Aufbaus von Restrukturierungs-Know-how das Kontrakt-Design.

Unsere Ergebnisse legen nahe, dass Banken umso eher geneigt sind, in das Know-how zu investieren, je stärker ihre Marktstellung und/oder je größer die Projekte sind. Aus theoretischer Sicht würden wir deshalb erwarten, dass verschiedene Banktypen existieren. Erstens sollten Banken beobachtbar sein, die kein Restrukturierungs-Know-how besitzen. Solche Banken gewähren bei Zahlungsunfähigkeit manchmal einen Teilschuldenerlass und manchmal übernehmen sie das Unternehmen trotz des damit verbundenen Wertverlustes. Zweitens sollte es Banken geben, die sich eher im Sinne des Standardkreditvertrages verhalten und bei Zahlungsunfähigkeit sehr viel stärker zur Übernahme neigen. Mit dem aufgebauten Restrukturierungs-Know-how können Übernahmeverluste entweder ganz oder zumindest teilweise vermieden werden.

Eine solche Ausdifferenzierung in Banken mit und Banken ohne Restrukturierungsabteilung ist auf empirischer Ebene von Edwards/Fisher (1993) festgestellt worden. Die in der Literatur verwendeten divergierenden Annahmen bezüglich der Managementqualitäten von Banken können deshalb damit erklärt werden, dass implizit auf einen der beiden Banktypen rekurriert wurde. Die Finanzierung von klein- und mittelständischen Betrieben scheint das Feld zu sein, in dem der zweite Banktyp tendenziell häufiger anzutreffen ist. Gelegentliche Aussagen von Bankenvertretern, dass die Vergabe von Krediten gerade an Mittelständler in starkem Maße davon abhängig ist, ob und wie die Bank während der Laufzeit des Kredits an wichtigen Unternehmensentscheidungen beteiligt wird (Arnold 2001), lassen sich auch in der Hinsicht deuten, dass Banken in diesem Marktsegment frühzeitig Vorsorge treffen wollen, um im Fall der Zahlungsunfähigkeit eine schnelle und reibungslose Restrukturierung einleiten zu können.[30]

Falls der Projektinhaber über kein Privatvermögen verfügt und folglich die Kreditbesicherung grundsätzlich nicht möglich ist, bewahrt Restrukturierungskapazität extrem große Projekte vor der Nichtrealisierung. Inhaber von Großprojekten, die ohne Privatvermögen dastehen, sollten folglich in einem geringeren Umfang der Kreditrationierung ausgesetzt sein, wenn Banken Restrukturierungs-Know-how aufbauen.

Die Modellergebnisse zeigen, dass die Substitution von Restrukturierungs-Know-how durch Sicherheiten nur dann stattfindet, wenn dies die Wohlfahrt steigert und nicht schmälert. Der wohlfahrtssteigernde Einsatz setzt allerdings niedrige Kosten bei der Verwertung der Sicherheiten voraus. Im Insolvenzrecht festgeschriebene Absonderungsrechte für nicht betriebsnotwendiges Vermögen sind effizient, da sie die schnelle Verwertung erleichtern und damit die Verwertungskosten senken.

---

[30] In Kap. 5 werden wir im Zusammenhang mit Beteiligungsfinanzierung durch die Bank eine alternative Erklärung für die Aneignung von Kontrollrechten durch den Investor diskutieren.

A. Appendix zu Kapitel 2

Lemma 2.5.1

Beweis
Wir definieren zunächst drei Funktionen. Die erste nennen wir $\pi(\theta, W, I)|_{\gamma=\alpha_l}$. Sie resultiert aus der Umstellung von (2.43) nach β, $\beta = (I - I^*)/W$, sowie anschließendem Einsetzen in (2.42),

$$\pi(\theta, W, I)|_{\gamma=\alpha_l} \equiv \pi^* + pI^* - pI - W(1-p), \qquad (A.1)$$

wobei $S^* = 0$ ist. Wegen $\partial \pi_{ow}/\partial \beta > 0 \ \forall \ \beta > \hat{\beta}_0$ impliziert (A.1) ein umso höheres β, je höher I ist. Als zweite Funktion definieren wir mit $\pi(\theta, I)|_{\beta=1}$ die Verbindungslinie zwischen (π^*, I^*) und (π_w^*, I_w^*) für $\beta = 1$. Wie $\beta = 1$ in (2.42) und (2.43) zeigt, muss

$$\pi(\theta, I)|_{\beta=1} = f(\theta) - I$$

gelten. Einsetzen von (π^*, I^*) oder $(\pi_w^*(\beta=1), I_w^*(\beta=1))$ liefert dann $f(\theta)$ und somit

$$\pi(\theta, I)|_{\beta=1} \equiv \pi^* + I^* - I. \qquad (A.2)$$

Die Differenz ist für alle $I \geq I_w^*(\hat{\beta}_0)$ unabhängig von θ und beträgt

$$\pi(\theta, I)|_{\beta=1} - \pi(\theta, W, I)|_{\gamma=\alpha_l} = (1-p)(1-\beta)W \geq 0 \ \ \forall \ \ \beta \leq 1. \qquad (A.3)$$

Die dritte Funktion schließlich resultiert aus dem Anlegen einer Tangente an die Paretogrenze (2.32) mit Steigung 1,

$$\pi(\theta, I)|_{\gamma=1} \equiv p x_h + (1-p) x_l - S_1(\theta) - I. \qquad (A.4)$$

(A.4) und (A.2) verlaufen parallel. Für alle $\alpha_l < 1$ und damit $S^* = S_1 > 0$ gilt wegen der Konvexität der θ_m-Paretogrenze

$$\pi(\theta, I)|_{\gamma=1} < \pi(\theta, I)|_{\beta=1}. \qquad (A.5)$$

1. Im nächsten Schritt beweisen wir, dass es für $\theta = \theta_m$ einen einzigen Schnittpunkt $[\pi_W^{**}, I_W^{**}]$ zwischen (2.32) sowie (2.36) einerseits und (A.1) andererseits geben muss. Die Paretogrenze für Restrukturierung $\pi_S(\theta_m, I)$ verläuft konvex und wegen (2.35) auch stetig. Für $\pi < p(1-\alpha_h)x_h$ geht sie in (A.4) über. Aus (A.3), der Konvexität von $\pi_S(\theta_m, I)$ und dem Verhältnis der Steigungen

$$\frac{\partial \pi(\theta, W, I)|_{\gamma=\alpha_l}}{\partial I} = -p > \frac{\partial \pi(\theta, I)|_{\gamma=1}}{\partial I} = -1 \quad (A.6)$$

folgt für $\theta = \theta_m$ zwingend die Existenz eines eindeutigen Schnittpunkts zwischen (A.1) und der Paretogrenze. Nun ist zu klären, ob in diesem Schnittpunkt tatsächlich $\beta_m < 1$ gilt. Wäre $\beta_m = 1$, so müsste die θ_m-Paretogrenze mit (A.1) und (A.2) einen gemeinsamen Schnittpunkt besitzen. Das aber ist durch (A.5) ausgeschlossen.

2. Wir prüfen nun, ob $\gamma_m = 1$ für $\theta = \theta_m$ möglich ist. Ableiten von (A.1) führt zu

$$\frac{\partial \pi(\theta_m, W, I)|_{\gamma=\alpha_l}}{\partial W} = -(1-p) < 0. \quad (A.7)$$

In Verbindung mit (2.33) folgt daraus, dass γ_m im Schnittpunkt von (A.1) und (2.32) mit wachsendem W zunehmen muss, wobei jedoch $\gamma = 1$ wegen (2.35) nicht überschritten werden kann. Wir setzen nun θ_m und $\pi = p(1-\alpha_h)x_h$ in (A.4) ein und lösen nach I auf. Nach Einsetzen dieses Ergebnisses und $\pi = p(1-\alpha_h)x_h$ in (A.1) ergibt sich

$$W_m \equiv \frac{p\, x_l \frac{\partial \gamma(0,\theta_m)}{\partial S}(\alpha_h x_h(1-p) - S_1^*(\theta_m) + x_l(1-p)) - p(\alpha_h x_h - \alpha_l x_l)}{(1-p)x_l \frac{\partial \gamma(0,\theta_m)}{\partial S}}$$

als kritisches Privatvermögen.[1] W_m induziert für das Projekt $[\pi_W^{**}(\theta_m) = p(1-\alpha_h)x_h, I_W^{**}(\theta_m)]$ gerade $\gamma(S^*(\theta_m)) = \gamma_m = 1$. Wegen (A.7) und (2.33) gilt folglich

$$\begin{aligned} \gamma_m < 1 &\Leftrightarrow W < W_m \\ \gamma_m = 1 &\Leftrightarrow W \geq W_m. \end{aligned} \quad (A.8)$$

△

---

[1] Das kritische Privatvermögensniveau W_m muss natürlich auch der Restriktion $W_m < W_{\max} \equiv p\alpha_h x_h + (1-p)\alpha_l x_l - x_l$ gehorchen. Mit $\alpha_l = 1$ ergibt sich

$$S_1^* = 0 \text{ und } \frac{\partial \gamma(S, \theta_m)}{\partial S} = \frac{1}{(1-p)x_l},$$

und folglich $W_m = 0$, so dass $W_m < W_{\max}$ für alle $p \in [0,1]$ erfüllt ist. Da W_m zu- und $W_{\max}$ abnimmt, wenn α_l kleiner wird, muss es für ein gegebenes $0 < p < 1$ einen Bereich im Intervall $\alpha_l \in (0,1)$ geben, in dem die Bedingung $W_m < W_{\max}$ erfüllt ist.

Proposition 2.5.3

Beweis
Die Behauptung ist bewiesen, wenn für jedes gegebene θ

bei vollständiger Substitution: $\quad \dfrac{\partial D_{v\pi}(\beta)}{\partial \beta} \geq 0 \ \text{und} \ \dfrac{\partial D_{vI}(\beta)}{\partial \beta} \geq 0,$ \hfill (A.9)

bei partieller Substitution: $\quad \dfrac{\partial \Delta_{p\pi}(\beta)}{\partial \beta} \geq 0 \ \text{und} \ \dfrac{\partial \Delta_{pI}(\beta)}{\partial \beta} \geq 0$ \hfill (A.10)

erfüllt ist. Mit $\gamma \leq 1$ gilt im Schnittpunkt von (A.1) und der Paretogrenze (2.32)

$$\underbrace{p(1-d(\gamma(S^*)))\left(x_h - \frac{\pi_w^*}{p}\right) + (1-p+pd(\gamma(S^*)))x_l - S^*}_{H_1}$$
$$= \underbrace{p(1-d_0)\left(x_h - \frac{\pi_w^*}{p}\right) + (1-p+pd_0)x_l + v_0 W}_{H}. \tag{A.11}$$

Aus Lemma 2.5.1 wissen wir, dass diese Gleichung für $\theta = \theta_m$ und $\beta = \beta_m$ erfüllt ist, wobei mit $W \geq W_m$ auch $\gamma(S^*) = \gamma_m = 1$ gilt. Wegen $\partial^2 \pi_S / \partial I \partial \theta > 0$ und der Tatsache, dass (A.1) ein umso höheres β repräsentiert, je höher I ist, kann $H_1 = H$ für alle $\theta < \theta_m$ nur mit $\beta < \beta_m$ kompatibel sein. Die Unabhängigkeit der Differenz (A.3) von θ und $\partial^2 \pi_S / \partial I \partial \theta > 0$ implizieren dann, dass es im Intervall $\theta_l < \theta \leq \theta_m$ für jede gegebene Bankqualität ein $\tilde{\beta}(\theta) < \beta_m$ mit

$$\theta_1 > \theta_2 \Rightarrow \tilde{\beta}(\theta_1) > \tilde{\beta}(\theta_2) \tag{A.12}$$

geben muss, welches das Projekt $[\pi_w^*, I_w^*]$ zum Indifferenzprojekt zwischen den Gleichgewichten G2, G3 und G4 und damit zu $[\pi_w^{**}, I_w^{**}]$ macht. Aus der in θ zunehmenden Konvexität der Paretogrenze (2.32) folgt in Verbindung mit (2.33) und (A.3) zudem, dass auch eine Funktion $\tilde{\gamma}(\theta)$ mit

$$\theta_1 > \theta_2 \Rightarrow \tilde{\gamma}(\theta_1) > \tilde{\gamma}(\theta_2), \quad \tilde{\gamma} \leq 1 \tag{A.13}$$

existieren muss. Wir betrachten die Qualitätsintervalle $\theta \in (\theta_l, \theta_m]$ und $\theta > \theta_m$ getrennt.

$\theta \leq \theta_m$: Wegen

$$-\frac{1}{1-d(\gamma(S^*))} > -\frac{1}{1-d_0} \quad \text{und} \quad \frac{\partial \pi_{ow}}{\beta} > 0, \forall \beta > \hat{\beta}_0$$

resultiert für ein gegebenes θ aus $\beta < \tilde{\beta}(\theta)$ die Ungleichung $H_1 > H$. Das Gleichgewicht G4 ist folglich für $\beta < \tilde{\beta}(\theta)$ irrelevant. $D_{v\pi}$ bzw. D_{vI} wird durch den Schnittpunkt von (2.32) und (2.45) und damit durch das Projekt $[\pi_{23}, I_{23}]$ definiert. Aus (2.46) resultiert unmittelbar (A.9).[2]

Für $\beta > \tilde{\beta}(\theta)$ ist $H_1 < H$. Damit muss es Projekttypen geben, bei denen sich der Einsatz beider Instrumente lohnt. Wegen (2.26) und (2.30) muss jedoch ein Projekt $[\pi_{24}, I_{24}]$ existieren, bei dem die Vertragspartner gerade indifferent zwischen den Gleichgewichten G2 ($[S^* > 0, C = 0]$) und G4 ($[S^* > 0, C = W]$) sind. Für alle $\beta > \tilde{\beta}$ ist $D_{v\pi} = \pi^* - \pi_w^*$ und $D_{vI} = I^* - I_w^*$. (A.9) ergibt sich dann aus der mit $-p$ negativen Steigung von (A.1). Das Verhältnis der Steigungen von (A.1) und (2.32),

$$-p > -\frac{1}{1 - d(\gamma(S^*))},$$

impliziert zusammen mit der Existenz des Schnittpunktes zwischen (A.1) und (2.32) unmittelbar (A.10).

$\boldsymbol{\theta > \theta_m}$: Mit

$$\Delta \pi_1 \equiv \pi^* - \pi_1$$

ist wegen der zunehmenden Konvexität der Paretogrenze in θ für $\gamma \leq 1$

$$\Delta \pi_1(\theta_i) < \Delta \pi_1(\theta_j) \text{ falls } \theta_i > \theta_j. \qquad (A.14)$$

Bei einem Qualitätsindex $\theta_m < \theta < \bar{\theta}_h$ lässt sich (A.11) wegen $W \geq W_m$, (A.14) und der Nichtstetigkeit der Paretogrenze nicht mehr erfüllen. Das Verhältnis der Steigungen von (A.1) und (2.36), $-p > -1$, und (A.14) garantieren jedoch für $W \geq W_m$, dass auch der Schnittpunkt zwischen (A.1) und (2.36) – falls ein solcher existiert – eindeutig ist. Im Schnittpunkt gilt

$$\underbrace{p\left(x_h - \frac{\pi_w^*}{p}\right) + (1-p)\gamma(S^*)x_l - S^*}_{G_1}$$

$$= \underbrace{p(1-d_0)\left(x_h - \frac{\pi_w^*}{p}\right) + (1-p+pd_0)x_l + v_0 W}_{H}. \qquad (A.15)$$

Sei $\bar{\theta}$ der Qualitätsindex für den $\tilde{\beta} = 1$ ist, dann müssen wegen (2.37) und der Tatsache, dass (A.1) ein umso höheres β repräsentiert, je höher I ist, die Funktionen $\tilde{\beta}(\theta)$ und $\tilde{\gamma}(\theta)$ auch im Intervall $\theta_m < \theta < \bar{\theta}$ für jedes gegebene θ existieren. Aus den gleichen Gründen müssen (A.12) und (A.13) in diesem Qualitätsintervall ebenfalls gelten.

---

[2] Man beachte, dass $\tilde{\beta}(\theta)$ für sehr kleine θ negative Reservationsnutzen π_w^{**} impliziert. In diesem Fall existiert nur vollständige Substitution.

(A.10) folgt für $\beta \in (\tilde{\beta}, 1)$ aus den Steigungen von (A.1) und (2.36), $-p > -1$, sowie der Existenz des Schnittpunktes zwischen den beiden Funktionen. $-p < 0$ impliziert dann auch hier unmittelbar (A.9). Für $\beta < \tilde{\beta}$ hingegen findet nur vollständige Substitution statt. Wegen $\gamma(S^*) > 1$ ist die Paretogrenze im Qualitätsintervall $\theta_m < \theta < \bar{\theta}$ nicht mehr stetig. Mit den Sprungstellen π_1 (Bankkontrakt) und I_1 (Managerkontrakt) existiert für jede gegebene Qualität $\theta \in [\theta_m, \bar{\theta}]$ ein Bereich von Verwertungsquoten, für den kein Indifferenzprojekt zwischen den Gleichgewichten G2 und G3 existiert. Stattdessen ist G2, $[S^* > 0, C = 0]$, strikt dominant. Falls sich die Verwertungsquoten in diesem Bereich bewegen, ist (A.9) nur mit Gleichheit erfüllt. Für alle β außerhalb dieses Bereichs folgt aus (2.46) bzw. (2.47) die strikte Ungleichung (A.9).

Mit $\theta > \bar{\theta}$ ist $H = G_1$ wegen der Restriktion $\beta < 1$ nicht mehr erfüllbar. Die Substitution ist immer vollständig und der im Intervall $\theta_m < \theta < \bar{\theta}$ für $\beta < \tilde{\beta}$ geführte Beweis von (A.9) gilt analog. $\triangle$

Korollar 2.5.2

Mit (A.12) muss im Intervall $\theta_l < \theta < \bar{\theta}$ auch die Umkehrfunktion $\tilde{\theta}(\beta)$ existieren. Aus Proposition 2.5.3 folgt, dass die Substitution für alle $\theta > \tilde{\theta}$ immer vollständig ist. Die zunehmende Konvexität der Paretogrenze in θ für alle $\gamma \leq 1$ sowie (2.37) falls $\gamma > 1$, erzwingen einen mit der Bankqualität abnehmenden Substitutionsbereich.

Aus Proposition 2.5.3 folgt direkt, dass für $\theta < \tilde{\theta}$ der Bereich vollständiger Substitution durch $\pi^* - \pi_w^*$ bzw. $I_w^* - I^*$ definiert ist und nicht mit θ variiert. Die Existenz von $\tilde{\theta}(\beta)$ impliziert jedoch, dass das Projektintervall, in dem partielle Substitution stattfindet, bei gegebenem β mit wachsendem θ kleiner werden muss. $\triangle$

3. Überblick über die Empirie

3.1 Hypothesen

Das Modell liefert empirisch testbare Implikationen, von denen die wichtigsten in Hypothesenform zusammengefasst seien.

Hypothese 3.1.1. Zwischen der Fähigkeit der Bank, das Unternehmen im Notfall zu sanieren und dem Grad der Kreditbesicherung sollte ein negativer Zusammenhang bestehen. Dieser sollte umso stärker sein, je größer die Sanierungserfahrung der Bank ist.

Hypothese 3.1.2. Eine starke Kreditgeberposition gegenüber dem Unternehmen (hohe Marktmacht) sollte tendenziell weniger Besicherung und eine stärkere Sanierungsbereitschaft nach sich ziehen.

Hypothese 3.1.3. Kreditgröße und Besicherung sollten in einem negativen Zusammenhang, Kreditgröße und der Aufbau von Sanierungs-Know-how hingegen in einem positiven Zusammenhang stehen.

Hypothese 3.1.4. Wenn besichert wird und die Risikoklasse des Schuldners bekannt ist, ist es eher der Schuldner mit dem höheren Risiko, der besichert.

3.2 Restrukturierung versus Kreditbesicherung

Die erste Aussage ist wohl die mit Abstand markanteste. Deshalb wenden wir uns ihr zuerst zu. Allerdings sucht man vergebens nach einer nennenswerten Anzahl von empirischen Studien, die den Zusammenhang zwischen dem Restrukturierungs-Know-how von Banken und der Besicherung durch Outside-collateral direkt analysieren. Asquith/Gertner/Scharfstein (1994) berichten zwar, dass die Motivation von Banken, notleidende Firmen finanziell zu restrukturieren und einen Schuldennachlass zu gewähren, positiv mit dem Grad der Kreditbesicherung verknüpft ist. Die Studie lässt allerdings im Dunkeln, ob es einen Zusammenhang zwischen Kreditbesicherung und der realwirtschaftlichen Sanierungsbereitschaft von Banken gibt. Daher können wir uns, was die Überprüfung des Realitätsgehalts des markantesten Modellergebnisses anbelangt, nicht auf eine bestimmte Studie stützen, sondern sind

68 3. Überblick über die Empirie

gezwungen, einen indirekten Weg zu beschreiten und ein geeignetes Proxy für die potentielle Sanierungsfähigkeit von Kreditgebern zu finden. Als geeignet kann ein Proxy dann gelten, wenn empirisch ein enger Zusammenhang zwischen dem Proxy und der Sanierungsfähigkeit von Banken nachgewiesen wurde und darüber hinaus robuste Ergebnisse über die Beziehung zwischen Proxy und Kreditbesicherung vorliegen. Wie sich zeigen wird, erfüllt das so genannte *Relationship-lending* beide Anforderungen. Empirisch scheint es so zu sein, dass die Fähigkeit von Banken, das Unternehmen im Notfall zu sanieren, konstituierender Bestandteil einer intensiven Gläubiger-Schuldner-Beziehung ist und die Intensität dieser Beziehung wiederum die Besicherungsanforderungen der Bank beeinflusst. Deshalb wagen wir es, aus der indirekten Beziehung auf einen direkten Zusammenhang zu schließen (siehe Abb. 3.1).

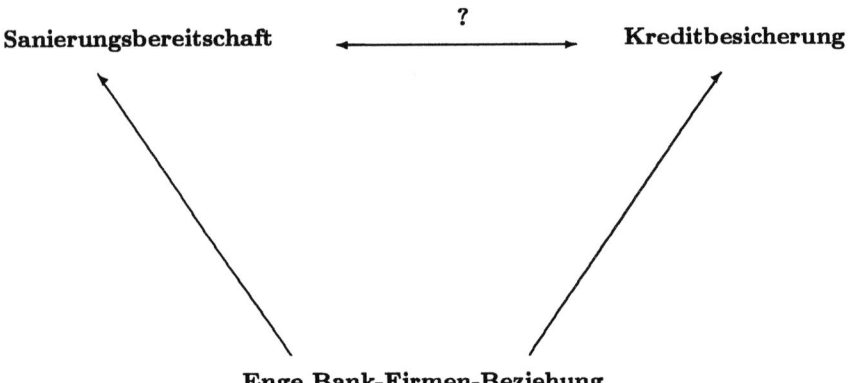

Abb. 3.1. Bank-Firmen-Beziehung, Kreditbesicherung und Sanierungsbereitschaft

Evidenz für den ersten Aspekt liefern Gilson/John/Lang (1993) und Gilson (1993). Für US-amerikanische, börsennotierte Kapitalgesellschaften stellen sie fest, dass sich eine intensive Gläubiger-Schuldner-Beziehung positiv auf die Wahrscheinlichkeit einer außergerichtlichen Sanierung auswirkt. Firmen mit ausgeprägten Kreditbeziehungen zu Banken wurden in finanziellen Notsituationen signifikant öfter außerhalb eines formalen Insolvenzverfahrens restrukturiert als Betriebe, die sich stärker auf die Finanzierung durch den Kapitalmarkt verließen. Banken initiierten im Zuge der Restrukturierung häufig die Ablösung des alten Managements oder griffen direkt in das Management der Firmen ein. Auch gingen im Austausch gegen notleidende

3.2 Restrukturierung versus Kreditbesicherung

Kredite regelmäßig Teile des Aktienkapitals an die Kreditgeber, obwohl den amerikanischen Geschäftsbanken langfristiger Aktienbesitz verboten war.[1]

Petersen/Rajan (1994) haben die Qualität der Finanzierungsbeziehung(en) für mittelständische, nicht gelistete US-amerikanische Firmen untersucht. Zu ihren markantesten Ergebnissen zählt die Feststellung, dass es sich für diesen Firmentyp lohnt, die Unternehmensfinanzierung zu konzentrieren und sich durch die Nutzung von Serviceleistungen eng an eine Hauptbank zu binden. Weniger Wettbewerb auf dem lokalen Kreditmarkt vermindere zudem die Wahrscheinlichkeit der Kreditrationierung. Die Autoren erklären dies dadurch, dass Banken umso eher bereit sind, Firmen zu helfen, je eher sie damit rechnen können, die "Früchte ihrer Anstrengungen" auch selbst ernten zu können.[2] Das implizite Versprechen des Schuldners, den Kreditgeber für seine Hilfestellung in "schwierigen Zeiten" später angemessen zu entschädigen, sehen Petersen/Rajan am wenigsten gefährdet, wenn zum alteingesessenen Finanzier wenig Alternativen bestehen, sprich, der Wettbewerb unter den Finanzinstituten der Region gering ist. Um das wohlfahrtserhöhende Potential einer engen Gläubiger-Schuldner-Beziehung noch stärker ausschöpfen zu können, fordern die Autoren, den Kompensationsanspruch der Banken explizit zu machen, d.h. den Banken sollte auch langfristiger Anteilsbesitz zugestanden werden (siehe auch Kapitel 5).

Die positive Korrelation zwischen einer engen Kreditgeber-Kreditnehmer-Beziehung und der Wahrscheinlichkeit einer bankinduzierten Unternehmenssanierung ist durch Hoshi/Kashyap/Scharfstein (1990) auch für Japan dokumentiert.[3] Unternehmen innerhalb eines Unternehmensverbandes, dem so genannten Keiretsu, gehen eine sehr enge Bindung zu ihrer Hausbank ein.[4] Resultat dieser engen Anbindung war eine gegenüber Nicht-Keirutsu-Unternehmen signifikant erhöhte Wahrscheinlichkeit, im Notfall von der Hausbank saniert und restrukturiert zu werden. Die wegen der nach wie vor geltenden Beteiligungsgrenze von 5 % zunächst überraschend anmutende Tatsache, dass japanische Banken weltweit die größte Gesamtbeteiligung am Nichtbankensektor halten, ist angesichts der in der Vergangenheit gezeigten Bereitschaft der Banken zur aktiven Unternehmenssanierung eher verständlich. Die Höhe des Anteilsbesitzes dürfte in nicht unbeträchtlichem Ausmaß auf die im Zuge von Restrukturierungsverfahren übliche Umwandlung von Krediten in Beteiligungen zurückzuführen sein.

---

[1] Geschäftsbanken durften bis zur Aufhebung des Glass-Steagal-Acts im Jahre 1999 die Unternehmensanteile im Regelfall nur zwei Jahre in ihrem Portfolio behalten.

[2] Petersen/Rajan (1994), S. 28.

[3] Vgl. dazu auch Mayer (1998), S. 155.

[4] Ein Keiretsu besteht aus einer Vielzahl von Firmen unterschiedlicher Branchen, die untereinander durch Kreuzbeteiligungen verbunden sind. Mit zu einer solchen Industriegruppe gehören immer auch Banken und Versicherungen. Hoshi/Kashyap/Scharfstein (1990), S. 71.

70   3. Überblick über die Empirie

Eine Studie von Elsas/Krahnen (2000) hat jüngst für Deutschland vergleichbare Ergebnisse zu Tage gefördert, was den Zusammenhang zwischen einer engen Bank-Firmen-Beziehung und der Bereitschaft zur Entfaltung von Sanierungsaktivitäten anbelangt. Elsas/Krahnen verabschieden sich dabei explizit von der gebräuchlichen These, wonach die Länge der Kreditbeziehung ein Indikator für eine Hausbankbeziehung sei und stützen sich stattdessen auf Daten, die die persönliche Einschätzung des Kreditinstituts als Hausbank oder Nicht-Hausbank widerspiegeln. Auch mit dieser, die Qualität der Bank-Firmenbeziehung sicherlich genauer erfassenden Methode zeigt sich, dass Hausbanken sehr viel eher geneigt sind, notleidende Firmen zu restrukturieren und sie als ganzes zu bewahren als „normale" Kreditgeber.

Der zweite Aspekt des Proxies, die Frage, welchen Einfluss eine enge Unternehmer-Bankbeziehung auf die Kreditbesicherung ausübt, ist erst in allerjüngster Zeit ins Zentrum der Aufmerksamkeit gerückt. In Berger/Udell (1995) wird die Intensität der Bank-Schuldner-Beziehung allein durch die Länge der Kreditbeziehung erfasst. Gemäß dieser Studie müssen Schuldner mit einer bereits langandauernden Bankbeziehung ihre Kredite mit geringerer Wahrscheinlichkeit besichern als Kreditnehmer, denen diese enge Bankbeziehung fehlt. Berger/Udell, die ausschließlich kleine und mittlere Unternehmen in den USA untersuchen, erklären diesen Befund allgemein mit der Rolle der Bank als Informationsproduzenten. Allerdings gehen sie nicht speziell auf die Informationsproduktion zum Zwecke einer später eventuell notwendigen Unternehmenssanierung ein.[5]

Für deutsche klein- und mittelständische Unternehmen wurde eine ähnliche Untersuchung von Harhoff und Körting (1998) durchgeführt. Die aus der direkten Befragung von 1399 Mittelständlern gewonnenen Daten liefern Evidenz für eine signifikant negative Beziehung zwischen der Qualität der Kreditgeber-Kreditnehmer-Beziehung und dem Grad der Kreditbesicherung. Die Autoren betonen, dass der negative Zusammenhang nicht allein durch die Länge und die Ausschließlichkeit der Beziehung zu erklären sei. Eine wesentliche Rolle spiele die Herausbildung von Vertrauen zwischen Bank und Unternehmer, wobei allerdings nicht geklärt wird, was die Herausbildung dieses Vertrauens letztendlich bewirkt. Es ist zumindest nicht a priori auszuschließen, dass Vertrauen auch auf die Sanierungsfähigkeit der Hausbank gründet.

---

[5] Den negativen Zusammenhang zwischen Länge der Kreditbeziehung und Besicherung bestätigen auch Boot/Thakor/Udell (1991). Die Autoren testen die Hypothese, wonach Banken ein umso kleineres Besicherungsvolumen wählen, je höher die Verwertungsquote des Privatvermögens ist. Die Dauer der Kreditbeziehung wird dabei als Proxy für die Liquidationskosten $(1-\beta)$ interpretiert. Das negative Vorzeichen ensteht aus der Annahme, die Kosten der Besicherung würden mit zunehmender Länge der Kreditbeziehung sinken. In Bezug auf die Besicherung mit Privatvermögen scheint uns diese Annahme jedoch wenig plausibel, denn der Einfluss der Bank-Firmen-Beziehung auf den Wert des Privatvermögens dürfte eher begrenzt sein.

3.2 Restrukturierung versus Kreditbesicherung

Die bislang diskutierten Befunde lassen - wenn auch mit sehr starken Vorbehalten angesichts der indirekten Vorgehensweise - den Schluss zu, dass der Zusammenhang zwischen Kreditabsicherung und Sanierungsbereitschaft der Bank eher negativ ist. Die jüngste deutsche Studie freilich bringt das bis dahin relativ einheitliche Bild ins Wanken. Elsas/Krahnen (2000) adressieren den Zusammenhang zwischen Restrukturierungsfähigkeit und Kreditbesicherung als einzige Untersuchung direkt und widersprechen im Ergebnis der Hypothese, wonach Kredite mit steigender Qualität der Bank-Unternehmer-Beziehung immer weniger besichert werden. Stattdessen liefern die Daten Evidenz für den umgekehrten Zusammenhang. Je enger die Bank-Unternehmer-Beziehung ist, desto stärker werden die Kredite besichert[6]. Ein hoher Grad an Kreditbesicherung ziehe zudem eine hohe Bereitschaft zur realwirtschaftlichen Restrukturierung in finanziellen Notsituationen nach sich.

Auf den ersten Blick stehen die Ergebnisse von Elsas/Krahnen in direktem Widerspruch zu unserer eigenen Hypothese. Auf den zweiten Blick allerdings ist erkennbar, dass Elsas/Krahnen unter dem Begriff Kreditbesicherung sowohl die Besicherung mit Betriebs- als auch die Besicherung mit Privatvermögen verstehen, wohingegen der von uns identifizierte negative Zusammenhang zwischen Kreditbesicherung und Sanierungsbereitschaft nur für Privatvermögen gültig ist. Deshalb weisen Elsas/Krahnen weniger auf die Irrelevanz dieses negativen Zusammenhangs hin, sondern zeigen vielmehr ein grundsätzliches Problem auf, das auch die oben zitierten Untersuchungen betrifft. Die Natur der Kreditbesicherung wird in all diesen Studien nicht eindeutig definiert. Bei den verwendeten Daten bleibt grundsätzlich unklar, ob die untersuchten Schuldner ihre Kredite mit Privatvermögen oder mit Firmenvermögen besichert haben. Diese Unterscheidung ist aber gerade im Hinblick auf die Aufdeckung des Zusammenhangs zwischen Sanierungsbereitschaft und Kreditbesicherung von elementarer Bedeutung. Warum? Nun, es scheint relativ plausibel und würde auch unseren Modellergebnissen nicht widersprechen, dass der Zusammenhang zwischen Kreditbesicherung und Sanierungsanreiz positiv ist, wenn es sich um Firmenvermögen handelt. Schließlich dienen die Sanierungsanstrengungen der Bank in diesem Fall der Erhaltung des Wertes der Kreditsicherheiten. Je stärker der Kredit durch Betriebsvermögen abgesichert ist und je höher die drohenden Wertverluste bei eigener Passivität, desto mehr lohnen sich werterhaltende Aktivitäten und damit die Investition in Know-how, mit dem die realwirtschaftliche Restrukturierung des Unternehmens gelingen kann.

Weit weniger plausibel hingegen scheint ein solch positiver Zusammenhang, wenn der Kredit durch Privatvermögen abgesichert ist. Der Wert des Privatvermögens dürfte sich weitgehend unabhängig vom Zustand des Unter-

---

[6] Das deckt sich weitgehend mit den Modellergebnissen von Longhofer/Santos (1998)

nehmens entwickeln. Folglich ist der Grad der Kreditbesicherung und damit auch das tatsächliche Ausfallrisiko der Bank in weit geringerem Maße von den eigenen Aktivitäten zur Erhaltung des Unternehmens abhängig. Passivität oder – um in unserem Kontext zu bleiben – die Unterlassung von Investitionen in Restrukturierungs-Know-how scheint als Reaktion auf eine Absicherung durch wertbeständiges Privatvermögen durchaus naheliegend zu sein.

Solange also bei den verwendeten Daten unklar bleibt, ob die untersuchten Schuldner ihre Kredite mit Privatvermögen oder mit Firmenvermögen besichert haben, müssen empirische Aussagen über den Zusammenhang zwischen Kreditabsicherung durch Nicht-Firmenvermögen und Sanierungsbereitschaft notwendigerweise Stückwerk bleiben. Letztendlich lässt sich mit der vorhandenen Evidenz nur feststellen, dass ein negativer Zusammenhang zwischen Outside-collateral und Sanierungsbereitschaft bislang empirisch nicht abgelehnt wurde. Ob Banken, die restrukturieren können, tatsächlich weniger darauf angewiesen sind, ihre Kredite zu besichern als Kreditinstitute, denen die Fähigkeit zur Sanierung fehlt, bleibt eine offene Frage.

3.3 Marktmacht

Empirische Evidenz, die den Zusammenhang zwischen Marktmacht und Reorganisations-Know-how und Kreditbesicherung direkt adressiert, existiert ebenfalls nicht. Tendenzaussagen können daher wie in Abschnitt 3.2 nur via Umweg über die Studien zum *Relationship Lending* gemacht werden und unterliegen naturgemäß den gleichen Vorbehalten.

In der Literatur wird die These vertreten, dass eine intensive Bank-Firmen-Beziehung die Position des Kreditgebers (Marktmacht) eher stärkt.[7] Folgt man dieser These, so deuten Berger/Udell (1995) und Harhoff/Körting (1998) auf einen negativen Zusammenhang zwischen Marktmacht der Bank und Reorganisations-Know-how einerseits und Kreditbesicherung andererseits hin, wohingegen die Ergebnisse von Elsas/Krahnen das Gegenteil implizieren.

3.4 Kreditvolumen

Wenden wir uns nun Hypothese 3.1.3 zu. Restrukturierungsfähigkeit und geringe Kreditbesicherung sollten tendenziell eher bei Großkrediten zu finden

---

[7] Unter dem Stichwort *lock-in effect* findet sich diese These in ihrer negativen Variante zum Beispiel in Sharpe (1990) und Greenbaum/Kanatas/Venezia (1989). Eher positiv wird die Stärkung der Kreditgeberposition in Petersen/Rajan (1994) gesehen.

Tabelle 3.1. Empirische Evidenz

	Wer muss stärker besichern?	
Autor(en)	weniger riskante Schuldner	riskante Schuldner
Großfirmen		
Ewert/Schenk/Szczesny (2000)	x	x
Machauer/Weber (1998)		x
Elsas/Krahnen(1998)		x
Elsas/Krahnen(2000)		x
Carey/Post/Sharpe (1997)		x
Mittelständische Firmen		
Harhoff/Körting (1998)		x
Blackwell/Winters (1997)		x
Berger/Udell (1995)		x
Kleine Firmen		
Degryse/van Cayseele (2000)	x	
Cressy (1996)	x	

sein. Empirische Analysen existieren allerdings nur für den Zusammenhang zwischen Besicherungsgrad und Kreditvolumen, so dass wir uns darauf beschränken müssen. Die Resultate sind auch hier widersprüchlich.

Für deutsche Mittelständler kommen Harhoff und Körting (1998) zu dem Ergebnis, dass Großkredite signifikant öfter besichert werden als mittlere und kleine Kredite. In diese Richtung interpretierbare Ergebnisse finden sich auch in Berger/Udell (1995) und Manne (1997). Boot/Thakor/Udell (1991) fördern jedoch das entgegengesetzte Ergebnis zutage. Die Kreditvergabepraxis von 306 amerikanischen Banken analysierend stellen sie fest, dass Besicherung umso weniger wahrscheinlich wird, je größer das Kreditvolumen ist.

Aus Gründen der leichteren Datenerhebung konzentriert sich die Analyse in der Mehrzahl der zitierten Untersuchungen auf den reinen Auslösereffekt. Das bedeutet, dass nur untersucht wird, ob eine bestimmte Größenkategorie besichert ist oder nicht. Diese Vorgehensweise ist mit der Modellimplikation durchaus kompatibel. Aufgrund der widersprüchlichen Aussagen und der Tatsache, dass der Zusammenhang zwischen Kreditvolumen und Workout-Aktivitäten der Banken erst gar nicht adressiert wurde, lassen sich jedoch auch in Bezug auf die Frage nach der empirischen Relevanz von These 3.1.3

aus dem vorhandenen empirischen Material kaum Schlussfolgerungen in die eine oder andere Richtung ziehen.

3.5 Schuldnerrisiko und Besicherung

Wie Tabelle 3.4 zeigt, bleibt die empirische Evidenz auch im Hinblick auf den Zusammenhang zwischen Besicherung und Schuldnerrisiko widersprüchlich. Vom überwiegenden Teil der empirischen Literatur wird zwar postuliert, dass riskante Typen tendenziell eher besichern als weniger riskante. Wie wir allerdings im folgenden Kap. 4 detailliert erläutern werden, lässt sich dies schwerlich als unbedingten Ausweis für die Gültigkeit von These 3.1.4 interpretieren. Auch in Bezug auf den Zusammenhang zwischen Kreditrisiko und Besicherung scheint die Aussagekraft der Studien eher begrenzt. Das liegt wohl zum geringeren Teil daran, dass in beinahe jeder Studie eine andere Risikodefinition benutzt wird. Berger/Udell (1995) beispielsweise setzen einen hohen Verschuldungsgrad mit einem hohen Kreditausfallrisiko gleich, wohingegen für Harhoff/Körting (1998) ein in der Vergangenheit aufgetretener Zustand der Zahlungsunfähigkeit Indiz für ein hohes Risiko ist.

Viel schwerer wiegt ein spezifisches Datenquerschnittsproblem. In der Mehrzahl der Studien wird nämlich nicht unterschieden zwischen Kreditbeziehungen, bei denen die Bank die Risikoklasse des Schuldners relativ genau einschätzen kann, und solchen, bei denen eine solche Einschätzung a priori schwerfällt. Diese mangelnde Differenzierung bezüglich des Informationsstandes der Bank hat zur Folge, dass die auf der theoretischen Ebene identifizierten unterschiedlichen Motive für Kreditbesicherung und die daraus resultierenden unterschiedlichen Aussagen über den Zusammenhang zwischen Kreditrisiko und Kreditbesicherung in der Empirie miteinander vermengt und damit unkenntlich gemacht werden. Das beeinträchtigt sowohl das Aussageziel als auch die Aussagekraft der Studien.

3.6 Fazit

Will man ein Fazit ziehen, so ist zunächst einmal festzuhalten, dass es kaum Untersuchungen gibt, die den Zusammenhang zwischen Restrukturierungs-Know-how von Banken und Kreditbesicherung direkt adressieren. Wir haben deshalb hier versucht, uns der Relevanz der Hypothesen auf indirektem Wege – via empirischer Literatur zum *Relationship Lending* – zu nähern. Der Versuch, Theorie und Empirie miteinander zu verknüpfen, leidet allerdings unter der Tatsache, dass in den vorhandenen empirischen Analysen wichtige Unterscheidungen, die notwendig wären, um die oben zitierten Thesen mit der vorhandenen Evidenz in einen stringenten Zusammenhang bringen zu können, nicht gemacht werden. Die in Bezug auf die hier generierten Hypothesen wichtigsten Differenzierungen sind sicherlich zum ersten die Unterscheidung zwischen Inside-collateral (Kreditbesicherung durch Betriebsvermögen) und Outside-collateral (Kreditbesicherung durch Privatvermögen) und zum zweiten die Unterscheidung zwischen Schuldnern, deren spezifische Risikoklasse bekannt ist und solchen, deren Risikoklasse nur nach dem statistischen Durchschnitt aller Kreditnehmer eingeschätzt werden kann. Darüber hinaus sind die vorhandenen, in der Regel auf Querschnittsdaten beruhenden Ergebnisse uneinheitlich, was die Abschätzung der empirischen Relevanz der Hypothesen anhand der vorhandenen Evidenz noch einmal zusätzlich erschwert.

4. Unbeobachtbarkeit der Risikoklasse – Kreditbesicherung, Restrukturierungs-Know-how und Schuldnerseparierung

4.1 Einführung

Das Kapitel untersucht die Rolle von Restrukturierungs-Know-how und Kreditsicherheiten bei zweidimensionaler Informationsasymmetrie. Wir modellieren Banken, die weder ex ante die Risikoklasse noch ex post die Projektergebnisse ihrer Schuldner beobachten können. Wie vorher gehen wir davon aus, dass die Bank der weniger effiziente Manager ist und es daher einen starken Anreiz zur strategischen Insolvenz gibt. Um diesen Anreiz zu mildern, kann die Bank entweder Kreditbesicherung verlangen oder selbst Restrukturierungs-Know-how aufbauen. Wenn Banken jedoch die Risikoklasse ihrer zukünftigen Schuldner nicht kennen, mag der Schutz vor strategischer Insolvenz nicht die einzige Rolle sein, die diesen beiden Instrumenten zukommt. Sie mögen auch von Nutzen sein, wenn es um die Identifizierung unterschiedlicher Schuldnerrisiken geht. Mit dieser komplementären Funktion beschäftigt sich dieses Kapitel. Insbesondere interessiert uns hier, wie sich die Bewertung der Kreditsicherheiten und Kosten des Aufbaus von Restrukturierungs-Knowhow auf das Kreditmarktgleichgewicht auswirken.

Drei zentrale Ergebnisse werden in diesem Abschnitt entwickelt. Erstens zeigen wir, dass das aus der theoretischen Literatur bekannte Ergebnis, wonach sich der Schuldner mit dem geringeren Risiko durch Besicherung separiert, auch bei Unbeobachtbarkeit der Projektergebnisse auftaucht. Das steht im Widerspruch zu Bester (1994), wo argumentiert wird, dass Nichtbeobachtbarkeit des Projekterfolges Kreditbesicherung vorzugsweise durch den hochriskanten Schuldner induziert. Tatsächlich ist die Annahme der Beobachtbarkeit der Risikoklasse entscheidend für Besters Schlussfolgerung. Ausschließlich private Information über den Schuldnertyp führt auch in diesem Modellrahmen dazu, dass es vornehmlich der weniger risikobehaftete Typ ist, der besichert, denn nur er kann Kreditsicherheiten als Selektionsinstrument benutzen.

Dieses offensichtlich robuste theoretische Resultat ist mit Blick auf die Empirie irritierend. Wie Tabelle 3.4 in Kap. 3 zeigt, deutet der überwiegende Teil der Quellen in die entgegengesetzte Richtung. Die Ursache für dieses Puzzle könnte im Lichte unserer Ergebnisse einfach darin zu sehen sein, dass

78   4. Unbeobachtbarkeit der Risikoklasse

sich Empirie und Theorie auf unterschiedliche Stationen der Bank-Firmen-Beziehung konzentrieren. Beim Eintritt in diese Beziehung, wenn also zum ersten Mal Kredit vergeben wird, dürfte die Risikoklasse des Schuldners immer mehr oder minder im Dunkeln liegen. Es ist deshalb naheliegend, dass in diesem Stadium versucht wird, durch Kreditbesicherung eine Selbstselektion herbeizuführen. In einem späteren Stadium hingegen, wenn bereits mehrere Kredite abgewickelt wurden, dürfte die Risikoklasse des Bankkunden eher bekannt sein. Folglich tritt die Selektionsfunktion von Kreditsicherheiten in den Hintergrund. Da dann der Schutz vor strategischer Insolvenz zum vorherrschenden Motiv bei der Besicherung wird, besichert in diesem Stadium in erster Linie der hochriskante Schuldner.

Sich implizit auf das *sorting-by-observed-risk paradigm* (Berger/Udell 1991) stützend, deckt die empirische Forschung vermutlich fast ausschließlich das zweite, reifere Stadium dieser Kreditbeziehung ab. Diese Erklärung wird gestützt durch eine empirische Untersuchung von Cressy (1996) zur Finanzierung von Unternehmensgründungen. Die Konzentration auf ausschließlich neue Bank-Firmen-Beziehungen liefert Evidenz dafür, dass bei einem extremen Informationsnachteil des Finanziers tatsächlich der weniger riskante Schuldner höher besichert.

Unser zweites zentrales Ergebnis bezieht sich auf die andauernden Anstrengungen der Banken, effektive Restrukturierungs-Abteilungen aufzubauen und deren Effizienz ständig zu verbessern. Die Modellresultate legen nahe, dass diese Anstrengungen nicht nur aus der Vorsorge gegen strategische Insolvenz herrühren, sondern auch mit der Selektionsfunktion von Sicherheiten verknüpft sind. In den Fällen, in denen die Selektion via Kreditsicherheiten möglich ist, reduziert Restrukturierungs-Know-how das zur Selbstselektion notwendige Besicherungsvolumen. In den Fällen, in denen Besicherung als Selektionsmechanismus versagt, kann Restrukturierungs-Know-how an dessen Stelle treten und die Schuldnertypen sortieren.

Als drittes schließlich kontrastieren wir den kompetitiven mit einem monopolistischen Kreditmarkt. Dabei stellt sich heraus, dass in einem Monopolmarkt weder Kreditbesicherung noch Restrukturierungs-Know-how in der Lage sind, Schuldner zu separieren. Hier entscheidet allein die Projektgröße und die Outside-option des Unternehmers über die Frage, welcher Kontrakttyp angeboten wird.

Vorbereitend zur Herleitung dieser zentralen Resultate analysieren wir zunächst das Modell unter der Annahme, Banken könnten den Schuldnertyp, nicht aber die Projektergebnisse beobachten. Hier gibt es wenige Überraschungen. Da der hochriskante Schuldner eher zur Täuschung der Bank neigt, besichert diese Risikoklasse stärker. Aus dem gleichen Grund sind Banken eher bereit, in Restrukturierungs-Know-how zu investieren, wenn sie an diese Risikoklasse Kredite vergeben.

Dieses Kapitel ist eng verwandt mit Chan/Thakor (1987) und Boot/Thakor/Udell (1991), die ebenfalls das Problem der doppelten Informationsasymmetrie auf seiten der Bank untersucht haben. Boot/Thakor/Udell kombinieren private Information über den Schuldnertyp mit der Unbeobachtbarkeit der Projektwahl, Chan/Thakor mit der Unbeobachtbarkeit des Arbeitseinsatzes. Unser Fokus hingegen liegt auf privater Information in Verbindung mit der Nichtbeobachtbarkeit des Projekterfolges. Beide Papiere analysieren darüber hinaus ausschließlich Kreditsicherheiten. Wir dagegen lassen mit der Investition in Restrukturierungs-Know-how ein zweites Instrument zur Eindämmung des Ex-post-Opportunismus auf der Schuldnerseite zu. Wir zeigen, dass in diesem Fall die unbeschränkte Verfügbarkeit von Kreditsicherheiten (Bester 1985) weder eine notwendige noch eine hinreichende Bedingung für Separierungsgleichgewicht ist.

Dies rückt unsere Analyse auch in die Nähe von Besanko/Thakor (1987) und Bester (1987), wo die Rationierungswahrscheinlichkeit als alternatives Separierungsinstrument benutzt wurde. Dort werden die Schuldner durch die zufällige Nichtbedienung (Rationierung) der weniger riskanten Schuldner separiert, falls Kreditsicherheiten in dieser Hinsicht „versagen". In unserem Modellrahmen ergibt sich Schuldnerseparierung hingegen aus der - unseres Erachtens plausibleren - Tatsache, dass Banken sich gegen das hohe Insolvenz-Risiko schlechter Schuldner schützen, indem sie vorzugsweise bei dieser Gruppe in Restrukturierungs-Know-how investieren. Auch gehen Besanko/Thakor und Bester im Gegensatz zu uns nur von eindimensionaler Informationsasymmetrie aus.

Restrukturierungs-Know-how nutzt der Bank ausschließlich im Falle der Insolvenz. Mit der Konzentration auf dieses Instrument tragen wir der Tatsache Rechnung, dass Banken weder alle schlechten Projekte von vornherein aussortieren können, noch einen Anreiz und die rechtliche Möglichkeit haben, sich während der Laufzeit eines normalen Kreditkontrakts aktiv in die Geschäftspolitik des Unternehmens einzumischen. Passiv zu bleiben, solange die Kreditbeziehung normal verläuft, ist eine effiziente Haltung für den Kreditgeber (Franks/Mayer/Renneboog 1997). Das trifft jedoch nicht mehr zu, wenn sich das Unternehmen für zahlungsunfähig erklärt. Dann hält der Kreditgeber die Option, die weitere Entwicklung der Firma maßgeblich zu bestimmen, plötzlich in den Händen. In unserem Verständnis ist folglich die eventuelle Zahlungsunfähigkeit immer der Wendepunkt in der Bank-Firmen-Beziehung und die Bank sollte sicherlich den höchsten Anreiz besitzen, sich gerade für dieses entscheidende Ereignis entsprechend vorzubereiten.

Mit dieser Interpretation der Möglichkeiten und des Anreizes von Banken, sich gegen den Opportunismus ihrer Schuldner zu schützen, unterscheiden wir uns deutlich von Manove/Padilla/Pagano (2001), die ebenfalls die Separation der Schuldnertypen analysieren. Auch Manove/Padilla/Pagano gehen von einer effizienzverbessernden Upfront-Investition des Kreditgebers aus, allerdings liegt deren Fokus auf der Kreditüberwachung. Die Ex-ante-Investition versetzt dort die Bank in die Lage, alle unprofitablen Projekte vor Vertragsabschluss auszusortieren. Die Autoren argumentieren, Banken seien „faul". Bei Unternehmern mit geringerem Risiko und mit Kreditsicherheiten unterlassen sie die Investition und finanzieren diese Schuldnergruppe ungeprüft. Da ein solches Verhalten gesamtwirtschaftlich zu einem unnötig hohen Ausfallrisiko führt, wird in dem Papier gefordert, die Rechte der Banken beim Einzug von Kreditsicherheiten einzuschränken. Diese Schlussfolgerung beruht jedoch auf der Annahme, Besicherungsgüter seien vollkommen liquide. Mit den in der Realität üblichen Abschlägen bei der Sicherheitenbewertung würde auch dieses Modell ein Ergebnis generieren, das in gewisser Art und Weise mit unserem vergleichbar ist. Banken benutzen Vorab-Investitionen, um die Folgen der ineffizienten, aber wegen des Separierungsinteresses der guten Schuldner dennoch unvermeidlichen, Besicherung zu mildern.[1]

Der Rest des Kapitels ist wie folgt organisiert. Zunächst leiten wir in 4.3 die Gleichgewichte bei beobachtbaren Schuldnertypen aber Unbeobachtbarkeit der Projektergebnisse her. In Abschnitt 4.4 analysieren wir den Fall der doppelten Informationsasymmetrie. Dabei konzentrieren wir uns zunächst allein auf den Einfluss der Besicherung auf das Kreditmarktgleichgewicht. Danach untersuchen wir, ob die Vorabinvestition in Restrukturierungs-Knowhow dieses Gleichgewicht verändert. In Abschnitt 4.4.3 verlassen wir den kompetitiven Kreditmarkt und wenden uns einem Monopolmarkt zu. In 4.5 schließlich ziehen wir ein kurzes Fazit.

4.2 Optimale Kontrakte und Wettbewerbsgleichgewicht

Wir betrachten wiederum ein Projekt, dass im Erfolgsfall x_h und im Misserfolgsfall x_l liefert. Es gibt zwei Schuldnertypen g und b mit unterschiedlicher Erfolgswahrscheinlichkeit, $p_g > p_b$. Typ g wird im Folgenden auch als „guter", Typ b als „schlechter" Schuldner bezeichnet. Der gute Schuldner ist mit dem Anteil μ, der schlechte mit dem Anteil $(1-\mu)$ in der Bevölkerung vertreten. Aus Vereinfachungsgründen kehren wir wieder zur Annahme

$$\gamma_k \equiv \begin{cases} 1 & \text{falls } k = S \\ \alpha_l & \text{falls } k = 0 \end{cases}$$

zurück. Wir nennen einen Kontrakt, den ausschließlich der gute Schuldner zeichnet (R_{gk}, C_{gk}), einen den nur der schlechte Schuldner annimmt (R_{bk}, C_{bk}) und einen den beide Typen akzeptieren (R_k, C_k). Falls $k = S$ ist, bezeichnen

---
[1] Anders als wir, nehmen Manove/Padilla/Pagano an, dass die Bank schlechte Projekte des Managers eher identifizieren kann als der Manager selbst.

4.2 Optimale Kontrakte und Wettbewerbsgleichgewicht

wir den Kontrakt als *Restrukturierungsvertrag*. Beim Kontraktangebot der Banken schließen wir gemischte Strategien grundsätzlich aus. Die Struktur des Modells ist dann durch die folgenden Spielstufen charakterisiert:

1. Banken schlagen Kontrakte vor, (R_{gk}, C_{gk}), (R_{bk}, C_{bk}) oder (R_k, C_k),
2. jeder Unternehmer wählt einen Kontrakt, erhält Kredit und investiert I, abhängig vom gewählten Kontrakt investiert die Bank (beobachtbar) die Summe S oder unterlässt diese Investition,
3. der Projektertrag realisiert sich,
4. wenn das Projekt erfolgreich war ($i = h$), entscheidet der Unternehmer, ob er vertragsgemäß zurückzahlt oder Zahlungsunfähigkeit erklärt,
5. in Unkenntnis über den wahren Zustand des Projekts trifft die Bank die Entscheidung, ob sie den Kreditvertrag nachverhandelt oder die Firma übernimmt.

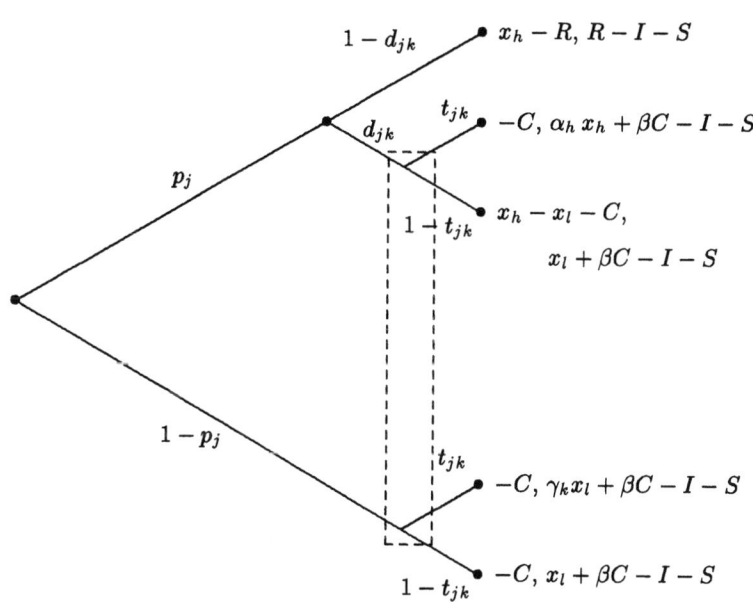

Abb. 4.1. Unbekannte Schuldnerrisiken: das Spiel

Das entsprechende Spiel ist in Abb. 4.1 dargestellt. Betrachten wir zunächst einmal eine Situation, in der sich die Schuldner per Vertragswahl

(R_{gk}, C_{gk}) und (R_{bk}, C_{bk}) selbst selektieren. Da der Kreditgeber dann in $t = 1$ die Risikoklasse kennt, wird die gleichgewichtige Strategie für $k = 0$ durch die Indifferenzbedingungen aus Kap. 2, (2.4) und (2.5) beschrieben. $k = S$ führt aus analogen Gründen wie in Kap. 2 zur Eliminierung der strategischen Insolvenz. Sei d_{jk} die gleichgewichtige Wahrscheinlichkeit für eine vorgetäuschte Zahlungsunfähigkeit, falls die Bank den Schuldnertyp in $t = 1$ kennt (Separierung), dann gilt

$$d_{jk} \equiv \begin{cases} \dfrac{(1-p_j)(1-\alpha_l)}{p_j(\alpha_h x_h - x_l)} & \text{wenn } k = 0 \\ 0 & \text{wenn } k = S. \end{cases}$$

Die Bank erzielt im Gleichgewicht mit dem Vertrag (R_{jk}, C_{jk}) den erwarteten Gewinn

$$G_{jk} = p_j(1 - d_{jk})R + (1 - p_j + p_j d_{jk})(x_l + \beta C) - I - k.$$

Stellen wir uns nun vor, beide Unternehmertypen hätten einen uniformen (Pooling-)Kontrakt (R_k, C_k) gewählt. Für einen Moment wollen wir die Wahrscheinlichkeit der strategischen Insolvenz im Vereinigungsgleichgewicht mit $\bar{d}_{jk}$ bezeichnen. Der erwartete Gewinn der Bank ist dann

$$G_k = \mu\Big(p_g(1 - \bar{d}_{gk})R + (1 - p_g + p_g\bar{d}_{gk})(x_l + \beta C) - I - k\Big)$$
$$+ (1 - \mu)\Big(p_b(1 - \bar{d}_{bk})R + (1 - p_b + p_b\bar{d}_{bk})(x_l + \beta C) - I - k\Big).$$

Die Auszahlungen sind für beide Schuldnertypen identisch (siehe Spielbaum 4.1). Pooling impliziert folglich die Kalkulation einheitlicher (strategischer) Insolvenz-Wahrscheinlichkeiten durch die Bank,

$$\bar{d}_{bk} = \bar{d}_{gk} \equiv \bar{d}_k.$$

Das führt mit $\bar{p} \equiv \mu p_g + (1 - \mu)p_b$ zu

$$G_k = \bar{p}(1 - \bar{d}_k)R + (1 - \bar{p} + \bar{p}\bar{d}_k)(x_l + \beta C) - I - k.$$

Da der Pooling-Kontrakt (R_0, C_0) auf Basis von $\bar{d}_0$ kalkuliert wird, ist es die beste Antwort jedes Schuldners, sich ex post auch wie ein durchschnittliches Risiko zu verhalten. Die gleichgewichtige Insolvenz-Strategie im Vereinigungsgleichgewicht ist somit durch die Indifferenzbedingung

$$\frac{\bar{p}\bar{d}_0}{\bar{p}\bar{d}_0 + 1 - \bar{p}}\alpha_h x_h + \frac{1 - \bar{p}}{\bar{p}\bar{d}_0 + 1 - \bar{p}}\alpha_l x_l = x_l$$

festgelegt. Aus analogen Gründen wie im Separierungsgleichgewicht induziert die Upfront-Investition S im Vereinigungsgleichgewicht $\bar{d}_S = 0$. $G_{jk} = 0$ liefert dann

4.2 Optimale Kontrakte und Wettbewerbsgleichgewicht

$$R_{jk}(C) = \frac{I + k - (1 - p_j + p_j d_{jk})(x_l + \beta C)}{p_j(1 - d_{jk})}. \tag{4.1}$$

$G_k = 0$ ergibt

$$R_k(C) = \frac{I + k - (1 - \bar{p} + \bar{p}\bar{d}_k)(x_l + \beta C)}{\bar{p}(1 - \bar{d}_k)}. \tag{4.2}$$

Der Gewinn des Unternehmers j beträgt

$$\Pi_j = p_j(x_h - R) - (1 - p_j)C - \pi_j. \tag{4.3}$$

Die Outside-option setzen wir für den Fall des Bankenwettbewerbs vereinfachend auf null. Einsetzen von (4.1) in den Unternehmergewinn (4.3), Differentiation nach C, Nullsetzen des Ergebnisses und Auflösen liefert

$$\beta_{jk} \equiv \frac{(1 - p_j)(1 - d_{jk})}{p_j d_{jk} + 1 - p_j}.$$

Äquivalentes Einsetzen von (4.2) führt zu

$$\Pi_j = p_j x_h - \frac{I + k}{(1 - \bar{d}_k)} + \frac{(1 - \bar{p} + \bar{p}\bar{d}_k)(x_l + \beta C)}{(1 - \bar{d}_k)} - (1 - p_j)C, \tag{4.4}$$

woraus wir nach analogem Vorgehen

$$\bar{\beta}_{jk} \equiv \frac{(1 - p_j)}{p_j} \frac{(1 - \bar{d}_k)\bar{p}}{\bar{p}\bar{d}_k + 1 - \bar{p}} \tag{4.5}$$

erhalten. $\beta_{jk} < 1$ und $\bar{\beta}_{jk}$ stellen kritische Verwertungsquoten dar, die über die Ex-post-Effizienz oder Ineffizienz von Kreditbesicherung entscheiden. Liegt β über dem entsprechenden kritischen Wert, übersteigt der Nutzen der Kreditsicherheit (die Verhinderung der strategischen Insolvenz) ihre Kosten und Kreditsicherheiten sind ex post effizient. Es ist leicht zu überprüfen, dass $\bar{\beta}_{g0} < \beta_{g0}$ und $\bar{\beta}_{b0} > \beta_{b0}$ sind. Um zusätzliche Fallunterscheidungen auszuschalten, gehen wir im Folgenden davon aus, dass die Schuldnerstruktur in einem mittleren Bereich liegt und somit $\bar{\beta}_{g0} < \beta_{b0}$ und $\bar{\beta}_{b0} > \beta_{g0}$ gelten.[2]

---

[2] Das ist dann der Fall, wenn die Schuldnerstruktur folgenden Beschränkungen gehorcht:

$$\mu < \frac{z_b}{z_b + (1 - p_g)(1 - \alpha_l)x_l}$$

und

$$\mu > \frac{(1 - p_b)(1 - \alpha_l)x_l}{z_g + (1 - p_b)(1 - \alpha_l)x_l}$$

wobei wegen (2.1) $z_j = p_j \alpha_h x_h + (1 - p_j)\alpha_l x_l - x_l > 0$.

Mit $d_{js} = 0$ wird eine S-Bank, die den Schuldnertyp identifizieren kann, niemals besichern. Für eine 0-Bank gilt bei Separierung der Typen $\beta_{b0} < \beta_{g0}$. Kreditbesicherung ist für den schlechten Typen attraktiver als für den guten. Ursache ist der höhere Anreiz zum Vertragsbruch. Instrumente, die diesen Anreiz reduzieren, sind naturgemäß bei jenem Typen von größerem Nutzen, welcher die Rückzahlung mit höherer Wahrscheinlichkeit verweigert.

Wenn die Risikoklasse des Schuldners durch die Vertragswahl nicht aufgedeckt werden kann, verändert sich die effiziente Strategie in Bezug auf Kreditsicherheiten. Die Bank stuft jeden einzelnen Schuldner als durchschnittlichen Typ ein. Da Typ g eine höhere Erfolgswahrscheinlichkeit als der Durchschnitt besitzt, stärkt diese Einstufung dessen Neigung, seine Schuld nachzuverhandeln. Zahlungsverweigerung zieht jedoch sofort Gewinneinbußen nach sich. Die Eindämmung dieses Motivs mittels Kreditbesicherung ist unter diesen Umständen besonders „nützlich", so dass die kritische Verwertungsquote des guten Schuldners im Vereinigungsgleichgewicht sinkt.

Typ b sieht sich mit der entgegengesetzten Situation konfrontiert. Seine Erfolgswahrscheinlichkeit liegt unter der durchschnittlichen. Die Poolbildung übt daher eine disziplinierende Wirkung aus. Seine Neigung zur Täuschung der Bank sinkt. Somit verlieren Kreditsicherheiten für Typ b im Vereinigungsgleichgewicht an Attraktivität und die kritische Verwertungsquote nimmt zu.

Welche Folgen hat nun Ex-post-Effizienz, wenn ein uniformer Kontrakt angeboten wird? Der Kreditnehmer präferiert in diesem Fall grundsätzlich den Vollbesicherungskontrakt gegenüber jedem anderen uniformen Kontrakt, bei dem weniger Kreditsicherheiten gefordert werden. Diese strikte Präferenz, die beim guten Schuldner ja bereits bei einer relativ niedrigen Verwertungsquote einsetzt, ist die entscheidende Triebfeder dafür, dass bei einem uniformen Kontraktangebot stabile Nash-Gleichgewichte existieren. Wir werden das in Abschnitt 4.4 noch detaillierter ausführen. An dieser Stelle sei aber bereits darauf hingewiesen, dass die Frage der Ex-post-Effizienz der Besicherung durchaus von einiger Bedeutung für unsere spätere Gleichgewichtsanalyse ist.

Wenn $\beta < \beta_{jk}$ ($\beta < \bar{\beta}_{jk}$) ist Kreditbesicherung ex post ineffizient. Bei Unbeobachtbarkeit des Schuldnerrisikos dient Kreditbesicherung jedoch nicht nur dem einen Zweck, die Gefahr der strategischen Insolvenz möglichst gering zu halten. In diesem Szenario ist sie möglicherweise auch von Nutzen, wenn es um die Identifizierung des Schuldnerrisikos geht. Ex-post-Ineffizienz in Bezug auf die Verhinderung von Vertragsbruch kann aus diesem Grunde nicht zwangsweise bedeuten, dass Unternehmer ihre Kredite nicht besichern. Vielmehr stellt sich das Gegenteil ein. Um das zu zeigen, definieren wir zunächst das Wettbewerbsgleichgewicht.

Definition 4.2.1.

E1 Teilnahmebedingung der Bank: *Die Bank erzielt mit jedem abgeschlossenen Kontrakt einen nicht-negativen Gewinn.*

E2 Unmöglichkeit eines profitablen Markteintritts: *Neben den abgeschlossenen Kontrakten gibt es keinen weiteren Kontrakt, der in der Lage wäre, einen positiven Bankgewinn bei nicht-negativen Unternehmergewinnen zu generieren.*

E3 Gewinnmaximierung: *Jeder abgeschlossene Kontrakt maximiert den Unternehmergewinn.*

Wir betrachten nur Projekte mit gegebenen und einheitlichen Anschaffungsausgaben. Damit schließen wir die Signalisierung der Schuldnerqualität über die Projektgröße aus.[3] Jedes Projekt sei außerdem im Gleichgewicht durchführbar. Das impliziert

$$I < p_b(1 - d_{b0})x_h + (1 - p_b + p_b d_{b0})x_l.$$

4.3 Eindimensionale Informationsasymmetrie

Als Referenzlinie sei das Konkurrenzgleichgewicht bei eindimensionaler Informationsasymmetrie charakterisiert. Darunter verstehen wir, dass die Bank ex post zwar den Cash-flow des Projektes nicht beobachten kann, es ihr jedoch ex ante, also bei der Kreditantragstellung möglich ist, die Schuldnertypen zu erkennen. Die Bank bietet dann dem guten Schuldner (R_{gk}, C_{gk}) an, wohingegen sich der schlechte mit dem Vertrag (R_{bk}, C_{bk}) begnügen muss. Bei Beobachtbarkeit der Risikoklassen induziert der Bankenwettbewerb $G_{jk} = 0$, so dass E1 und E2 immer erfüllt sind. Aus Abschnitt 4.2 wissen wir, dass der schlechte Schuldner bei höheren Liquidationskosten als der gute besichert, wenn nicht in Restrukturierungs-Know-how investiert wird: $\beta_{b0} < \beta_{g0} < 1$. Mit der Upfront-Investition gilt hingegen $d_{jS} = 0$ und damit $\beta_{jS} = 1$, so dass im Wettbewerbsgleichgewicht keine Besicherung stattfindet. Sei

$$S_j \equiv (I - x_l)\frac{d_{j0}}{1 - d_{j0}} - W\lambda\frac{(1 - p_j + p_j d_{j0})\beta - (1 - p_j)(1 - d_{j0})}{(1 - d_{j0})}$$

mit $\lambda = 1$ falls $\beta > \beta_{j0}$ ist und $\lambda = 0$ falls $\beta < \beta_{j0}$ ist. Dann folgt unter Berücksichtigung von (4.1) aus (4.3) für den Unternehmergewinn im Konkurrenzgleichgewicht

$$\Pi_j(R_{j0}(C), C = \lambda W) < \Pi_j(R_{jS}(0), 0) \Leftrightarrow S < S_j,$$

so dass der Firmenmanager j für alle $S < S_j$ einen Standardkreditvertrag mit impliziter Restrukturierung wählt. Wir bezeichnen das Maximum von S_j

---
[3] Zur Investitionssumme als Instrument der Schuldnertrennung vgl. zum Beispiel Milde/Riley(1988), Bester/Hellwig (1987).

mit $\hat{S}_j$. Falls $\beta \leq \beta_{j0}$ zutrifft, ist das kritische Kostenniveau S_j konstant und nimmt den maximalen Wert an. Für $\beta > \beta_{j0}$ hängt S_j von der Verwertungsquote ab, $\partial S_j / \partial \beta < 0$. Wegen $W < I - x_l$ und $d_{g0} < d_{b0}$ gilt für $\beta = 1$ die Ungleichung $S_b > S_g$. Differentiation von S_j nach β liefert außerdem wegen $d_{g0} < d_{b0}$

$$-W\left(\frac{1}{1-d_{b0}} - p_b\right) < -W\left(\frac{1}{1-d_{g0}} - p_g\right),$$

so dass $S_b > S_g \; \forall \; \beta < 1$. Der schlechte Schuldner findet den Restrukturierungskontrakt für alle β attraktiver als der gute Schuldner. Das Konkurrenzgleichgewicht bei symmetrischer Information zum Zeitpunkt des Vertragsabschlusses lässt sich dann durch

$$(R_{g0}(C), C = \lambda W) \; \Leftrightarrow \; S > S_g, \quad (R_{gS}(0), 0) \; \Leftrightarrow \; S < S_g$$
$$(R_{b0}(C), C = \lambda W) \; \Leftrightarrow \; S > S_b, \quad (R_{bS}(0), 0) \; \Leftrightarrow \; S < S_b$$

charakterisieren. Falls Kreditsicherheiten eine Rolle spielen, werden sie tendenziell eher vom schlechten Schuldner verlangt ($\beta_{b0} < \beta_{g0} < 1$). Dieser Typ ist es auch, der die Banken eher dazu veranlasst, in Restrukturierungs-Knowhow zu investieren.

4.4 Zweidimensionale Informationsasymmetrie: Private Information und strategische Insolvenz

Wir wenden uns nun dem Szenario zu, in dem die Bank weder den tatsächlichen Projektertrag direkt beobachten kann, noch ihr zum Zeitpunkt des Vertragsabschlusses bekannt ist, um welchen Schuldnertyp es sich beim Vertragspartner handelt. Ersteres werden wir im Folgenden als Ex-post-Privatinformation, Letzteres als ex ante oder A-priori-Privatinformation bezeichnen. Liegt beides vor, sprechen wir auch von zweidimensionaler Informationsasymmetrie. Das Handicap der Ex-ante-Privatinformation ist für die Bank heilbar. Gemäß dem für unvollständige Verträge und damit begrenzter Vertragsbindung geltenden Revealation-principle von Bester/Strausz (2001), muss sie lediglich ein Kontraktpaar $(R_{gk}, C_{gk}), (R_{bk}, C_{bk})$ anbieten, welches in der Lage ist, als Selektionsmechanismus zu fungieren. Dies ist dann der Fall, wenn

$$\Pi_b(R_{bk}, C_{bk}) \geq \Pi_b(R_{gk}, C_{gk}) \quad (4.6)$$
$$\Pi_g(R_{gk}, C_{gk}) \geq \Pi_g(R_{bk}, C_{bk}) \quad (4.7)$$

erfüllt ist. Es ist offensichtlich, dass Kreditsicherheiten und die Investitionskosten für Restrukturierungs-Know-how die Einhaltung der Anreizkompatibilitätsbedingungen und damit das Aussehen des Wettbewerbsgleichgewichts bestimmen. Im ersten Schritt konzentrieren wir uns ausschließlich auf Kreditsicherheiten. Deshalb gehen wir im nächsten Abschnitt von prohibitiv hohen Kosten bei der Installation von Restrukturierungs-Know-how ($S \to \infty$)

und damit von $k = 0$ aus. Wir beschäftigen uns ausschließlich mit Nash-Gleichgewichten, das heißt wir setzen in der Regel implizit voraus, dass ein solches Gleichgewicht auch tatsächlich existiert.

4.4.1 Kompetitives Gleichgewicht mit Kreditsicherheiten

Liegt lediglich Ex-post-Informationsasymmetrie vor, werden die Kredite mit $\beta < \beta_{b0}$ nicht besichert. Die Liquidationskosten sind dann so hoch, dass die besicherungsinduzierte Reduzierung der Wahrscheinlichkeit einer ineffizienten Unternehmensübernahme nicht ausreicht, um die Kosten zu kompensieren. Solche besicherungslosen Kreditverträge können jedoch bei zweidimensionaler Informationsasymmetrie und $\beta < \beta_{b0}$ kein Gleichgewicht darstellen. Warum? Nun, jeder Kontrakt $(R_{g0}(0), 0)$ würde auch von Typ b gewählt, so dass das Menü $[(R_{g0}(0), 0), (R_{b0}(0), 0)]$ nicht anreizkompatibel sein kann. Das Anreizkompatibilitätsproblem kann auch nicht durch einen risikolosen Kredit umgangen werden, da der Unternehmer das dafür notwendige Privatvermögen W_f annahmegemäß nicht hat,

$$W_f \equiv \frac{I - x_l}{\beta} > I - x_l.$$

Es gilt

$$\frac{W_f}{\partial \beta} < 0. \tag{4.8}$$

Allerdings ist Anreizkompatibilität herstellbar. Dazu bedarf es jedoch hinreichend großer Liquidationskosten. Um das zu sehen, entwickeln wir die Iso-Gewinnfunktion für Typ b. Einsetzen von $R_{b0}(0)$ aus (4.1) in (4.3), $C = 0$, liefert den Gewinn von Typ b, wenn er $(R_{b0}(0), 0)$ zeichnet. Die Berücksichtigung dieses Gewinns in (4.3) führt nach Umstellung zu

$$R(C)|_{\Pi_b = \text{con}} = \frac{1}{p_b(1 - d_{b0})} \Big(I - (1 - p_b + p_b d_{b0}) x_l - C(1 - p_b)(1 - d_{b0}) \Big). \tag{4.9}$$

Mit $C = W$ in (4.9) und (4.1), erhalten wir durch Gleichsetzen und Auflösen

$$\beta = \frac{(1 - p_b)(1 - d_{b0})(1 - d_{g0}) p_g}{p_b(1 - d_{b0})(1 - p_g(1 - d_{g0}))} - \frac{I - x_l}{W} \frac{p_g(1 - d_{g0}) - p_b(1 - d_{b0})}{p_b(1 - d_{b0})(1 - p_g(1 - d_{g0}))}$$

$$\equiv \beta'.$$

Falls $\beta = \beta'$ ist, bindet die Vermögensbeschränkung gerade nicht mehr. Wegen $W < I - x_l < (I - x_l)/\beta$ muss $\beta' < \beta_{b0}$ sein. Um die Gleichgewichtskontrakte beschreiben zu können, setzen wir (4.9) und $R_{g0}(C)$ aus (4.1) gleich. Die so berechneten Ausdrücke nennen wir C_{g0}^* and R_{g0}^*. Die mit $C = 0$ aus (4.9) resultierende Zahlungsverpflichtung sei R_{b0}^*. Damit gelangen wir zu

Proposition 4.4.1. *Falls $\beta \leq \beta'$ ist, lässt sich die optimale Kreditpolitik der Bank durch das separierende Kontraktpaar (R_{g0}^*, C_{g0}^*) und $(R_{b0}^*, 0)$ beschreiben. Nur der gute Schuldner besichert seinen Kredit, und die Bank erzielt Nullgewinn.*

Beweis
Es ist ein Standardergebnis in der Literatur (vgl. zum Beispiel Bester 1985, Schmidt-Mohr 1997, Besanko/Thakor 1987), dass sich ein separierendes Gleichgewicht herausbildet (falls ein solches existiert), wenn zwei Bedingungen erfüllt sind.[4] Erstens, die Vermögensbeschränkung bindet nicht und zweitens, die Grenzraten der Substitution zwischen Rückzahlung und Besicherung unterscheiden sich in folgender Art und Weise

$$-\frac{\partial R_{|\Pi_b=\text{con}}}{\partial C} < -\frac{\partial R_{|\Pi_g=\text{con}}}{\partial C} \qquad (4.10)$$

$$-\frac{\partial R_{gk}}{\partial C} > -\frac{\partial R_{|\Pi_g=\text{con}}}{\partial C}. \qquad (4.11)$$

In einem solchen Gleichgewicht besichert der gute Schuldner, und (4.6) ist mit Gleichheit erfüllt. Zu zeigen ist also, dass für $\beta \leq \beta'$ (4.10) und (4.11) erfüllt sind und außerdem $C_{g0}^* \leq W$ zutrifft. Aus (4.3) ergibt sich

$$-\frac{1-p_b}{p_b} < -\frac{1-p_g}{p_g}.$$

(4.1) und (4.3) liefern

$$-\frac{1-p_g+p_g d_{g0}}{p_g(1-d_{g0})}\beta > -\frac{1-p_g}{p_g}$$

für alle $\beta < \beta_{b0} < \beta_{g0}$. (4.8) schließlich garantiert, dass für alle $\beta < \beta'$ die Vermögensbeschränkung nicht bindet.[5] Demzufolge müssen E1-E3 erfüllt sein, und die Schuldner zeichnen im Gleichgewicht die separierenden Kontrakte $[(R_{g0}^*, C_{g0}^*), (R_{b0}^*, 0)]$. △

Das Ergebnis eines eindeutigen Separierungsgleichgewichts, in dem allein der Schuldner mit dem geringen (wahren) Insolvenz-Risiko die Besicherung auf sich nimmt, ist nicht sehr überraschend. Liquidationskosten, die so hoch sind, dass sich Besicherung unter dem Aspekt der Verhinderung von strategischer Insolvenz keinesfalls lohnen würde, reproduzieren von der Struktur her die gleichen Grenzraten der Substitution zwischen Bank und Manager wie sie zum Beispiel in Bester (1985) oder Besanko/Thakor (1987) angenommen

---
[4] Es ist bekannt, dass kein solches Gleichgewicht existiert, wenn der Anteil der guten Schuldner in der Population zu groß ist.
[5] Mit $\beta = \beta'$ bindet die Vermögensbeschränkung gerade.

wurden. Da Besicherung für alle $\beta < \beta'$ zudem so teuer ist, dass selbst geringe Privatvermögen genügen, um den schlechten Schuldner von der Wahl des Besicherungskontraktes abzuhalten, stellt auch die Höhe der vorhandenen Besicherungsgüter keine bindende Beschränkung dar. Es muss sich also ein ähnliches Gleichgewicht wie in den oben erwähnten Papieren einstellen. Damit ist auch klar, dass die Kernaussage von Bester (1994), wonach der hochriskante Schuldner tendenziell stärker besichert, nur gilt, wenn die Bank in der Lage ist, die Schuldnertypen exakt zu identifizieren. Kann sie das nicht, stellt sich, wie in Proposition 4.4.1 beschrieben, auch in einem Wiederverhandlungsszenario exakt das gegenteilige Ergebnis ein. Der wenig riskante Schuldner neigt eher dazu, den Kredit zu besichern. Schließlich bewahrt ihn die Inkaufnahme der teuren Besicherung vor der - für ihn noch teureren - Subventionierung des schlechten Schuldners.

Die Bank erzielt in dem eben beschriebenen Gleichgewicht keinen Gewinn. Wir nennen diesen Gleichgewichtstyp deshalb ein *Standard-Gleichgewicht*. Überraschenderweise existiert für einen bestimmten Bereich von β ein Gleichgewicht mit Separierung, in dem die Bank nicht den bei vollkommenem Wettbewerb üblichen Nullgewinn erzielt. Dieses Gleichgewicht mit positiven Bankgewinnen und Maximalbesicherung für den guten Schuldner bezeichnen wir als *Nicht-Standard-Gleichgewicht*. Die optimale Kreditpolitik in diesem Gleichgewicht beschreiben wir mit Hilfe der Definition

$$\beta'' \equiv \frac{(1-p_b)(1-d_{b0})(1-\bar{d})\bar{p}}{p_b(1-d_{b0})(1-\bar{p}(1-\bar{d}))} - \frac{I-x_l}{W} \frac{\bar{p}(1-\bar{d}) - p_b(1-d_{b0})}{p_b(1-d_{b0})(1-\bar{p}(1-\bar{d}))}.$$

β'' erhalten wir durch Einsetzen von $C = W$ in (4.9) und (4.2) sowie anschließendem Gleichsetzen. Mit $\bar{R}_0$ bezeichnen wir den Betrag, den (4.2) nach Einsetzen von $C = W$ liefert. Falls $\beta = \beta''$ ist, gilt $\Pi_b(R_{b0}^*, 0) = \Pi_b(\bar{R}_0, W)$. Somit implizieren $W < I - x_l$ und (4.8) die Ungleichung $\beta' < \beta'' < \beta_{b0}$. Mit $C = W$ in (4.9) ergibt sich $R(W) \equiv R_g^+$ und wir gelangen zu

Proposition 4.4.2. *Ist $\beta \in (\beta', \beta'')$ bietet die Bank im Gleichgewicht das Kontraktmenü $[(R_g^+, W), (R_{b0}^*, 0)]$ an. Der gute Schuldner besichert seine Schuld mit seinem gesamten Privatvermögen und die Bank erzielt bei Finanzierung dieses Typs positive Gewinne.*

Beweis

Mit $\beta > \beta'$ impliziert (4.8) $C_{g0}^* > W$. Damit existiert keine separierende Allokation mit Nullgewinnen für die Bank. Für $\beta = \beta''$ ist Typ b indifferent zwischen drei Kontrakttypen: dem besicherunglosen $(R_{b0}^*, 0)$, dem Pooling-Kontrakt $(\bar{R}_0, W)$ und dem separierenden Kontrakt (R_g^+, W), wobei Letzterer der Bank wegen $R_g^+ = \bar{R}_0 > R_{g0}(W)$ positive Gewinne beschert. Wegen (4.8) gilt $R_{g0}(W) < R_g^+ < \bar{R}_0$ für alle $\beta \in (\beta', \beta'')$, so dass der Pooling-Kontrakt mit Vollbesicherung und Nullgewinnen ebenfalls kein Gleichgewichtskandidat sein kann. Unter der Prämisse der Existenz eines Nash-Gleichgewichts,

90   4. Unbeobachtbarkeit der Risikoklasse

verbleibt als einziger Gleichgewichtskandidat die separierende Allokation[6]

$$[(R^*_{b0}, 0), (R^+_g, W)].$$

Mit $\beta'' < \beta_{b0}$ sind (4.10) und (4.11) für alle $\beta \in (\beta', \beta'')$ erfüllt. Das Menü gehorcht somit den Anreizkompatibilitätsbedingungen (4.6) und (4.7). Da es positive Bankgewinne impliziert, ist noch zu klären, ob kein anderer Kontrakt gefunden werden kann, der profitablen Marktzutritt erlaubt. Dazu stelle man sich vor, ein alternativer Kontrakt $(R^+_g - \Delta R, W)]$, $\Delta R > 0$ werde Typ g angeboten. Ein solcher Kontrakt zieht auch den schlechten Schuldner an. Für alle $\beta < \beta''$ und damit $R^+_g < \bar{R}_0$ widerspricht Pooling beim Kontrakt $(R^+_g - \Delta R, W)$ jedoch E1, so dass $[(R^*_{b0}, 0), (R^+_g, W)]$ mit E2 vereinbar ist. Zusammen mit (4.6) und (4.7) garantiert dies auch E3. Die Einhaltung von E1 ergibt sich aus $G_{g0} > 0$ und dem aus der Nullgewinnbedingung für den schlechten Typen abgeleiteten Rückzahlungsbetrag R^*_{b0}.   △

Wir wollen nun noch klären, wann es sich bei dem eben beschriebenen Gleichgewicht mit positiven Bankgewinnen tatsächlich um ein Nash-Gleichgewicht handelt.[7] Dazu setzen wir β'' und $\bar{\beta}_{g0}$ gleich. Auflösen liefert ein kritisches Privatvermögen,

$$\bar{W} \equiv p_g(I - x_l) \frac{\bar{p}(1 - \bar{d}) - p_b(1 - d_{b0})}{(p_g - p_b)\bar{p}(1 - \bar{d})(1 - d_{b0})} < \frac{I - x_l}{\beta}.$$

Korollar 4.4.1. *Falls $W > \bar{W}$ ist, dominiert das separierende Gleichgewicht mit positiven Bankgewinnen $[(R^*_{b0}, 0), (R^+_g, W)]$ strikt jegliche Pooling-Allokation und ist damit für alle $\beta \in (\beta', \beta'')$ ein Nash-Gleichgewicht.*

Beweis: siehe Anhang

Im beschriebenen Bereich existiert kein Standard-Gleichgewicht, da die Vermögensbeschränkung des guten Schuldners immer bindet. Auf den ersten Blick würde man deshalb erwarten, dass ein Einheitskontrakt angeboten wird. Solch ein Kontrakt kann aber auch kein Gleichgewicht sein. Der Grund ist folgender. Im Intervall $\beta \in (\beta', \beta'')$ sind die Schuldner gegenüber dem Pooling-Kontrakt mit Vollbesicherung strikt besser gestellt, wenn ein separierendes Menü angeboten wird, bei dem der schlechte Schuldner zwischen $(R^*_{b0}, 0)$ und (R^+_g, W) indifferent ist und (R^+_g, W) positive Bankgewinne gestattet. Da jeder rivalisierende Vertrag, der die Gewinne reduziert und selbst nicht angreifbar ist, von beiden Schuldnertypen gewählt wird, erzielen Markteindringlinge mit einem solchen rivalisierenden Kontrakt notwendigerweise Verluste. Folglich ist das in Proposition 4.4.2 beschriebene Menü stabil. Marktzutritt mag

---
[6] Ein Kontrakt mit $C < W$ kann für $\beta > \beta'$ wegen (4.10) niemals ein Nash-Gleichgewicht sein.
[7] Falls kein Nash-Gleichgewicht existiert, handelt es sich auch hier zumindest um ein reaktives Gleichgewicht, vgl. Riley (1979).

zwar erfolgen, aber nur mit perfekten Kopien der Gleichgewichtskontrakte. Es ist offensichtlich, dass in solch einer Situation Kreditnachfrage immer befriedigt wird, so dass Kreditrationierung wie z.B. in Bester/Hellwig (1987), Baltensperger/Devinney (1985) und Kürsten (1997) beschrieben, niemals auftauchen kann.[8] Wie Proposition 4.4.3 feststellt, gelingt die Ausdifferenzierung der Risikoklassen jedoch keineswegs immer. Separierung mit Hilfe von Kreditsicherheiten schlägt fehl, wenn Kreditsicherheiten aus der Sicht der Bank zu wertvoll sind.

Proposition 4.4.3. *Mit $\beta \in [\beta'', 1)$ werden die Risiken gepoolt und $(\bar{R}_0, W)$ angeboten. Jeder Schuldner besichert mit seinem gesamten Vermögen.*

Beweis
Mit $\beta \geq \beta''$ gilt wegen (4.8) $R_g^+ \geq \bar{R}_0$. Beide Schuldnertypen bevorzugen den Pooling-Kontrakt $(\bar{R}_0, W)$ gegenüber dem Menü $[(R_{b0}^*, 0), (R_g^+, W)]$, und E2 ist nur mit Pooling erfüllbar. Mit $W > \bar{W}$ besitzt Schuldner g wegen (4.5) und (4.8) für jedes $\beta > \beta''$ eine größere Grenzrate der Substitution zwischen Rückzahlung und Kreditbesicherung als die Bank,

$$-\frac{1-p_g}{p_g} > -\frac{1-\bar{p}+\bar{p}\bar{d}_0}{\bar{p}(1-\bar{d}_0)}\beta.$$

Bezeichnen wir $(\check{R}_0, \check{C}_0 < W)$ als den Kontrakt, der für $k = 0$ (4.2) erfüllt, so folgt aus $W > \bar{W}$ unmittelbar, dass jeder Nullgewinnkontrakt $(\check{R}_0, \check{C}_0 < W)$ nur schlechte Schuldner anzieht. Da ein solcher Kontrakt E1 nicht gehorcht, kann es kein Gleichgewichtskontrakt sein. Im Gegensatz dazu ist der Pooling-Kontrakt mit maximaler Besicherung $(\bar{R}_0, W)$ ein Gleichgewichtskandidat. Er ist mit E1 vereinbar, denn er gehorcht der Nullgewinnbedingung aus (4.2). E2 ist erfüllt, da es keinen anderen Kontrakt gibt, der den guten Schuldner von diesem Kontrakt abziehen könnte. Aus dem gleichen Grunde ist auch E3 erfüllt. Der Pooling-Kontrakt mit maximaler Besicherung ist für $W > \bar{W}$ ein Nash-Gleichgewicht.[9] △

In einem separierenden Kreditmarkt-Gleichgewicht distanziert sich der gute Schuldner vom schlechten durch Kreditbesicherung. Ein solches separierendes Gleichgewicht tritt natürlich nur dann auf, wenn die Imitation des guten Schuldners „teuer" ist. Das setzt einen hinreichend niedrigen Liquidationserlös beim Einzug der Besicherungsgüter voraus. Vergleichsweise geringfügige Wertverluste bei einer eventuell notwendigen Liquidation,

---
[8] Vgl. auch Clemenz (1986).
[9] Auch im Falle des Pooling-Kontrakts ist das Gleichgewicht - falls es kein Nash-Gleichgewicht ist - zumindestens ein reaktives.

92   4. Unbeobachtbarkeit der Risikoklasse

($\beta'' \leq \beta < 1$), rauben den Sicherheiten unmittelbar ihre Funktion als Selektionsmechanismus. Ohne die Upfront-Investition in Restrukturierungs-Know-how besteht dann das einzige Kreditmarktgleichgewicht aus einem Pooling-Kontrakt, in dem sowohl der gute als auch der schlechte Schuldner besichert. In einem Pooling-Gleichgewicht subventioniert der gute Schuldner den schlechten. Es gibt daher einen hohen Anreiz, einem solchen Gleichgewicht zu entkommen.

4.4.2 Schuldnertrennung und Restrukturierungs-Know-how

Restrukturierungs-Know-how ist wie Besicherung ein Instrument zur Verhinderung von Schuldennachverhandlungen. Anders als Besicherung eliminiert das Know-how jedoch den Anreiz zur Nachverhandlung vollständig, was unmittelbar dazu führt, dass die Grenzrate der Substitution zwischen R und C für eine S-Bank nicht nur bei hohen Transaktionskosten der Besicherung, sondern für alle denkbaren Werte von β immer größer ist als die des Unternehmers j. Wenn die Bank also in Restrukturierungs-Know-how investiert, wird Separierung mittels Kreditbesicherung aus der Sicht des Unternehmers *teurer*. Wie sich zeigen wird, beeinflusst das unmittelbar das Selektionspotential von Kreditsicherheiten. Um unser Argument zu entwickeln, berechnen wir zunächst aus (4.1) $R_{bS}(0)$. Mit $C = 0$ und $R_{bS}(0)$ in (4.3) erhalten wir den Gewinn von Typ b beim Kontrakt $(R_{bS}(0), 0)$ in Abhängigkeit von S. Einsetzen dieses Gewinns in (4.3) führt zu

$$R(S,C)|_{\Pi_b = \text{con}} = \frac{S + I - (1 - p_b)(x_l + C)}{p_b}, \quad \text{wobei} \quad \frac{\partial R(S,C)}{\partial S} = \frac{1}{p_b} > 0. \tag{4.12}$$

Isolieren von S in (4.12) und anschließendes Einsetzen in die Nullgewinnfunktion $R_{gS}(C)$ ergibt nach geringfügiger Umstellung

$$R(\beta, C) = \frac{1 - p_b - \beta(1 - p_g)}{p_g - p_b} C + x_l \quad \text{mit} \quad \frac{\partial R(\beta, C)}{\partial C} > 0 \quad \forall \quad \beta \in (0,1). \tag{4.13}$$

Auf $R(\beta, C)$ liegen alle aus der Variation von S resultierenden Restrukturierungskontrakte des guten Schuldners, für die (4.6) mit $k = S$ bindet. Den Rückzahlungsbetrag, der mit $C = 0$ aus (4.12) resultiert, wollen wir mit R_{bS}^* bezeichnen. Seien R_{gS}^* und C_{gS}^* jene Werte, welche (4.13) befriedigen, so lässt sich feststellen:

Lemma 4.4.1. *Falls die Bank bei beiden Typen in Restrukturierungs-Know-how investiert und die Vermögensbeschränkung nicht bindet, existiert für jedes $S > 0$ ein separierendes Vertragsmenüe $[(R_{gS}^*, C_{gS}^* < W), (R_{bS}^*, 0)]$, bei dem nur Typ g besichert.*

Beweis
Mit $d_{js} = 0$ ist

$$-\frac{1-p_j}{p_j}\beta > -\frac{1-p_j}{p_j} \quad \forall \quad \beta \in (0,1), \tag{4.14}$$

so dass die Grenzraten der Substitution für ein gegebenes S bei beiden Typen die gleiche Struktur wie in Proposition 4.4.1 besitzen und (4.10) und (4.11) erfüllt sind. Da die Vermögensbeschränkung per Annahme nicht bindet, muss E1 bis E3 erfüllt sein. Folglich muss (4.13) die Menge der separierenden Kontrakte von g wiedergeben. Die Indifferenzkontrakte von Typ b resultieren mit $C = 0$ aus (4.12).[10] △

Die Investition in Restrukturierungs-Know-how beseitigt jeglichen Anreiz zur strategischen Insolvenz und macht Besicherung eigentlich überflüssig. Da Restrukturierungs-Know-how aber gleichzeitig dafür sorgt, dass Kreditbesicherung aus der Sicht des Unternehmers nicht nur bei hinreichend niedrigen Verwertungserlösen, sondern in jedem Fall ineffizient ist, stärkt es paradoxerweise gleichzeitig das Separierungspotential der Kreditsicherheiten. Falls also beide Schuldnertypen für einen Restrukturierungsvertrag optieren und die Vermögensbeschränkung nicht bindet, müssen sich die Kontrakte in einem Wettbewerbsgleichgewicht zwangsweise voneinander unterscheiden. Das bedeutet jedoch nicht, dass es in einem separierenden Kreditmarktgleichgewicht unbedingt bei beiden Typen zur Investition in Restrukturierungs-Know-how kommen muss. Bei der Analyse derjenigen Kostenniveaus, bei denen sich die Investition in Restrukturierungs-Know-how zumindest für einen Schuldnertyp lohnen mag, unterscheiden wir zwei Fälle. Zunächst gehen wir der Frage nach, wie sich das Know-how auf die beiden Typen von Separierungsgleichgewichten auswirkt ($\beta \leq \beta''$). Danach beschäftigen wir uns mit den Auswirkungen der Upfront-Investition auf das Pooling-Gleichgewicht ($\beta > \beta''$). In Vorbereitung dazu grenzen wir den Kostenbereich, in dem niemals Restrukturierungskontrakte angeboten werden, genau ein.

Proposition 4.4.4. *Mit $S > \hat{S}_b$ werden im Gleichgewicht keine Restrukturierungskontrakte gezeichnet. Die optimale Kreditpolitik wird durch Proposition 4.4.1-4.4.3 beschrieben.*

Beweis: siehe Anhang
Jeder Restrukturierungskontrakt, den der schlechte Schuldner bereits bei eindimensionaler Informationsasymmetrie ablehnt ($S > \hat{S}_b$) ist bei zweidimensionaler Informationsasymmetrie genauso unprofitabel. Folglich gibt es *no-distortion-at-the-bottom*. Wenn ein Kontrakt aber selbst für den hochriskanten Kreditnehmer zu hohe Opportunitätskosten aufweist, kann er für den Schuldner mit dem geringeren Risiko niemals vorteilhaft sein. Wie sich zeigen

---
[10] Es sei darauf hingewiesen, dass die in Lemma 4.4.1 durchgeführte Analyse separierender Kontraktmenüs für ein gegebenes S starke Analogien zur Gleichgewichtsanalyse in Besanko/Thakor (1987) aufweist.

94 4. Unbeobachtbarkeit der Risikoklasse

wird, verliert der Restrukturierungskontrakt vielmehr für diesen Schuldnertypen im Vergleich zur eindimensionalen Informationsasymmetrie an Attraktivität.

Fall 1: Reduzierung ineffizienter Kreditbesicherung. Wird in Restrukturierungs-Know-how investiert, beeinflusst das beide Typen von Separierungsgleichgewichten. Wir nennen den Rückzahlungsbetrag, welcher sich mit $C = W$ aus (4.12) ergibt $\hat{R}_g^+$. Die Ausdrücke, die Gleichsetzen von (4.12) und $R_{g0}(C)$ liefert, seien mit $\hat{R}_{g0}^*$ respektive $\hat{C}_{g0}^*$ bezeichnet. Schließlich definieren wir zwei kritische Funktionen $S(\beta)$. Die erste erhalten wir mit $C = W$ durch Gleichsetzen von $R_{g0}(C)$ und (4.12) sowie anschließendem Auflösen nach S,

$$S_{gW}(\beta) \equiv W \frac{p_g(1-d_{g0})(1-p_b) - \beta p_b(1 - p_g(1-d_{g0}))}{p_g(1-d_{g0})}$$
$$+ (I - x_l)\frac{p_b - (1-d_{g0})p_g}{p_g(1-d_{g0})}.$$

Falls $S = S_{gW}$ ist, bindet (4.6) mit den beiden Kontrakten $(\hat{R}_{g0}^*, W)$ und $(R_{bS}^*, 0)$. Man beachte, dass $\beta = \beta'$ zu $\hat{S}_b = S_{gW}$ führt und außerdem $\partial S_{gW}/\partial \beta < 0$ gilt. Aus der Steigung von (4.13) und $\partial R_{g0}(C)/\partial C < 0$ folgt, dass es eine Funktion $S(\beta)$ geben muss, so dass

$$\Pi_b(\hat{R}_{g0}^*, \hat{C}_{g0}^*) = \Pi_b(R_{bS}^*, 0) = \Pi_b(R_{gS}^*, C_{gS}^*)$$

ist. Diese Funktion sei mit $\tilde{S}_g$ bezeichnet. Die Funktion

$$\tilde{S}_g(\beta) \equiv \frac{(I - x_l)(1-\beta)p_g d_{g0}(1-p_b)}{\beta(d_{g0}p_g(1-p_b) - p_b(1-p_g)) + p_g(1-p_b)(1-d_{g0})}$$

ergibt sich durch Auflösen von $R_{g0}(C) = R_{gS}(C)$ nach C, Einsetzen in (4.1) respektive (4.12), Gleichsetzen und Umstellen nach S. Es gilt $\tilde{S}_g(\beta) = \hat{S}_g$ für $\beta = 0$ und $\tilde{S}_g(\beta) = 0$ für $\beta = 1$ sowie $\partial \tilde{S}_g/\partial \beta < 0$. Wegen

$$\hat{R}_{g0}^* = R_{gS}^* \equiv \tilde{R}_g$$
$$\hat{C}_{g0}^* = C_{gS}^* \equiv \tilde{C}_g$$

falls $S = \tilde{S}_g$ ist, muss bei diesem Kostenniveau auch Tpy g indifferent zwischen einem Restrukturierungskontrakt und einem Nachverhandlungskontrakt sein,

$$\Pi_g(R_{gS}^*, C_{gS}^*) = \Pi_g(\hat{R}_{g0}^*, \hat{C}_{g0}^*).$$

Die Monotonie der Nullgewinnfunktion $R_{gS}(C)$ aus (4.1) in S impliziert

$$R_{g0}(C) \begin{cases} < R_{gS}(C) & \forall\ C > \tilde{C}_g \text{ falls } S > \tilde{S}_g \\ > R_{gS}(C) & \forall\ C < \tilde{C}_g \text{ falls } S < \tilde{S}_g. \end{cases} \quad (4.15)$$

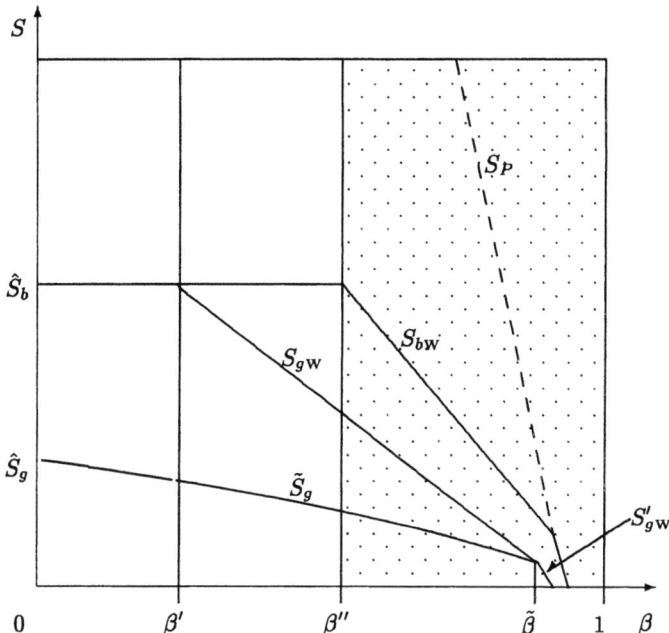

Abb. 4.2. Vereinigungs- und Separierungsgleichgewichte

Einsetzen von W in (4.13) und $R_{g0}(C)$ in (4.1), Gleichsetzen und Auflösen liefert

$$\tilde{\beta} \equiv \frac{Wp_g(1-p_b)(1-d_{g0}) - (p_g - p_b)(I - x_l)}{W(p_b(1-p_g) - p_g d_{g0}(1-p_b))} < 1.$$

Mit $\beta = \tilde{\beta}$ gilt $\ddot{C}_g = W$ und damit $\dot{S}_g = S_{gW}$. Falls $\beta > \tilde{\beta}$ ist, bevorzugt Typ g im Trennungsgleichgewicht strikt den Restrukturierungskontrakt. Das folgt unmittelbar aus (4.15).

Aus $W = I - x_l$ resultiert $\tilde{\beta} = 1$ und $\tilde{S}_g = 0$. Die Ableitungen von (4.13), $\partial R(\beta,C)/\partial \beta < 0$, sowie von (4.1), $\partial R_{g0}(C)/\partial \beta < 0$, implizieren $\partial \tilde{\beta}/\partial W > 0$. Zusammen mit $\beta'' < \beta_{bo} < 1$ garantiert das $\tilde{\beta} > \beta''$ für nicht allzu kleine W. Wir werden uns im Folgenden auf diesen Fall beschränken. Abbildung 4.2 zeigt die definierten Funktionen $S(\beta)$.[11] Proposition 4.4.5 bezieht sich auf die nicht-schattierte Region in Abb. 4.2: $\beta < \beta''$.

Proposition 4.4.5.

1. *Falls $S \in [\tilde{S}_g, \hat{S}_b]$ gilt, existieren gemischte Trennungsgleichgewichte. Der hochriskante Schuldner zeichnet den Restrukturierungskontrakt $(R^*_{bs}, 0)$*

---

[11] Die Abbildung beruht auf folgenden Parametern: $I = 450$, $W = 230$, $x_h = 2000$, $x_l = 200$, $\alpha_l = \alpha_h = 0.5$, $\mu = 0.5$, $p_g = 0.6$, $p_b = 0.4$.

mit $R_{bS}^* \leq R_{b0}^*$. Schuldner mit geringem Risiko wählen hingegen Nachverhandlungskontrakte:

$(\hat{R}_{g0}^*, \hat{C}_{g0}^*)$ falls $\beta \leq \beta'$ mit $\hat{C}_{g0}^* < C_{g0}^*$

$(\hat{R}_g^+, W)$ falls $\beta \in (\beta', \beta'')$ und $S \in [S_{gW}, \hat{S}_b]$,

$(\hat{R}_{g0}^*, \hat{C}_{g0}^*)$ falls $\beta \in (\beta', \beta'')$ und $S \in [\tilde{S}_g, S_{gW})$ mit $\hat{C}_{g0}^* < W$.

Mit dem Kontrakt $(\hat{R}_g^+, W)$ erzielt die Bank positive Gewinne.

2. Falls $S < \tilde{S}_g$ ist, separieren sich die Schuldner durch die Wahl der Restrukturierungskontrakte $[(R_{gS}^*, C_{gS}^*), (R_{bS}^*, 0)]$. Es gilt $C_{gS}^* < \tilde{C}_g$.

Beweis: siehe Anhang

Die Essenz von Proposition 4.4.5 erschließt sich leicht, wenn man Abb. 4.3 betrachtet. Die fettgezeichneten Linien, repräsentieren die Indifferenzkurven der Unternehmer Π_{jk}. Der Index k weist hier auf den im Gleichgewicht von Unternehmer j gewählten Kontrakttyp hin. Die Isogewinnkurven der Bank - falls nicht in das Know-how investiert wurde - sind als durchgezogene Linien eingetragen. Zu Typ g gehört diejenige, die dem Ursprung am nächsten, zu Typ b diejenige, die dem Ursprung am fernsten ist. Die durchbrochene Linie entspricht der Nullgewinnbedingung der Bank bei $S = \tilde{S}_g$ und Finanzierung von Typ g.

Mit $\beta < \beta'' < \beta_{b0}$ sind die Indifferenzkurven beider Unternehmertypen steiler als die Isogewinnkurven der Banken. Damit kommt es bei dem in der Zeichnung unterstellten Privatvermögen W in jedem Fall zu einem Separierungsgleichgewicht.[12] Es ist leicht nachprüfbar, dass im Intervall $S > \hat{S}_b$ nur das Menü $[(R_{g0}^*, C_{g0}^*), (R_{b0}^*, 0)]$ den Bedingungen E1-E3 gehorcht.[13] Da die fette Kurve Π_{bS} näher zum Ursprung wandert, wenn S unterhalb von $\hat{S}_b$ liegt, reduziert sich das zur Separierung notwendige Privatvermögen. Falls $S = \tilde{S}_g$ ist, treffen sich Π_{g0} und die Nullgewinnbedingungen der Bank, $R_{g0}(C)$ respektive $R_{gS}(C)$, beim Besicherungsniveau $\tilde{C}_g$. Unternehmer g ist dann indifferent zwischen den zwei separierenden Kontrakten $(\hat{R}_{g0}^*, \hat{C}_{g0}^*)$ und (R_{gS}^*, C_{gS}^*). Mit $S < \tilde{S}_g$ liegt $R_{gS}(C)$ unterhalb von $R_{g0}(C)$ für alle $C < \tilde{C}_g$. Das bedeutet, dass jeder Kontrakt (R_{gS}^*, C_{gS}^*), der die Nullgewinnbedingung der Bank erfüllt und außerdem beim schlechten Schuldner Indifferenz zwischen (R_{gS}^*, C_{gS}^*) und $(R_{bS}^*, 0)$ hervorruft, einem Nicht-Restrukturierungskontrakt $(\hat{R}_{g0}^*, \hat{C}_{g0}^*)$ mit den analogen Eigenschaften überlegen ist.

---

[12] Die unterstellte Verwertungsquote ist exakt β'.
[13] Auch hier taucht natürlich das Problem der Existenz des Gleichgewichts auf. Aber selbst, wenn das jeweilige Gleichgewicht kein Nash-Gleichgewicht ist, so handelt es sich immer um ein reaktives.

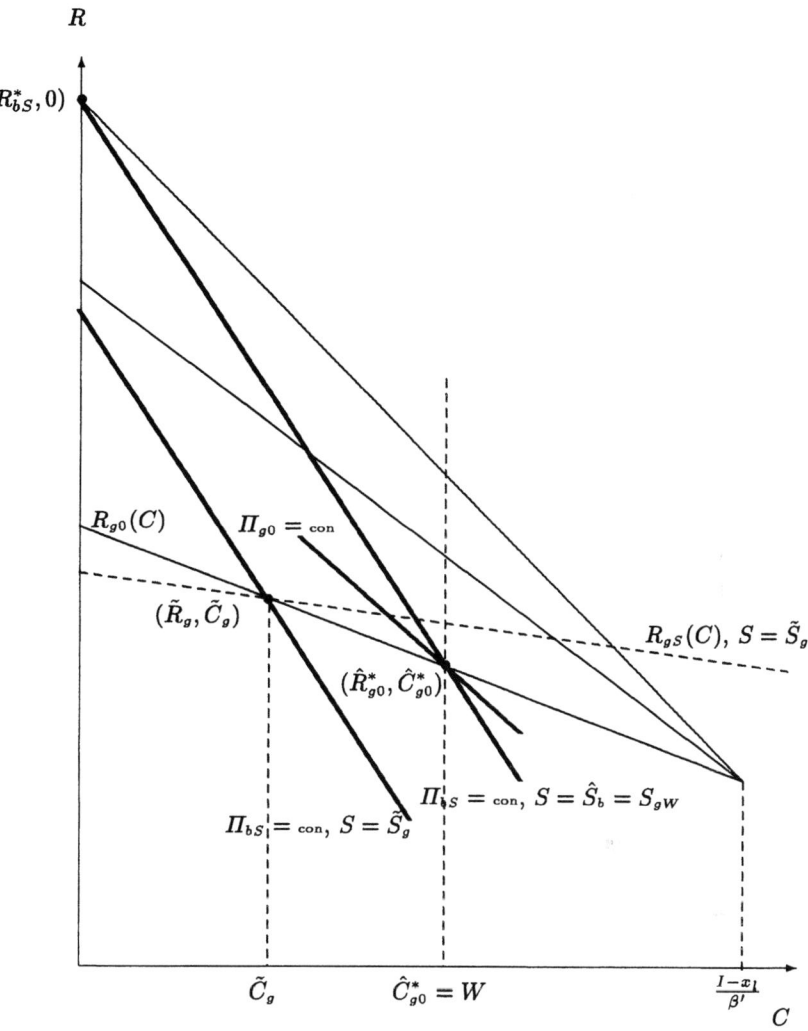

Abb. 4.3. Reduzierung ineffizienter Besicherung

Die Intuition für Proposition 4.4.5 ist folgende. Restrukturierungs-Knowhow kommt zuerst dem schlechten Schuldner zugute und erhöht dessen Gewinn bereits dann, wenn die Kosten mit $\hat{S}_b - \epsilon$, $\epsilon \to 0$, noch relativ hoch sind. Das ist darauf zurückzuführen, dass sich ein schlechter Schuldner wegen seiner hohen Neigung zur strategischen Insolvenz auch einem hohen Übernahmerisiko gegenübersieht. Da ein Restrukturierungskontrakt die mit dem Kontrollübergang verbundenen Effizienzverluste verhindert, ist es nur natürlich, dass er für denjenigen Schuldner mit dem höheren Insolvenz-Risiko zuerst von Nutzen ist. Der weniger riskante Schuldner neigt wegen seines geringeren Rückzahlungsbetrages und - nicht zu vergessen - wegen seiner Sicherheiten weniger dazu, die Bank zu täuschen. Da er deshalb in geringerem Ausmaß als der hochriskante Typ mit einem ineffizienten Kontrollübergang rechnen muss, ist Restrukturierungs-Know-how für diese Risikoklasse auch weitaus weniger attraktiv. Die guten Schuldner zeichnen somit in einem mittleren Bereich von S keinen Restrukturierungs-Kontrakt.

Trotzdem profitieren sie von der Upfront-Investition der Bank. Der Restrukturierungskontrakt von Typ b reduziert entweder das zur Separierung notwendige Besicherungsvolumen ($\beta \leq \beta'$ bzw. $\beta \in (\beta', \beta'')$ und $S < S_{gW}$) oder direkt den Rückzahlungsbetrag ($\beta \in (\beta', \beta'')$ und $S \in [S_{gW}, \hat{S}_b]$). Wegen der Ineffizienz der Besicherung im Separierungsgleichgewicht muss beides den Gewinn von Typ g ansteigen lassen. Von einem eigenen Restrukturierungskontrakt profitiert der gute Schuldner nur dann, wenn S mit $\tilde{S}_g$ hinreichend klein ist. Das liegt unter anderem daran, dass mit der Investition in Restrukturierungs-Know-how die Grenzkosten der Besicherung und damit auch die marginalen Kosten der Separierung ansteigen. Da die Unternehmergewinne in einem Konkurrenzgleichgewicht mit dem gesamten Surplus gleichzusetzen sind, erhöht die Upfront-Investition - wenn sie denn stattfindet - immer auch die Wohlfahrt.

Fall 2: Separierung durch Restrukturierungs-Know-how. Ist das Privatvermögen der Schuldner hinreichend wertvoll ($\beta > \beta''$), versagt Kreditbesicherung als Selektionsmechanismus und die Schuldner wählen den uniformen Kontrakt mit Maximalbesicherung. Restrukturierungs-Know-how ist jedoch in der Lage, einen Teil der Pooling-Gleichgewichte aufzubrechen und in einem bestimmten Bereich von S und β das Selektionspotential der Kreditsicherheiten gleichsam zu reetablieren. Um das zu zeigen, definieren wir im ersten Schritt die kritische Kostenfunktion S_{bW}. Sie gibt in Abhängigkeit von β dasjenige Kostenniveau S wieder, bei dem der schlechte Schuldner zwischen den folgenden Verträgen indifferent ist: dem Pooling-Kontrakt mit Maximalbesicherung ($\bar{R}_0, W$) und dem separierenden Restrukturierungskontrakt ohne Besicherung ($R_{bS}^*, 0$). Wir erhalten S_{bW} durch Einsetzen von W in die Nullgewinnbedingung bei Pooling, $R_0(C)$ sowie in (4.12). Anschließendes Gleichsetzen liefert

$$S_{bW}(\beta) \equiv W\frac{\bar{p}(1-\bar{d})(1-p_b) - \beta p_b(1-\bar{p}(1-\bar{d}))}{\bar{p}(1-\bar{d})} + (I - x_l)\frac{p_b - (1-\bar{d})\bar{p}}{\bar{p}(1-\bar{d})}.$$

Man beachte, dass

$$S_{bW} = \hat{S}_b \text{ falls } \beta = \beta'' \text{ und außerdem } \frac{\partial S_{bW}}{\partial \beta} < 0$$

gilt. Aus

$$R_{g0}(C) < R_0(C) \quad \forall \quad C < \frac{I - x_l}{\beta}$$

4.4 Zweidimensionale Informationsasymmetrie

folgt $S_{gw} < S_{bw}$. Im zweiten Schritt leiten wir durch Einsetzen von $C = W$ in (4.12) und $R_s(C)$ aus (4.2) sowie anschließendem Gleichsetzen die Funktion

$$S_P(\beta) \equiv W \frac{\bar{p}(1-p_b) - p_b\beta(1-\bar{p})}{\bar{p} - p_b} - (I - x_l)$$

ab. Mit $S = S_P$ ist es dem schlechten Schuldner egal, ob er einen separierenden Kontrakt mit Restrukturierungs-Know-how $(R_{bS}^*, 0)$ oder einen Pooling-Kontrakt derselben Kategorie mit maximaler Besicherung zeichnet. Aus $S_P = S_{bW}$ resultiert eine kritische Verwertungsquote β_P mit

$$\beta_P = \frac{W\bar{p}(1-p_b)(1-\bar{d}_0) - (\bar{p} - p_b)(I - x_l)}{W(p_b(1-\bar{p}) - \bar{p}\bar{d}_0(1-p_b))}.$$

Sei $\bar{R}_s$ der Rückzahlungsbetrag, den man aus der Nullgewinnbedingung bei Pooling $R_s(C)$ mit $C = W$ gewinnt, dann muss mit $\beta = \beta_P$ auch $\bar{R}_0 = \bar{R}_s$ gelten. Bei dieser Verwertungsquote und $C = W$ erzielt der Unternehmer mit beiden Typen von Pooling-Kontrakten den gleichen Projektgewinn. Wie Lemma 4.4.2 feststellt, ist die Äquivalenz der Pooling-Kontrakte für $\beta < \tilde{\beta}$ allerdings ausgeschlossen:

Lemma 4.4.2. *Mit $W < I - x_l$ gilt*

$$\tilde{\beta} < \beta_P < 1 \quad und$$

$$S_P \begin{cases} > S_{bW} & \text{falls } \beta < \beta_P < 1 \\ < S_{bW} & \text{falls } \beta_P < \beta < 1. \end{cases}$$

Beweis: siehe Anhang

Abbildung 4.2 zeigt die definierten Funktionen. Proposition 4.4.6 bezieht sich ausschließlich auf das Intervall $\beta \in [\beta'', \tilde{\beta}]$ in der schattierten Region.

Proposition 4.4.6. *Im Intervall $\beta \in [\beta'', \tilde{\beta}]$ zerstört Restrukturierungs-Know-how das Vereinigungsgleichgewicht für alle $S < S_{bW}$. Die optimale Kreditpolitik der Bank besteht aus den separierenden Vertragsmenüs*

$$(R_{bS}^*, 0) \quad und \quad (\hat{R}_g^+, W) \quad falls \quad S \in (S_{gW}, S_{bW}),$$

$$(R_{bS}^*, 0) \quad und \quad (\hat{R}_{g0}^*, \hat{C}_{g0}^* < W) \quad falls \quad S \in (\check{S}_g, S_{gW}]$$

$$(R_{bS}^*, 0) \quad und \quad (R_{gS}^*, C_{gS}^* < \tilde{C}_g) \quad falls \quad S \leq \tilde{S}_g.$$

Falls $S \in (S_{gW}, S_{bW})$ ist, erzielt die Bank positive Gewinne. Für alle $S < S_{gW}$ reduziert die Vorab-Investition in das Know-how die zur Separierung notwendige Besicherung.

4. Unbeobachtbarkeit der Risikoklasse

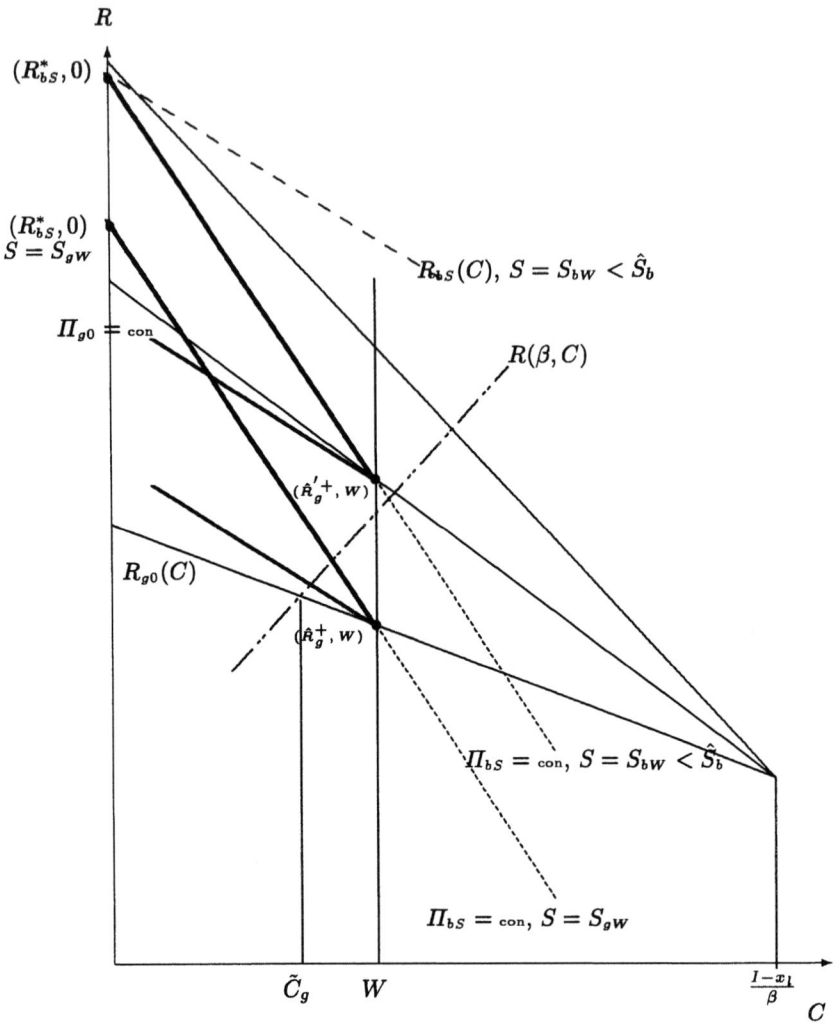

Abb. 4.4. Restrukturierungs-Know-how als Sortierinstrument

Beweis: siehe Anhang

Im Bereich $\beta > \beta''$ versagen Kreditsicherheiten als Separierungsinstrument. Restrukturierungs-Know-how tritt dann an deren Stelle und separiert die Schuldnertypen, wenn die Kosten unterhalb der kritischen Marke S_{bW} liegen. Diese Art der Separierung erfordert keinerlei zusätzliche Maßnahmen auf der Unternehmerseite, wie zum Beispiel die Beibringung von externem Besicherungsvermögen durch einen Bürgen (Besanko/Thakor 1987). Die vermehrten Anstrengungen von Banken, effektive Restrukturierungsabteilungen aufzubauen, mögen daher einfach die Reaktion auf eine wenig differenzierte und teure Kreditbesicherung sein.

Solange die Banken nicht besonders effektiv im Einsatz von Restrukturierungs-Know-how sind, sprich, die Kosten relativ hoch sind, erzielen sie bei der Finanzierung des guten Schuldners positive Gewinne, die nicht durch Marktzutritt vernichtet werden können. Ursache ist eine Unstetigkeit. Bereits wenn S die Schwelle S_{bW} erreicht, zieht der Restrukturierungskontrakt die schlechten Schuldner vom Pooling-Kontrakt mit Besicherung ab. Da nur die guten Schuldner beim ursprünglich gemeinsamen Kontrakt verbleiben, erzielt die Bank mit dem auf Pooling abgestimmten und deswegen relativ hohen Rückzahlungsbetrag positive Gewinne. Nun würde man erwarten, dass positive Bankgewinne in einem Wettbewerbsgleichgewicht keinen Bestand haben. Die Erosion der Bankprofite durch günstigere Konkurrenzangebote setzt jedoch voraus, dass profitabler Markteintritt möglich ist. Das ist hier nicht der Fall. Jeder Besicherungskontrakt, den Typ g wegen eines geringeren Rückzahlungsbetrages und/oder geringeren Besicherungsvolumen gegenüber dem urprünglichen für die Bank so profitablen Vertrag bevorzugen würde, wird auch von Typ b gewählt. Verlustvermeidung des Markteindringlings erfordert folglich einen von beiden Typen akzeptierten Pooling-Kontrakt. Das jedoch ist ausgeschlossen, denn Typ g ist mit $W > \bar{W}$ bei einem alternativ angebotenen Pooling-Kontrakt immer schlechter gestellt als bei dem Orginalkontrakt $(\bar{R}_0, W)$ mit voller Besicherung. Die für $\beta'' < \beta < \tilde{\beta}$ gültige Abb. 4.4 illustriert das. Es sollte offensichtlich sein, dass $\hat{R}_g^+ = \bar{R}_0$ gilt, wenn $S = S_{bW}$ ist. In der Abbildung ist dieser Rückzahlungsbetrag mit $\hat{R}_g'^+$ bezeichnet.

Marktzutritt kann das Phänomen positiver Bankgewinne also nicht zum Verschwinden bringen, wohl aber geringere Kosten der Upfront-Investition in das Restrukturierungs-Know-how. Wie in Abb. 4.4 dargestellt, geht der Rückzahlungsbetrag des Schuldners b zurück, wenn S sinkt. Mit dem ursprünglichen Vertrag bindet dann die Anreizkompatibilitätsbedingung dieses Typs nicht mehr. Beharrt die Bank bei Typ g trotzdem auf dem Altvertrag, sind sofort profitable Marktzutritte möglich. Der Markteindringling muss nur einen Alternativvertrag mit einem geringfügig reduzierten Rückzahlungsbetrag anbieten. Alle guten Schuldner würden sofort auf den Neuvertrag umsteigen und der Altvertrag wäre obsolet. Die wettbewerbsinduzierte Reduzierung des Rückzahlungbetrages im Vertrag $(\hat{R}_g^+, W)$ setzt sich solange fort, bis die Anreizkompatibilitätsbedingung für Typ b wieder bindet. Folglich sind die Gewinne, die die Bank aus der Finanzierung des guten Schuldners trotz vollkommenen Wettbewerbs ziehen kann, umso kleiner, je geringer S ist. Wenn S mit S_{gW} so klein ist, dass das anreizkompatible Vertragsmenüe exakt der Nullgewinnbedingung der Bank gehorcht, sind sie gänzlich verschwunden.

Die Tatsache, dass es trotz vollkommenen Wettbewerbs zu positiven Bankgewinnen kommt, lässt auf ein Unterinvestitionsproblem (Myers 1977) in Bezug auf Restrukturierungs-Know-how schließen.[14] Da der Restrukturierungskontrakt schlechte Schuldner aus dem Pooling-Gleichgewicht abzieht, und den verbleibenden Kontrakten positive Gewinne beschert, würde sich – wohlfahrtsperspektivisch gesehen – die Upfront-Investition bereits bei höheren Kosten als S_{bW} lohnen. Voraussetzung für ihre Realisierung bei einem höheren Kostenniveau wäre allerdings, dass die Banken, welche mit gewinnträchtigen Kontrakten allein die guten Schuldner finanzieren, einen entsprechenden Transfer an diejenigen Banken leisten, die mit Restrukturierungskontrakten die schlechten Schuldner aus dem Pooling-Gleichgewicht „herauslocken". Die Kompensation dieses positiven externen Effekts ist jedoch nicht vorstellbar.

Gemischte Trennungsgleichgewichte, in denen der schlechte Schuldner einen Restrukturierungskontrakt und der gute Schuldner einen Nachverhandlungskontrakt wählt, existieren nicht mehr, wenn die Bank den Wert des Privatvermögens relativ hoch ansetzt ($\beta > \tilde{\beta}$). Die Rückzahlungsverpflichtung von Typ g ist mit einem separierenden Restrukturierungsvertrag für alle möglichen Werte von C geringer als mit einem Wiederverhandlungsvertrag ohne das Know how. Falls sich die Schuldner separieren, wählen folglich beide Typen ausschließlich *Restrukturierungskontrakte*. Um das zu sehen, definieren wir durch Gleichsetzen von (4.13) und (4.1), $j = g$ und $k = S$, für diesen Bereich eine weitere kritische Kostenfunktion (vgl. Abb. 4.2),

$$S'_{gW}(\beta) \equiv W \frac{p_g(1-p_b) - p_b\beta(1-p_g)}{p_g - p_b} - (I - x_l).$$

Wenn $S = S'_{gW}$ ist, bindet die Anreizkompatibilitätsbedingung (4.6) mit den Restrukturierungskontrakten $(R^*_{bS}, 0)$ und (R^*_{gS}, W). Wegen $\tilde{C}_g = W$ mit $\beta = \tilde{\beta}$ gilt

$$S'_{gW}(\tilde{\beta}) = S_{gW}(\tilde{\beta}).$$

(A.7) aus Lemma 4.4.2 garantiert dann unmittelbar $S'_{gW} < S_{gW}$ falls $\beta > \tilde{\beta}$ ist. Mit Hilfe der Definition

$$\varrho \equiv \begin{cases} 1 & \text{falls } S_P > S_{bW} \\ 0 & \text{falls } S_P < S_{bW} \end{cases}$$

lässt sich feststellen:

---

[14] Wir haben Überinvestition durch die Restriktion der Projektgrößen ausgeschlossen. Lässt man jedoch auch größere Anschaffungsausgaben zu, investiert der schlechte Schuldner im Pooling-Gleichgewichte auch in negative NPV-Projekte (De Meza/Webb 1987).

Proposition 4.4.7. *Sei $\beta \in (\tilde{\beta}, 1)$, dann werden im Separierungsgleichgewicht nur Restrukturierungskontrakte gezeichnet. Die optimale Kreditpolitik der Bank besteht aus:*

$$(R^*_{bS}, 0) \quad \text{und} \quad (R^*_{gS}, W) \quad \text{wenn} \quad S \in [S'_{gW}, \varrho S_{bW} + (1-\varrho) S_P),$$

$$(R^*_{bS}, 0) \quad \text{und} \quad (R^*_{gS}, C^*_{gS} < W) \quad \text{falls} \quad S < S'_{gW}.$$

Im Intervall $[S'_{gW}, \varrho S_{bW} + (1-\varrho) S_P)$ sind die Bankgewinne positiv. Mit $S < S'_{gW}$ sinkt die gleichgewichtige Kreditbesicherung.

Im Bereich $S < S_{bW}$ findet Separierung nur dann statt, wenn für den guten Schuldner Pooling beim Restrukturierungskontrakt weniger attraktiv ist als Separierung und Gewinnteilung mit der Bank. Ist das nicht der Fall ($S_P < S < S_{bW}$), werden beide Typen den uniformen Restrukturierungskontrakt mit maximaler Besicherung wählen.

Es mag überraschen, dass es ein solches Gleichgewicht geben kann. Schließlich haben wir oben argumentiert, dass die Investition in Restrukturierungs-Know-how Kreditbesicherung im gesamten Bereich von β ineffizient werden lässt. Das trifft auch zu, aber nur solange die Schuldner separiert sind. Kreditbesicherung wird durch einen uniformen Restrukturierungskontrakt für den guten Schuldner attraktiver. Der Grund dafür liegt darin, dass die Bank mit dem Poolingkontrakt eine höhere Wahrscheinlichkeit für den tatsächlichen Einzug der Besicherung ansetzt als der Unternehmer selbst. Diese Diskrepanz führt dazu, dass es beim guten Schuldner ein kritisches β geben muss, von dem ab Kreditbesicherung den Rückzahlungsbetrag des guten Schuldners überproportional absenkt und den Gewinn anhebt. Hinzu kommt, dass der Unternehmer aufgrund der Gewinnteilung mit der Bank niemals den ganzen Ertrag der Separierung für sich verbuchen kann. Beides zusammengenommen führt dazu, dass der gute Schuldner für hohe Werte von β von den beiden Pooling-Kontrakten mit Maximalbesicherung denjenigen mit Restrukturierungs-Know-how vorzieht und somit $S_P < S_{bW}$ gilt. Ein Standard-Separierungs-Gleichgewicht mit Nullgewinnen für die Bank ist nur für $S < S'_{gW}$ möglich. Bei solchen Kostenniveaus werden im Separierungs-Gleichgewicht die separierenden Kontrakte $(R^*_{bS}, 0)$ und $(R^*_{gS}, C^*_{gS} < W)$ gezeichnet, wobei Letzterer durch (4.13) definiert ist.

Korollar 4.4.2. *Separierung durch Restrukturierungs-Know-how gelingt umso weniger, je höher β ist.*

Beweis: siehe Anhang

Kreditbesicherung ist für den schlechten Schuldner nicht allzu „teuer", wenn die Verwertungsquote relativ hoch ist. Bei einem sehr hohen β kann Besicherung gar effizient sein, so dass der Gewinn auch beim schlechten Schuldner durch Stellung von Sicherheiten ansteigt. Beides impliziert sofort, dass das

Kostenintervall, in dem der Restrukturierungskontrakt zumindest für Typ b attraktiv ist, mit höherer Verwertungsquote immer stärker schrumpft. Folglich wird die Rolle der Upfront-Investition als Sortierinstrument mit sinkenden Liquidationskosten immer kleiner.

4.4.3 Kreditmarktgleichgewichte im Monopolfall

Wir gehen abschließend der Frage nach, ob und inwieweit unsere Ergebnisse von der Struktur des Kreditmarktes beeinflusst werden. Zu diesem Zweck analysieren wir die optimale Kreditpolitik einer Monopolbank. Für den Reservationsnutzen π_j, den wir im vergangenen Abschnitt aus Vereinfachungsgründen auf null gesetzt hatten, lassen wir nun auch positive Werte zu, $\pi_j = \pi \geq 0$. Allerdings gehe die Monopolbank von identischen Reservationsnutzen aus. Könnte die Bank den Schuldnertyp identifizieren, würde sie zwei Kreditverträge anbieten, so dass für jeden Typ die Nullgewinnbedingung

$$R_{jk}(C) = \frac{p_j x_h - (1-p_j)C - \pi}{p_j}$$

erfüllt ist. Das ist nicht mehr möglich, wenn die Risikoklasse des Kreditantragstellers nicht beobachtbar ist. Wegen (4.10) ist $R_{bk}(C) < R_{gk}(C)$ für alle Besicherungsniveaus. Die Anreizkompatibilitätsbedingung (4.7) ist verletzt, und der gute Schuldner wird den schlechten Schuldner imitieren. Weder Besicherung noch Restrukturierungs-Know-how können an diesem Imitationsanreiz etwas ändern. Wenn eine Monopolbank trotzdem Kreditsicherheiten verlangt, wird sie das allein zum Zwecke der Verhinderung der strategischen Insolvenz tun.

Das einzige Separierungsinstrument, das im Monopolfall zur Verfügung steht, ist die Höhe des Rückzahlungsbetrages R. Die Schuldner werden gepoolt bei dem Kontrakt (R_{bk}, C_{bk}), falls $R = R_{bk}(C)$ der Nullgewinnbedingung des hochriskanten Schuldners b entspricht. Wird hingegen (R_{gk}, C_{gk}) mit $R = R_{gk}(C) > R_{bk}(C)$ angeboten, treibt die Bank die hochriskanten potentiellen Kreditnehmer aus dem Markt und bedient nur Schuldner mit geringem Risiko. Letzteres ist ein Separierungsgleichgewicht. Folgt die Bank der Pooling-Strategie erzielt sie

$$\begin{aligned}G_0 &= \bar{p}(1-\bar{d}_0)\left(\frac{p_b x_h - (1-p_b)C - \pi}{p_b}\right) \\ &\quad + (1-\bar{p}+\bar{p}\bar{d}_0)(x_l + \beta C) - I,\end{aligned} \qquad (4.16)$$

falls sie einen Vertrag ohne Restrukturierungs-Know-how anbietet und einen Gewinn von

$$G_S = \bar{p}\left(\frac{p_b x_h - (1-p_b)C - \pi}{p_b}\right) + (1-\bar{p})(x_l + \beta C) - I - S \qquad (4.17)$$

4.4 Zweidimensionale Informationsasymmetrie

mit einem Restrukturierungsvertrag. Ableiten von (4.16) nach C zeigt sofort, dass im Pooling-Gleichgewicht die Monopolbank Besicherungsverträge nur dann anbietet, wenn Besicherung ex post effizient ist, $\beta > \bar{\beta}_{bo}$. Aus Vereinfachungsgründen nehmen wir im Folgenden $\bar{\beta}_{bo} = 1$ an, so dass beim Pooling-Kontrakt niemals besichert wird.[15] Mit der separierenden Strategie ergibt sich als Gewinn der Monopolbank

$$G_{g0}(\mu, C) = \mu\left[p_g(1-d_{g0})\left(\frac{p_g x_h - (1-p_g)C - \pi}{p_g}\right)\right.$$
$$\left. + (1 - p_g + p_g d_{g0})(x_l + \beta C) - I\right] \quad (4.18)$$

respektive

$$G_{gS}(\mu, C) = \mu\left[p_g\left(\frac{p_g x_h - (1-p_g)C - \pi}{p_g}\right)\right.$$
$$\left. + (1-p_g)(x_l + \beta C) - (I + S)\right]. \quad (4.19)$$

Es ist offensichtlich, dass die Monopolbank auch bei Unbeobachtbarkeit der Schuldnertypen effizient besichert, das heißt $C = W$ für $\beta > \beta_{g0}$, falls ein Separierungskontrakt mit Wiederverhandlung angeboten wird, und $C = 0$ im Falle des Restrukturierungskontrakts. Aus (4.16) und (4.17) ergibt sich sofort, dass die Monopolbank, die alle Schuldnertypen bedient, dann und nur dann den einheitlichen Restrukturierungsvertrag $(R_{bS}, 0)$ anbietet, wenn

$$G_S > G_0 \quad \Rightarrow \quad \pi < \pi_B \equiv p_b(x_h - x_l) - \frac{p_b}{\bar{p}\bar{d}_0}S$$

ist. Eine Bank, die sich hingegen ausschließlich auf die guten Schuldner konzentriert, wird den Restrukturierungskontrakt $(R_{gS}, 0)$ anbieten, wenn

$$G_{gS} > G_{g0} \quad \Rightarrow \quad \pi < \pi_G \equiv p_g(x_h - x_l) - \frac{S}{d_{g0}}$$

ist.

Welche Strategie wählt nun die Bank, Pooling beim Nullgewinnkontrakt des schlechten Schuldners oder Separierung mit dem Nullgewinnkontrakt des guten? Das hinter der Kontraktwahl stehende Kalkül lässt sich durch

$$G_k - G_{gk} > 0 \Rightarrow \text{Pooling mit } (R_{bk}, C_{bk})$$
$$G_k - G_{gk} < 0 \Rightarrow \text{Separierung mit } (R_{gk}, C_{gk})$$

---

[15] Mit $\mu > (1-\alpha_l)x_l(1-p_b)/((p_g - p_b)(\alpha_h x_h - \alpha_l x_l))$ ist $\bar{\beta}_{bo} = 1$. Bei einer Pooling-Strategie wird niemals besichert. Durch diese Einschränkung vermeiden wir die Betrachtung eines weiteren Falles. Wir halten das für gerechtfertigt, da die Analyse des Szenarios, in dem im Vereinigungsgleichgewicht besichert wird, weder besondere Schwierigkeiten noch zusätzliche Erkenntnisse birgt.

beschreiben. Wie Proposition 4.4.8 feststellt, bestimmen die Eigenschaften des Projektes die Strategie der Monopolbank.

Proposition 4.4.8. *Bei gegebenem π treibt die Monopolbank den hochriskanten Schuldner umso eher aus dem Markt, je größer der Kredit ist. Die Trennung der Schuldner findet mit einem Restrukturierungsvertrag $(R_{gS}, 0)$ statt, wenn der Reservationsnutzen mit $\pi \leq \pi_G$ hinreichend klein ist. Bei hohen Reservationsnutzen hingegen, $\pi > \pi_G$, wird mit dem Vertrag $(R_{g0}, C_{g0} = \lambda W)$ separiert.[16] Bietet die Bank einen gemeinsamen Vertrag an, so ist das $(R_{bS}, 0)$ für $\pi \leq \pi_B$ und $(R_{b0}, 0)$ für $\pi > \pi_B$.*

Beweis: siehe Anhang

Eine Monopolbank separiert eher, wenn sie ein größeres Projekt zu finanzieren hat, und sie neigt eher dazu, die Trennung mittels Restrukturierungsvertrag durchzuführen, wenn der Wert der Outside-option des Unternehmers gering ist. Letzteres wird bei zweidimensionaler Informationsasymmetrie von genau dem gleichen Effekt gesteuert, wie bei eindimensionaler Informationsasymmetrie. Unabhängig davon, ob die Bank den Nullgewinnvertrag des guten Schuldners anbietet und separiert, oder ob sie ihre Schuldner beim Kontrakt des hochriskanten Typs vereinigt, sie kann einen umso höheren Rückzahlungsbetrag durchsetzen, je geringer der Reservationsnutzen der Kreditnehmer ist. Hohe Rückzahlungbeträge schaffen jedoch für einen erfolgreichen Unternehmer einen großen Anreiz, sich aus strategischen Gründen für zahlungsunfähig zu erklären. Die Bank reagiert auf diese Neigung mit einer verstärkten Drohung, im Falle der Zahlungsunfähigkeit das Unternehmen zu übernehmen und sich nicht auf Nachverhandlungen einzulassen. Mit einer hohen Übernahmewahrscheinlichkeit aber ist es umso profitabler, sich gegen den übernahmebedingten Wertverlust via Restrukturierungsvertrag zu schützen.

Die Tatsache, dass die Monopolbank tendenziell eher separiert, wenn das Projekt groß ist, lässt sich einfach dadurch erklären, dass sich bei wachsenden Investitionsausgaben der Vorteil der Masse allmählich aufzehrt. Der einzelne Separierungskontrakt ist nämlich für den Finanzier immer vorteilhafter als der einzelne Pooling-Kontrakt. Das liegt unter anderem daran, dass die Bank dem Unternehmer vom Typ g im Pooling-Gleichgewicht zwangläufig positive und durch Wettbewerb nicht erodierbare Gewinne überlassen muss. Was also aus der Sicht der Monopolbank für den Pooling-Kontrakt spricht, ist einzig und allein die damit mögliche hohe Anzahl an Finanzierungen. Je größer jedoch die Anschaffungsausgabe des Projekts, desto geringer wird der Überschuss aus dem Einzelkontrakt und desto stärker fällt der Profitnachteil des Pooling-Kontrakts ins Gewicht. Es muss folglich eine Investitionssumme existieren, bei der sich der Vorteil aus der Anzahl der Kreditkontrakte und der Nachteil aus der mangelnden Profitabilität des Pooling-Einzelkontraktes

---

[16] λ nimmt den Wert eins an, wenn $\beta > \beta_{g0}$. Mit $\beta \leq \beta_{g0}$ ist $\lambda = 0$.

gerade ausgleichen. Wird diese Investitionssumme überschritten, werden die schlechten Schuldner durch einen für sie verlustreichen Vertragstyp aus dem Markt gezwungen.

4.5 Zusammenfassung und Fazit

Wir haben in den vergangenen Abschnitten erklärt, welche ökonomische Rolle Kreditsicherheiten und Restrukturierungs-Know-how spielen, wenn der Bank ex post die Gefahr der strategischen Zahlungsverweigerung droht und sie ex ante den Schuldnertyp nicht beobachten kann. Das Resultat, wonach das Risiko der Zahlungsverweigerung dazu führt, dass Besicherung für den schlechten Schuldner attraktiver ist als für den guten, hat sich als sehr sensitiv gegenüber dem Informationsstand der Bank erwiesen. Tritt neben die Unbeobachtbarkeit der Projektergebnisse auch Unbeobachtbarkeit des Schuldnertypen, bestätigen die Ergebnisse vielmehr das dominierende Resultat in der theoretischen Literatur zur Kreditbesicherung. Der Schuldner mit dem geringen Risiko setzt sich vom schlechten Schuldner durch das Stellen von Kreditsicherheiten ab.

Obwohl es die statische Natur des Modells nicht erlaubt, die Auswirkungen einer langandauernden Kreditbeziehung auf die asymmetrische Information zwischen Bank und Unternehmer tatsächlich abzubilden, wagen wir dennoch eine Vermutung. Womöglich ist die andauernde Debatte in der empirischen Literatur über die Frage, welcher Typ nun stärker (eher) besichert - der hochriskante oder der mit wenig Risiko behaftete Schuldner - durch eine stärkere Auffächerung der üblichen Querschnittsanalysen zu beantworten. Das Besicherungsverhalten bei Erstverträgen ist wahrscheinlich ein anderes, als das bei bereits lang andauernden Kreditbeziehungen. In jedem Fall scheint uns die explizite Modellierung des sich im Laufe der Kreditbeziehung verändernden Grades an Informationsasymmetrie und der daraus resultierenden Konsequenzen für die Kreditbesicherung, ein vielversprechendes Feld für zukünftige Forschung zu sein.

Als zweites legen unsere Resultate nahe, dass Banken bei Erstverträgen mit geringen Besicherungsvolumina auch eine geringe finanzielle Konzessionsbereitschaft bei Zahlungsschwierigkeiten und eine hohe Bereitschaft zur realwirtschaftlichen Restrukturierung an den Tag legen. Im Rahmen unseres Modells weist diese Art von Kreditverträgen hochriskante Schuldner aus. Bezogen auf diese Risikoklasse sind solche Kontrakte die beste Antwort der Banken auf den doppelten Informationsnachteil. Unnachgiebigkeit und hohe Übernahmebereitschaft sollten dabei umso eher beobachtbar sein, je geringer die Banken ex ante den Wert der Besicherungsgüter einstufen.

A. Appendix zu Kapitel 4

Korollar 4.4.1

Beweis
Mit $W = \bar{W}$ gilt $\beta'' = \bar{\beta}_{g0}$. $\beta = \beta''$ und $W = \bar{W}$ implizieren somit

$$-\frac{1-p_g}{p_g} = -\frac{1-\bar{p}+\bar{p}\bar{d}_0}{\bar{p}(1-\bar{d}_0)}\beta$$

und $\Pi_g(R_0(0), 0) = \Pi_g(\bar{R}_0, W)$. Aus $\partial \beta''/\partial W > 0$ folgt $\beta'' > \bar{\beta}_{g0}$ für alle $W > \bar{W}$. Falls $\beta = \beta''$ ist, und $W > \bar{W}$ gilt, muss daher

$$\Pi_g(R_g^+, W) = \Pi_g(\bar{R}_0, W) > \Pi_g(R_0(0), 0)$$

gelten. Mit (4.9) gilt für ein gegebenes W

$$\Pi_g(R_g^+, W) = con \quad \forall \quad \beta > \beta'.$$

Zudem ist auch $\Pi_g(R_0(0), 0)$ unabhängig von β. Da aus (4.8) für ein gegebenes W

$$\frac{\partial \Pi_g(\bar{R}_0, W)}{\partial \beta} > 0$$

folgt, ist im gesamten Intervall $\beta \in (\beta', \beta'')$ entweder

$$\Pi_g(R_g^+, W) > \Pi_g(\bar{R}_0, W) > \Pi_g(R_0(0), 0)$$

oder

$$\Pi_g(R_g^+, W) > \Pi_g(R_0(0), 0) > \Pi_g(\bar{R}_0, W)$$

erfüllt. Beides zusammen impliziert

$$\Pi_g(R_g^+, W) > \Pi_g(R_0(C), C) \text{ falls } W > \bar{W}.$$

Das separierende Gleichgewicht mit positiven Bankgewinnen ist für alle $W > \bar{W}$ ein Nash-Gleichgewicht.[1]   △

---

[1] $W > \bar{W}$ garantiert allerdings nicht, dass die Separierungsgleichgewichte von Proposition 4.4.1 Nash-Gleichgewichte sind.

Proposition 4.4.4

Beweis

Wir beginnen zunächst mit $\beta < \beta'$ und beweisen, dass $[(R_{g0}^*, C_{g0}^*), (R_{b0}^*, 0)]$ für $S > \hat{S}_b$ das einzige Gleichgewicht ist. Aus (4.12),

$$\Pi_b(R_{bS}^*, 0) = \Pi_b(R_{b0}^*, 0), \quad S = \hat{S}_b,$$

$$\frac{\partial R_{jS}(C)}{\partial S} > 0$$

und

$$-\frac{1 - p_j + p_j d_{j0}}{p_j(1 - d_{j0})}\beta \quad < \quad -\frac{1 - p_j}{p_j}\beta \tag{A.1}$$

folgt

$$\Pi_b(R_{bS}(C), C \leq W) < \Pi_b(R_{b0}^*, 0) \quad \forall \ S > \hat{S}_b.$$

Somit bevorzugt Schuldner b den Wiederverhandlungskontrakt $(R_{b0}^*, 0)$ strikt gegenüber jedem Restrukturierungskontrakt $(R_{bS}(C), C)$, wenn $S > \hat{S}_b$.

Nun ist zu zeigen, dass auch Typ g den Restrukturierungskontrakt für $S > \hat{S}_b$ ablehnt. Wir betrachten dazu den Restrukturierungsvertrag im Pooling-Fall. Mit $(R_{\hat{S}_b}(C), C)$ sei der zum Kostenniveau $S = \hat{S}_b$ gehörende Pooling-Kontrakt bezeichnet. Da $R_{b0}^* > R_S(C)$ für $S = \hat{S}_b$ würde Typ b jeden Pooling-Kontrakt $(R_{\hat{S}_b}(C), C)$ zeichnen, wenn er angeboten würde. Folglich kommt es zum Vereinigungsgleichgewicht, wenn der gute Schuldner den Restrukturierungskontrakt $(R_{\hat{S}_b}(C), C)$ akzeptiert. Zu prüfen ist also, ob Typ g ein solches Vereinigungsgleichgewicht dem Menü $[(R_{g0}^*, C_{g0}^*), (R_{b0}^*, 0)]$ vorziehen würde. Einsetzen von $k = S$ und $k = 0$ in (4.4), Berücksichtigung von $C = 0$ und Gleichsetzen der resultierenden Ausdrücke ergibt

$$\bar{S} \equiv \frac{\bar{d}_0}{1 - \bar{d}_0}(I - x_l).$$

Mit $\bar{d}_0 < d_{b0}$ ist $\bar{S} < \hat{S}_b$. Für $S = \bar{S}$ gilt

$$\Pi_g(R_0(0), 0) = \Pi_g(R_S(0), 0), \tag{A.2}$$

so dass Typ g gerade indifferent zwischen den beiden Typen von Pooling-Kontrakten ist. Das Nash-Gleichgewicht in Proposition 4.4.1 impliziert jedoch

$$\Pi_g(R_{b0}^*, 0) < \Pi_g(R_0(0), 0) < \Pi_g(R_{g0}^*, C_{g0}^*). \tag{A.3}$$

Wegen

$$-\frac{1 - \bar{p} + \bar{p}\bar{d}_0}{\bar{p}(1 - \bar{d}_0)}\beta < -\frac{1 - \bar{p}}{\bar{p}}\beta \tag{A.4}$$

folgt aus (A.2) und (A.3) für $S = \bar{S}$:

$$\Pi_g(R_S(C), C) < \Pi_g(R^*_{g0}, C^*_{g0}). \tag{A.5}$$

Mit $\hat{S}_b > \bar{S}$ resultiert aus der Monotonie von (4.2) und (A.4) in S

$$\frac{I + \hat{S}_b - (1-\bar{p})(x_l + \beta C)}{\bar{p}} > \frac{I + \bar{S} - (1-\bar{p})(x_l + \beta C)}{\bar{p}} \geq R_0(C)$$

$$R_{\hat{S}_b}(C) > R_{\bar{S}}(C) \geq R_0(C).$$

Wegen (A.5) muss dann für $S = \hat{S}_b$ immer $\Pi_g(R_{\hat{S}_b}(C), C) < \Pi_g(R^*_{g0}, C^*_{g0})$ gelten. Der Pooling-Kontrakt $(R_{\hat{S}_b}(C), C)$ zieht nur schlechte Schuldner an und verletzt E1. Folglich wird er niemals angeboten.

Wir betrachten nun einen separierenden Restrukturierungskontrakt und gehen zunächst davon aus, dass die Kosten $\hat{S}_g = d_g/(1-d_g)(I-x_l)$ betragen.[2] Wegen (A.1) und (4.10) muss der anreizkompatible Kontrakt $(R^*_{g\hat{S}_g}, C^*_{g\hat{S}_g})$ dem ebenfalls anreizkompatiblen Kontrakt (R^*_{g0}, C^*_{g0}) unterlegen sein. Da $\hat{S}_g < \hat{S}_b$ und $\Pi_g(R^*_{gS}, C^*_{gS})$ monoton mit S abnimmt, ist es offensichtlich, dass Typ g beim Kostenniveau $S > \hat{S}_b > \hat{S}_g$ auch den separierenden Restrukturierungskontrakt nicht vorzieht. Folglich ist mit Restrukturierungskontrakten kein profitabler Marktzutritt möglich. Das Gleichgewicht für $S > \hat{S}_b$ und $\beta < \beta'$ wird durch Proposition 4.4.1 beschrieben. Wenden wir uns nun $\beta' < \beta < \beta''$ zu. Aus

$$\Pi_b(R^*_{bS}, 0) = \Pi_b(\bar{R}_0, W) = \Pi_b(R^+_g, W) \quad S = \hat{S}_b,$$

der Monotonie von $R_{bS}(C)$ in S und Proposition 4.4.2 folgt unmittelbar, dass Typ b den Restrukturierungskontrakt ablehnt, falls $S > \hat{S}_b$. Da jeder Pooling-Kontrakt mit Restrukturierungs-Know-how für $S > \hat{S}_b$ unattraktiver ist als ein Pooling-Kontrakt ohne das Know-how und zudem gemäß Proposition 4.4.2

$$\Pi_g(R^+_g, W) \geq \Pi_g(\bar{R}_0, W)$$

gilt, weist auch Typ g für $\beta' < \beta < \beta''$ und $S > \hat{S}_b$ den Restrukturierungskontrakt zurück.

Für $\beta > \beta''$ folgt aus (4.8)

$$\Pi_b(R^*_{bS}, 0) < \Pi_b(\bar{R}_0, W) \quad \text{falls} \quad S = \hat{S}_b$$

Außerdem gilt $\bar{R}_0 < R^+_g$ in diesem Intervall. Letzteres führt unmittelbar zu

$$\Pi_g(R^+_g, W) < \Pi_g(\bar{R}_0, W),$$

womit die Behauptung bewiesen ist. △

---

[2] Man erinnere sich, dass $\hat{S}_g$ das kritische Kostenniveau für den Fall der Beobachtbarkeit des Schuldnertyps darstellt, wobei vorausgesetzt wird, dass Typ g nicht besichert.

Proposition 4.4.5

1. Wir analysieren zunächst $\beta \leq \beta'$. Mit $S > \tilde{S}_g$ impliziert (4.13)

$$R_{g0}(C) < R_{gS}(C) \quad \forall \quad C > \tilde{C}_g.$$

Da Lemma 4.4.1 für jedes S gilt, folgt aus den Steigungen von (4.12) und (4.13), dass im Bereich $S \in [\tilde{S}_g, \hat{S}_b]$ ein Paar von anreizkompatiblen Menüs,

$$[(\hat{R}^*_{g0}, \hat{C}^*_{g0}), (R^*_{bS}, 0)], [(R^*_{gS}, C^*_{gS}), (R^*_{bS}, 0)], \qquad (A.6)$$

existieren muss, das E1 gehorcht. Aus (4.10) und der Tatsache, dass (4.6) in beiden Menüs bindet, folgt jedoch direkt

$$\Pi_g(R^*_{gS}, C^*_{gS}) < \Pi_g(\hat{R}^*_{g0}, \hat{C}^*_{g0}) \quad \forall \quad S \in [\tilde{S}_g, \hat{S}_b],$$

so dass nur Menü $[(\hat{R}^*_{g0}, \hat{C}^*_{g0}), (R^*_{bS}, 0)]$ auch mit E2 und E3 vereinbar ist. Im Intervall $\beta \in [\beta', \beta'' < \tilde{\beta}]$ muss wegen der linearen Abnahme von S_{gW} in β und $S_{gW}(\beta') = \hat{S}_b$ ein Kostenbereich $S \in [S_{gW}, \hat{S}_b]$ existieren. Aus der Monotonie von (4.12) in S folgt unmittelbar

$$\hat{R}^+_g < \bar{R}_0 \quad \text{und damit} \quad \Pi_g(\hat{R}^+_g, W) > \Pi_g(\bar{R}_0, W) \quad \forall \quad S \in [S_{gW}, \hat{S}_b).$$

Der schlechte Schuldner wählt in diesem Intervall wegen $R^*_{bS} < R_{b0}(0)$ den Restrukturierungskontrakt $(R^*_{bS}, 0)$. Da mit $W > \tilde{W}$ der gute Schuldner $(\bar{R}_0, W)$ eindeutig gegenüber $(R_0(C), C)$, präferiert, ist das Menü $[(R^*_{bS}, 0), (\hat{R}^+_g, W)]$ das einzige Gleichgewicht. Aus den gleichen Gründen wie in Satz 4.4.2 erzielt die Bank in diesem Fall positive Profite. Jeder andere Kontrakt, der die Bankgewinne reduzieren könnte, würde auch die schlechten Schuldner anziehen und Verluste generieren. Mit $S \in [\tilde{S}_g, S_{gW})$ existiert ein Paar von anreizkompatiblen Menüs, wie in (A.6) beschrieben. Damit gehorcht in diesem Bereich nur $[(\hat{R}^*_{g0}, \hat{C}^*_{g0}), (R^*_{bS}, 0)]$ Bedingung E2 und E3.

2. Im Intervall $S \in (0, \tilde{S}_g]$ impliziert $\partial R_{gS}(C)/\partial S > 0$

$$R_{g0}(C) > R_{gS}(C) \quad \forall \quad C < \tilde{C}_g.$$

Wegen (4.10) gilt dann für jedes Paar von anreizkompatiblen Menüs

$$[(\hat{R}^*_{g0}, \hat{C}^*_{g0}), (R^*_{bS}, 0)], [(R^*_{gS}, C^*_{gS}), (R^*_{bS}, 0)]$$

die Ungleichung

$$\Pi_g(R^*_{gS}, C^*_{gS}) > \Pi_g(\hat{R}^*_{g0}, \hat{C}^*_{g0}).$$

Folglich erfüllt nur das Menü $[(R^*_{gS}, C^*_{gS}), (R^*_{bS}, 0)]$ auch E2 und E3.

△

Lemma 4.4.2

Beweis
Ersteres folgt mit $\bar{p} < p_g$ aus

$$\frac{\partial \beta_P}{\partial \mu} = -(1 - p_b) \frac{(p_g - p_b)(I - x_l - W)(\alpha_h x_h - x_l)}{(p_b \alpha_h x_h + (1 - p_b)\alpha_l x_l - x_l) W (\bar{p} - 1)^2} < 0.$$

Ableitung von S_P und S_{bW} und Einsetzen von $\mu = 0$ ergibt

$$\frac{\partial S_P}{\partial \beta} = -\infty < \frac{\partial S_{bW}}{\partial \beta} = -W \frac{p_b(1 - p_b(1 - d_b))}{p_b(1 - d_b)}.$$

$\mu = 1$ garantiert wegen $z_b \equiv p_b \alpha_h x_h + (1 - p_b)\alpha_l x_l - x_l > 0$

$$-W \frac{p_b(1 - p_g)}{p_g - p_b} < -W \frac{p_b(1 - p_g(1 - d_g))}{p_g(1 - d_g)}. \quad (A.7)$$

Das impliziert wegen der Monotonie der beiden Ableitungen in μ

$$\frac{\partial S_P}{\partial \beta} = -W \frac{p_b(1 - \bar{p})}{\bar{p} - p_b} < \frac{\partial S_{bW}}{\partial \beta} = -W \frac{p_b(1 - \bar{p}(1 - \bar{d}_0))}{\bar{p}(1 - \bar{d}_0)} \quad \forall \ \mu \in [0, 1]$$

und damit $S_P \leq S_{bW}$ falls $\beta \geq \beta_P$ und $S_P > S_{bW}$ falls $\beta < \beta_P$. $W = I - x_l$ führt zu $\tilde{\beta} = 1$ und $S_{bW} = \tilde{S}_g = S_P = 0$. Einsetzen von β_P in S_P liefert wegen $z_b > 0$ für alle $W > I - x_l$

$$S_P = S_{bW} = \frac{\bar{d}_0 \bar{p}(1 - p_b)(I - x_l - W)}{p_b - p_b \bar{p} - (1 - p_b)\bar{d}_0 \bar{p}} > 0.$$

△

Proposition 4.4.6

Beweis
Im Intervall $\beta \in [\beta'', \tilde{\beta}]$ ist $S_{bW} > S_{gW} > \tilde{S}_g$. Aus der Definition von S_{bW} folgt unmittelbar, dass mit $S = S_{bW}$

$$\Pi_b(R_{bS}^*, 0) = \Pi_b(\bar{R}_0, W) > \Pi_b(\hat{R}_g^+, W)$$

ist. Wegen der Monotonie von $R_{jS}(C)$ in S zieht Typ b den Restrukturierungskontrakt für alle $S \leq S_{bW}$ dem Pooling-Kontrakt $(\bar{R}_0, W)$ strikt vor.

Nun zeigen wir, dass Typ g den Restrukturierungskontrakt für $\tilde{S}_g < S < S_{bW}$ ablehnt. Für $S_{gW} < S < S_{bW}$ gilt

$$R_{g0}(W) < \hat{R}_g^+ < \bar{R}_0 \tag{A.8}$$

und damit $\Pi_g(\hat{R}_g^+, W) > \Pi_g(\bar{R}_0, W)$. Wir unterscheiden nun zwei Fälle. Im ersten Fall ist β so, dass für jedes $S \leq S_{bW}$ ein anreizkompatibles Menü gemäß Lemma 4.4.1 möglich ist. (4.13) und $-p_b/(1-p_b) < 0$ stellen dann sicher, dass es ein Kontraktpaar (R_{gS}^*, C_{gS}^*) und $(\hat{R}_g^+, W)$ geben muss, so dass Bedingung (4.6) mit Gleichheit erfüllt ist,

$$\Pi_b(R_{bS}^*, 0) = \Pi_b(R_{gS}^*, C_{gS}^*) = \Pi_b(\hat{R}_g^+, W). \tag{A.9}$$

Aus (4.10) folgt jedoch

$$\Pi_g(\hat{R}_g^+, W) > \Pi_g(R_{gS}^*, C_{gS}^*) \tag{A.10}$$

d.h. Typ g präferiert strikt das Menü $[(R_{bS}^*, 0), (\hat{R}_g^+, W)]$ gegenüber dem Menü $[(R_{bS}^*, 0), (R_{gS}^*, C_{gS}^* < W)]$. Es bleibt zu zeigen, dass das Menü $[(R_{bS}^*, 0), (\hat{R}_g^+, W)]$ den Eigenschaften E1-E3 gehorcht. E1 ist für Typ b erfüllt, da sein Kontrakt $R_{bS}(C)$ erfüllt. E1 gilt ebenfalls für Typ g da $S_{bW} > S > S_{gW}$ zu $\hat{R}_g^+ > R_{g0}(W)$ führt und folglich $G_{g0} > 0$ ist. Wegen (4.10) würde jedes alternative Menü, welches beide Typen präferieren, sofort einen Pooling-Kontrakt induzieren. In diesem ersten Fall folgt jedoch aus Lemma 4.4.1 direkt, dass Pooling bei einem Restrukturierungskontrakt dem Separierungsgleichgewicht $[(R_{bS}^*, 0), (R_{gS}^*, C_{gS}^* < W)]$ strikt unterlegen ist. Der Pooling-Kontrakt mit Nachverhandlung, $(R_0(C), C)$, zieht wegen $W > \bar{W}$ und damit $\beta > \bar{\beta}_{g0}$ nur hochriskante Schuldner an. Das bedeutet sichere Verluste für den Anbieter und E2 ist ebenfalls erfüllt. Somit ist

$$[(R_{bS}^*, 0), (\hat{R}_g^+, W)] \quad \forall \quad S \in (S_{gW}, S_{bW})$$

ein Nash-Gleichgewicht.

Im zweiten Fall ist β so, dass anreizkompatible Menüs im Sinne von Lemma 4.4.1 für einige $S \in (S'_{bW}, S_{bW})$ mit $S = S'_{bW} > S_{gW}$ nicht möglich sind. (4.10) und

$$-\frac{1-p_g}{p_g}\beta > -\frac{1-p_b}{p_b}$$

implizieren, dass in diesem Intervall jeder Restrukturierungskontrakt $(R_{gS}(C), C \leq W)$, den Typ g strikt gegenüber einem Wiederverhandlungskontrakt $(\hat{R}_g^+, W)$ mit $\hat{R}_g^+ < \bar{R}_0$ bevorzugt, ebenso strikt von Typ b bevorzugt wird. Folglich kann mit $S \in (S'_{bW}, S_{bW})$ nur ein Pooling-Kontrakt mit Restrukturierungs-Know-how E1 erfüllen. Wegen Lemma 4.4.2 muss für alle $\beta \leq \tilde{\beta}$ die Ungleichung $S_P > S_{bW}$ und damit $\bar{R}_S > \bar{R}_0$ zutreffen. Aus $\hat{R}_g^+ < \bar{R}_0$ für alle $S_{gW} < S < S_{bW}$ resultiert

$$\Pi_g(\hat{R}_g^+, W) > \Pi_g(\bar{R}_0, W) > \Pi_g(\bar{R}_S, W).$$

Für $S \in (S'_{bW}, S_{bW})$ kann daher nur das Menü

$$[(R^*_{bS}, 0), (\hat{R}_g^+, W)]$$

ein Gleichgewicht sein (falls es existiert). Falls $S \in (S_{gW}, S'_{bW}]$ ist, ist annahmegemäß ein Separierungsgleichgewicht im Sinne von Lemma 4.4.1 möglich und (A.9)-(A.10) gelten analog.[3] Mit $S < S_{gW}$ übersteigt der zur Separierung benötigte Wohlstand niemals W. Somit gilt der entsprechende Beweis aus Proposition 4.4.5. △

Proposition 4.4.7

Beweis
Mit $\beta > \tilde{\beta}$ gilt

$$R_{gS}(C) < R_{g0}(C) \quad \forall \ C \in [0, W]. \tag{A.11}$$

Bei jedem Kostenniveau $S_{bW} > S > S_P$ präferiert der gute Schuldner jeden Pooling-Kontrakt $(\bar{R}_S, W)$ gegenüber jedem separierenden Kontrakt $(\hat{R}_g^+, W)$. Das ergibt sich unmittelbar aus

$$\bar{R}_0 > \hat{R}_g^+ > \bar{R}_S \quad \forall \ S_{bW} > S > S_P. \tag{A.12}$$

Für $S_{bW} > S > S_P$ ist E2 nur durch einen Pooling-Kontrakt mit Restrukturierungs-Know-how erfüllbar. Falls $S > \varrho S_{bW} + (1 - \varrho) S_P$ ist, wählen folglich beide Typen die Pooling Variante, da mit (4.12) entweder

$$\hat{R}_g^+ > \bar{R}_0 \quad \text{oder} \quad \hat{R}_g^+ > \bar{R}_S$$

gilt. Für $S < \varrho S_{bW} + (1 - \varrho) S_P$ gelten die Ungleichungen in der umgekehrten Richtung. Für diesen Fall folgt aus (A.11), dass Typ g den Restrukturierungskontrakt $(\hat{R}_g^+, W)$ mit positiven Gewinnen für die Bank strikt jedem Wiederverhandlungskontrakt vorzieht.[4] Das Gleichgewichtsmenü für $S < S'_{gW}$ folgt

---

[3] Aus (4.2), $k = S$ und (4.12) ergibt sich

$$\frac{dR_S(C)}{dS} = \frac{1}{\bar{p}} \quad \text{und} \quad \frac{dR(C, S)}{dS} = \frac{1}{p_b}.$$

Ist $[(R^*_{bS}, 0), (\hat{R}_g^+ = \bar{R}_0 - \epsilon, W)]$, $\epsilon \to 0$ ein Nash-Gleichgewicht, so garantiert die Ungleichung $\bar{p} > p_b$, dass im Bereich $S \in [S_{gW}, S_{bW})$ jedes anreizkompatible separierende Menü $[(R^*_{bS}, 0), (\hat{R}_g^+, W)]$ ein eindeutiges Nash-Gleichgewicht ist.

[4] Es sei an dieser Stelle daran erinnert, dass $\hat{R}_g^+$ durch Einsetzen von $C = W$ in (4.12) definiert ist.

dann direkt aus der Definition von S'_{gW} und Lemma 4.4.1. $C^*_{gS} < W$ für alle $S < S'_{gW}$ ergibt sich aus der positiven Steigung von (4.13).

△

Korollar 4.4.2

Beweis
Die Behauptung ergibt sich direkt aus

$$\frac{\partial(\varrho S_{bW} + (1-\varrho) S_P)}{\partial \beta} < 0.$$

Proposition 4.4.8

Beweis
Gleichsetzen von π_G und π_B und Isolieren von S erlaubt uns die Definition

$$S_M \equiv \frac{\bar{p}\,\bar{d}_0\, d_{g0}}{\bar{p}\bar{d}_0 - p_b\, d_{g0}}(x_h - x_l)(p_g - p_b).$$

Es gilt

$$\pi_G > \pi_B \Leftrightarrow S < S_M$$
$$\pi_B > \pi_G \Leftrightarrow S > S_M.$$

Wir betrachten zunächst den Fall $S < S_M$. Mit $\pi > \pi_G$ wird niemals und mit $\pi < \pi_B$ immer ein Restrukturierungsvertrag angeboten. Mit Hilfe des Gewinnmaximierungskalküls definieren wir drei kritische Niveaus für den Reservationsnutzen: $\pi_n(I)$. Mit $\pi_n(I)$ ist die Monopolbank jeweils indifferent zwischen einem Vereinigungs- und einem Trennungsgleichgewicht.

$$G_0 = G_{g0} \Rightarrow \pi_1 \equiv p_b \frac{(x_h - x_l)(\bar{p}(1 - \bar{d}_0) - \mu p_g(1 - d_{g0})) - (I - x_l)(1 - \mu)}{\bar{p}(1 - \bar{d}_0) - \mu p_b(1 - d_{g0})}$$

$$G_0 = G_{gS} \Rightarrow \pi_2 \equiv p_b \frac{(x_h - x_l)(\bar{p}(1 - \bar{d}_0) - \mu p_g) - (I - x_l)(1 - \mu) + S\mu}{\bar{p}(1 - \bar{d}_0) - \mu p_b}$$

$$G_S = G_{gS} \Rightarrow \pi_3 \equiv p_b \frac{(x_h - x_l)(\bar{p} - \mu p_g) - (I + S - x_l)(1 - \mu)}{\bar{p} - \mu p_b}.$$

Die Funktionen π_n, $n \in \{1,2,3\}$ schneiden sich an den jeweiligen Intervallgrenzen π_G und π_B. Es gilt

$$G_0 \leq G_{g0} \Leftrightarrow \pi \geq \pi_1 \geq \pi_G$$
$$G_0 \leq G_{gS} \Leftrightarrow \pi_G > \pi \geq \pi_2 > \pi_B,$$
$$G_S \leq G_{gS} \Leftrightarrow \pi_B > \pi \geq \pi_3 > 0.$$

Im ersten Fall werden Schuldner durch einen Nachverhandlungskontrakt getrennt, in den beiden folgenden Fällen durch einen Restrukturierungskontrakt. Durch Bildung der Umkehrfunktionen

$$I = f^{-1}(\pi_n), \; n \in \{1,2,3\}, \; I > W + x_l$$

ist für jeden gegebenen Reservationsnutzen leicht zu überprüfen, dass die Bank die riskanten Schuldner immer dann aus dem Markt zwingt, wenn $I > f^{-1}(\pi_n)$ gilt. Die Separierung mittels Restrukturierungsvertrag für alle $\pi < \pi_G$ und $I > f^{-1}(\pi_n)$ ergibt sich unmittelbar aus $G_{gS} > G_{g0} \, \forall \, \pi < \pi_G$.[5] Ebenso folgt für $I < f^{-1}(\pi_n)$ das Pooling der Schuldner bei einem Restrukturierungsvertrag aus $G_S > G_0 \, \forall \, \pi < \pi_B$.

Wir wenden uns nun dem Kostenniveau $S > S_M$ zu. Hier wird bei $\pi > \pi_B$ niemals und bei $\pi < \pi_G$ immer ein Restrukturierungsvertrag angeboten. Es gilt

$$G_0 = G_{g0} \Rightarrow \pi = \pi_1$$
$$G_S = G_{g0} \Rightarrow \pi = \pi_2' \equiv p_b \frac{(x_h - x_l)(\bar{p} - \mu p_g(1 - d_{g0})) - (I - x_l)(1 - \mu) - S}{\bar{p} - \mu p_b(1 - d_{g0})}$$
$$G_S = G_{gS} \Rightarrow \pi = \pi_3.$$

Auch hier schneiden sich die Funktionen $\pi_n, \; n \in \{1,2,3\}$ an den jeweiligen Intervallgrenzen. Daraus lässt sich

$$G_0 \leq G_{g0} \Leftrightarrow \pi \geq \pi_1 \geq \pi_B$$
$$G_S \leq G_{g0} \Leftrightarrow \pi_B > \pi \geq \pi_2' > \pi_G,$$
$$G_S \leq G_{gS} \Leftrightarrow \pi_G > \pi \geq \pi_3 > 0$$

ableiten. In den beiden ersten Fällen werden Schuldner durch einen Nachverhandlungskontrakt getrennt, im letzten Fall durch einen Restrukturierungskontrakt. Die Separierung mittels Restrukturierungsvertrag für alle $\pi < \pi_G$ und $I > f^{-1}(\pi_n)$ ergibt sich wiederum unmittelbar aus $G_{gS} > G_{g0} \, \forall \, \pi < \pi_G$. Das Pooling der Schuldner bei einem Restrukturierungsvertrag für $I < f^{-1}(\pi_n)$ und $\pi < \pi_B$ folgt aus $G_S > G_0$. △

---

[5] Man beachte, dass $\pi_G > 0$ nicht existiert, wenn S sehr groß ist. In diesem Fall ist ein Restrukturierungskontrakt immer an Pooling geknüpft.

5. Unternehmenskontrolle und Standardfinanzierungsinstrumente

5.1 Einführung

Wir verlassen in diesem Kapitel den Bereich der eher indirekten Investorkontrolle mittels Kreditsicherheiten und Restrukturierungs-Know-how und wenden uns der direkten Investorkontrolle zu. Calomiris (1998) folgend verstehen wir darunter die direkte Beeinflussung von strategischen Entscheidungen durch Stimmrechte aus Beteiligungen sowie durch andere, ex ante feststehende Kontrollrechte.

Im Zentrum dieses Kapitels steht die Frage, wie Kontroll- und Cash-flow-Rechte alloziiert werden sollten, wenn diese Entscheidungen nicht kontrahierbar sind? Die Antwort entwickeln wir im Rahmen eines einfachen Modells. Dazu betrachten wir einen Eigner/Manager mit einer Projektidee. Der Manager hat keine eigenen Mittel, so dass externe Investoren die Anschaffungsausgabe finanzieren müssen. Das Projekt liefert nach zwei Perioden einen stochastischen Ertrag. Nachdem er die Investition getätigt hat, wählt der Manager sein Leistungniveau, welches die Erfolgswahrscheinlichkeit des Projektes beeinflusst. Danach realisiert sich der Zustand der Welt, den sowohl die Finanziers (Investoren) als auch der Manager beobachten können. In Abhängigkeit vom Zustand der Welt ist nun zu entscheiden, ob eine eher sichere oder eine eher riskante endgültige Projektvariante durchgesetzt werden soll. Da der Zustand der Welt nicht verifizierbar ist, kann auch die Projektwahl ex ante nicht kontrahiert werden. Welche der Varianten realisiert wird, hängt von zwei Dingen ab. Erstens ist entscheidend, wer die Wahl trifft, Investor oder Manager. Wir bezeichnen die Zuordnung des Wahlrechts im Folgenden als Kontrollregime. Zweitens wird die Projektentscheidung durch die Anreizeffekte der kontrahierten Cash-flow-Rechte bestimmt. Ziel dieses Kapitels ist es, jene Kombination von Kontrollregime und Finanzierungsinstrument zu identifizieren, welche die Verzerrung der Arbeitsanreize des Managers minimiert.

Um sich das Problem plastisch klarzumachen, stelle man sich als zweiperiodiges Investitionsprojekt ein vermietbares Gebäude vor. Der Manager plant, bei Auszahlung der Mittel zunächst ein vergleichsweise riskantes Geschäftszentrum mit Büros zu erstellen. Bis die erste Bauphase abgeschlossen ist, vergeht jedoch Zeit. Die Erfolgsaussichten des Projektes können sich durch die bis dahin gezeigte Projektentwicklungsleistung des Managers und durch konjunkturelle Einflüsse stark verändert haben. Deshalb ist es geboten, nach Abschluss der ersten Bauphase noch einmal neu über die endgültige Ausrichtung des Projektes nachzudenken. Man stelle sich nun vor, zu diesem Zeitpunkt bestünde noch die Möglichkeit, das Projekt zu einem (weniger riskanten) Mietshaus mit Privatwohnungen weiterzuentwickeln. Und man stelle sich weiter vor, dass es bei erfolgreicher Entwicklungsarbeit des Managers und guten Konjunkturaussichten tatsächlich am vorteilhaftesten sei, an dem vergleichsweise riskanten Geschäftszentrum festzuhalten. Bei schlechten Aussichten sei es jedoch besser, sich für das risikoärmere Mietshaus zu entscheiden. Uns interessiert nun, welcher Finanzierungsvertrag und welches Kontrollregime Folgendes bewirkt. Erstens soll der Manager dazu veranlasst werden, durch eigenen Einsatz möglichst hohe Erfolgsaussichten für das riskante, aber im Erfolgsfall auch sehr ertragreiche, Geschäftszentrum zu schaffen. Zweitens sollen Finanzierungsvertrag und Kontrollregime aber auch sicherstellen, dass bei einem Misserfolg der Manageranstrengungen die dann überlegene, und vergleichsweise sichere, Alternative Mietshaus durchgesetzt wird.

Bei der Analyse konzentrieren wir uns ausschließlich auf die Standardfinanzierungsinstrumente Beteiligungskontrakt, Kreditkontrakt oder Mischkontrakt. Dabei verstehen wir unter einem Mischkontrakt einen Vertrag, bei dem der Investor sowohl mit einer Beteiligungs- als auch einer Kreditkomponente kompensiert wird. Diese Abweichung von der Security-design-Literatur, was die Cash-flow-Rechte der Finanziers angeht, nehmen wir bewusst in Kauf, eingedenk der überragenden Rolle, die die Standardinstrumente nach wie vor in der Unternehmensfinanzierung spielen. Allerdings hat sie auch ihre Kosten. Da wir nicht-standardisierte Cash-flow-Rechte ignorieren, können wir nicht ausschließen, dass die von uns identifizierte beste Allokation von Cash-flow- und Kontrollrechten nicht optimal ist. Deshalb sprechen wir im Folgenden meist nicht von einer optimalen Allokation, sondern von einer bei gegebenen Finanzierungsinstrumenten dominanten Kombination von Cash-flow-Rechten und Kontrollregime.

Unser spezielles Interesse gilt der in Deutschland häufig anzutreffenden Kombination von Bankkontrolle über Unternehmensentscheidungen und Mischfinanzierung (Franks/Mayer 1997, Saunders/Walter 1994, Neuberger 1994). Mit Bankkontrolle meinen wir in diesem Kapitel nicht die Kontrolle des Kreditgebers über die Entscheidungen eines zahlungsunfähigen Unternehmens wie sie via Insolvenzrecht herbeigeführt wird. Was uns hier interessiert, ist die ex ante feststehende Kontrolle von Banken über strategische Unternehmensentscheidungen.

Da es uns um die effiziente Kombination von Cash-flow- und Kontrollrechten geht, lassen wir jegliche Zuordnung von Kontrollrechten zu den Standardfinanzierungsinstrumenten zu. Dies widerspricht etwas dem üblichen Verständnis, das man von Standardfinanzierungsinstrumenten hat, deckt sich aber mit der Vorstellung, dass die Finanziers neben der Ausübung eigener, aus Beteiligungsfinanzierung stammender Stimmrechte in der Regel eine Vielzahl von Möglichkeiten haben, Unternehmenskontrolle auszuüben. Bei Banken denke man dabei nur an das Institut des Depotstimmrechtes oder an die Vielzahl von Aufsichtsratsmandaten, die Bankenvertretern offenstehen.

Mit dieser Fokussierung auf ex ante festzulegende Kontrollrechte setzen wir uns bewusst von der Literatur ab, die den *zustandsabhängigen* Wechsel in der Unternehmenskontrolle analysiert. Wir glauben, dass wir mit unserer Festlegung die eher unspektakulären Finanzierungsbeziehungen zwischen Bank und Unternehmer abbilden; unspektakulär deshalb, weil implizit oder explizit bereits beim Vertragsabschluss festgelegt wird, wer in den strategisch entscheidenden Momenten der Finanzierungsbeziehung seine Vorstellung durchsetzen kann, ohne dass ein so dramatisches Ereignis eintreten muss wie der vollständige Wechsel der Eigentümerschaft.

Wir unterscheiden zwischen passiven und aktiven Investoren. Aktive Investoren sind solche, die das Kontrollrecht wahrnehmen können. Als passive Investoren bezeichnen wir Finanziers, die weder Kontrollrechte ausüben wollen noch können. Aufgrund ihrer dominierenden Rolle auf dem Markt für Unternehmensfinanzierung denken wir bei den aktiven Investoren in erster Linie an Banken als Investoren.[1] Bei der Gruppe der passiven Investoren stellen wir uns reine Portfolioinvestoren vor, die ihre Mittel über einen anonymen Kapitalmarkt zur Verfügung stellen. Anonymität und die pure Vielzahl der Akteure dürfte hier koordiniertes Vorgehen und damit die Wahrnehmung von Kontrollrechten unmöglich machen (Rajan 1992).

Wir zeigen in diesem Kapitel, dass Mischkontrakte, gekoppelt mit *zustandsunabhängiger* Bankkontrolle effiziente Instrumente zur Maximierung des Unternehmenswertes sein können. Entscheidend ist die Größe des Finanzierungsbedarfs. Die Kombination aus Bankkontrolle und Mischkontrakt dominiert, wenn große Unternehmungen zu finanzieren sind. Managerkontrolle ist hingegen bei kleinen und mittleren Unternehmungen das überlegene Kontrollregime. Die Koexistenz von ex ante festgelegter Bankkontrolle und Mischkontrakt sollte daher in kapitalintensiven Branchen ein häufiger anzutreffendes Phänomen sein als in Branchen mit geringeren Finanzierungsvolumina. Mischfinanzierung und eine dominante Rolle von Banken in der Unternehmenskontrolle scheinen zudem komplementäre Bestandteile des Finan-

---

[1] Zur Bankdominanz in der Unternehmensfinanzierung vgl. Schmidt/Hackethal (2000).

zierungssystems zu sein. Ein regulativ erzwungener gegenseitiger Ausschluss – zum Beispiel durch eine Beteiligungsgrenze (Monopolkommission 1998) – mag daher hohe Anpassungskosten innerhalb des Systems hervorrufen. Portfolioinvestoren, die einen Teil der Kreditfinanzierung übernehmen, erhöhen die Attraktivität des Mischkontrakts. Allerdings eröffnet multiple Projektfinanzierung für Manager und Bank auch die Gelegenheit zu kollusionieren, und die Gruppe der Portfolioinvestoren ex post auszubeuten.[2] Um das zu verhindern, sollten Mischkontrakte immer einen hinreichend großen – Kollusionsgewinne ausschließenden – Kreditanteil enthalten.

Unsere Argumentation ist eng verwandt mit Kalay/Zender (1997). Wie wir analysieren die Autoren die unternehmenswertmaximierende Kombination von Cash-flow-Rechten und Kontrollregime. Im Gegensatz zu uns fokussieren die Autoren jedoch nicht auf die Ex-ante-Allokation von Kontrollrechten, sondern auf eine *zustandsabhängige* Zuordnung, die mittels geeigneter Finanzierungsinstrumente ex post herbeigeführt wird. Das Hauptziel von Kalay/Zender liegt in der Erklärung der Existenz von Wandelanleihen, deren hervorstechendes Merkmal es ist, in schlechten und in guten Zuständen den Kontrollübergang auf den Investor provozieren zu können. Ob Investorkontrolle im guten Zustand von Nutzen ist, hängt dabei ebenso wie bei unserer Analyse von der Höhe des Finanzierungsvolumens ab. Die Konzentration von Kalay/Zender auf *zustandsabhängige* Kontrollübergänge ist aus der Sicht des US-amerikanischen Finanzsystems wohlbegründet. Aufgrund der seit den 30er Jahren bestehenden und erst vor kurzem aufgehobenen Trennung zwischen Kreditbanken und Investmentbanken (Glass-Steagal-Act) spielen erstens Mischkontrakte in der Unternehmensfinanzierung bislang nur eine geringe Rolle, und zweitens konnten sich in diesem System kaum Institutionen herausbilden, die Banken ex ante bedeutsame Kontrollrechte über strategische Unternehmensentscheidungen zuweisen.[3] Wenn Bankkontrolle von Nutzen ist, dann kann sie in einem solchen System in der Regel nur durch einen ex post provozierten Kontrollübergang herbeigeführt werden.[4]

---

[2] Vgl. dazu auch Hubert/Schäfer (2002), wo die Ex-post-Ausbeutung von Kleininvestoren bei kurzfristigen Krediten analysiert wird. Ursache für die Ex-post-Ausbeutung ist dort ein informationsinduzierter unkoordinierter Rückzug der Kleininvestoren.

[3] Die Abhängigkeit effizienter Arrangements von den historisch herausgebildeten Institutionen wird auch in Bebchuck/Roe (1999) betont. Im Lichte unserer Ergebnisse scheint die überwiegend negative Sicht des deutschen Systems der Corporate Governance zumindest überprüfenswert. Siehe dazu auch den Kommentar von Schmidt/Spindler (2001).

[4] Das Halten von Wandelanleihen war den Commercial Banks auch unter dem Glass-Steagal-Act im bestimmten Ausmaße erlaubt (Kopcke/Rosengren 1989, S. 190). Zum spezifischen „Universalbankentyp amerikanischer Prägung" vgl. auch Calomiris (1998), S. 53.

Demgegenüber existieren in den so genannten bankdominierten Finanzsystemen Institutionen, die es den Banken ermöglichen, ohne insolvenzbedingten Kontrollübergang Unternehmenskontrolle auszuüben. Wir argumentieren, dass unter der Prämisse der Existenz dieser Institutionen, Mischfinanzierung und *zustandsunabhängige* Bankkontrolle Ausdruck gewinnmaximierenden Verhaltens sind. Finanzierungsinstrumente, die wie Wandelanleihen *zustandsabhängig* einen Wechsel des Kontrollregimes herbeiführen, mögen deshalb in Deutschland weniger nützlich sein als in den USA. Folgerichtig spielen Wandelanleihen in Deutschland eine vergleichsweise unbedeutende Rolle in der Unternehmensfinanzierung.[5]

Von verifizierbaren Unternehmenserträgen ausgehend und die zentrale Rolle von Kontrollrechten betonend baut dieses Kapitel auch auf Zender (1991), Aghion/Bolton (1992) und Dewatripont/Tirole (1994) auf. Zender zeigt in einem Modell mit zwei vermögensbeschränkten Investoren, dass das Unterinvestitionsproblem (Myers 1977) beseitigt werden kann, wenn bei schlechten zukünftigen Ertragsaussichten sowohl die Unternehmenskontrolle als auch die -erträge vollständig auf den Investor mit dem fixen Zahlungsanspruch übergehen. Agion/Bolton untersuchen, wie *zustandsabhängige* Kontrollrechte die Wiederverhandlung von Kontrakten und damit die Ex-ante-Realisierbarkeit von Projekten beeinflussen. Dewatripont/Tirole analysieren den via Kapitalstruktur ausgelösten Kontrollübergang, mit dem der Manager an einer zu riskanten Firmenpolitik gehindert wird. Die Autoren konzentrieren sich allerdings auf *reine* Beteiligungs- und *reine* Kreditkontrakte und gehen grundsätzlich von einer *zustandsabhängigen* Kontrollallokation aus.[6]

In Rajan (1992) wird – ähnlich wie in diesem Kapitel – Leistungsanreiz und Entscheidungseffizienz kombiniert. Der Autor beleuchtet den trade-off zwischen wiederverhandlungsanfälliger Kreditfinanzierung und wiederverhandlungsresistenter Anleihefinanzierung. Rajan argumentiert, eine Bank könne - im Gegensatz zum anonymen Kapitalmarkt - den Unternehmer in suboptimale Nachverhandlungen zwingen, wenn während der Projektlaufzeit über Liquidation oder Fortführung des Projektes entschieden werden muss. Das Drohpotential resultiert dabei aus der grundsätzlichen Vorliebe der Bank für die weniger riskante Sofortliquidation. Die damit verbundene Managerausbeutung wird als unvermeidbare Kostenkomponente der Finanzierung durch eine einzige Bank angesehen. Unsere Analyse hingegen weist darauf hin, dass Ausbeutungskosten dieser Art bei Bankenfinanzierung kei-

---

[5] Vgl. dazu auch Kruschwitz/Schöbel (1985). Von dem weltweiten Volumen von etwa fünf Mrd. US-Dollar entfällt nur ein geringer Teil auf Deutschland, wiewohl das Instrument in den letzten Jahren offensichtlich an Bedeutung zu gewinnen scheint (Wolf 1999).
[6] In Dewatripont/Tirole (1994) nimmt der Mischkontrakt zwar in der formalen Betrachtung einen gewissen Raum ein, für die Argumentation und die Ergebnisse spielt er jedoch keine Rolle.

nesfalls zwangsläufig auftreten müssen. Sie mögen vielmehr unmittelbares Resultat der Nichtzulassung von Mischkontrakten sein.[7] Die Konzentration auf den Mischkontrakt und die Fokussierung auf Standardfinanzierungsinstrumente teilen wir mit Berglöf (1991). Dort dominiert der Mischkontrakt sowohl die reine Anteils- als auch die reine Kreditfinanzierung, wenn der realisierbare Unternehmensertrag von der Annahme eines späteren Übernahmeangebots abhängt. Die ex ante induzierten Leistungsanreize der Ex-post-Entscheidung werden allerdings bei Berglöf vernachlässigt.

Den meisten der genannten Modelle liegt die Annahme zugrunde, die Projektfinanzierung finde nur durch eine einzige Bank statt. Wir hingegen betrachten auch den Nutzen multipler Kreditbeziehungen (Bolton/Scharfstein 1996). Da wir dabei unterstellen, dass cash-flow-relevante Interimsentscheidungen grundsätzlich die Gefahr der Kollusion heraufbeschwören, wenn mehr als zwei Parteien Ansprüche am Unternehmen halten, ist unsere Argumentation schließlich auch mit der Literatur zur Kollusion in Unternehmen verknüpft (vgl. Tirole 1992, Strausz 1997 und Laffont/Martimort 1997).

Der Rest des Kapitels ist wie folgt organisiert. Abschnitt 5.2 entwickelt den Modellrahmen. In Abschnitt 5.3 wird der First-best-Kontrakt charakterisiert. Abschnitt 5.4 analysiert die Verzerrung der Anreize durch externe Finanzierung. Dabei gehen wir zunächst einmal von der Kontrahierbarkeit der Projektwahl aus (Abschnitt 5.4.1). Die Abschnitte 5.4.2 und 5.4.3 untersuchen dann, welches Standardfinanzierungsinstrument dominiert, wenn auch die Unternehmenskontrolle alloziiert werden muss. Abschnitt 5.4.4 vergleicht die Ex-ante-Zuordnung von *entscheidungseffizienten* Kontrollrechten mit der Situation bei Wiederverhandlungen. In 5.4.5 wird der Frage nachgegangen, ob eine anteilige Kreditfinanzierung durch passive Investoren den Unternehmenswert erhöht. 5.5 schließlich gibt eine Zusammenfassung und zieht ein kurzes Fazit. Alle Beweise sind in den Anhang verbannt.

5.2 Das Modell

Wir betrachten einen risikoneutralen Manager, der ein profitables zweiperiodiges Projekt besitzt. Das Projekt erfordert in $t = 0$ die Anschaffungsausgabe I und liefert in $t = 2$ einen stochastischen Ertrag $z \in \{x_h, y_h, y_l, 0\}$. Die Verteilung dieses Ertrages hängt davon ab, welcher Zustand s_k mit $k \in \{g, b\}$ in $t = 1$ eintritt und welche Aktion $A \in \{x, y\}$ zu diesem Zeitpunkt durchgeführt wird. A bezeichnen wir als Projektwahl. Mit $A = x$ realisiert sich mit Wahrscheinlichkeit p_k in $t = 2$ der hohe Cash-flow x_h und mit $1 - p_k$ null. Die Entscheidung $A = y$ generiert den hohen Ertrag y_h mit Wahrscheinlichkeit

---

[7] Formal ist Rajans Second-best-Kontrakt auch nicht von einem - hinsichtlich der optimalen Entscheidung - anreizkompatiblen Mischkontrakt zu unterscheiden.

p_k und den niedrigen Cash-flow y_l mit $1 - p_k$. Für den erwarteten Ertrag in $t = 1$ gelte,

$$E[A = x|s_g] > E[A = y|s_g] > E[A = y|s_b] > E[A = x|s_b] \quad (5.1)$$

mit

$$\Delta_g \equiv E[A = x|s_g] - E[A = y|s_g] > 1 \quad \text{und} \quad x_h > 2(y_h - y_l). \quad (5.2)$$

Die Cash-flows seien beobachtbar und kontrahierbar. Die Leistung des Managers bestimmt die Wahrscheinlichkeit $q \in (0,1)$, mit der der profitablere Zustand s_g eintritt. Wir interpretieren q als Anstrengungsentscheidung des Managers, für die er persönliche Kosten in Kauf nehmen muss. Die Kostenfunktion $C(q)$ ist strikt monoton zunehmend und konvex in q. Außerdem gilt

$$C(0) = 0, \quad C(1) = \infty. \quad (5.3)$$

Kalay/Zender folgend benutzen wir die explizite Kostenfunktion.[8]

$$C(q) = -\ln(1 - q).$$

Der Manager selber ist mittellos. Da ein vollständiger Verkauf des Projekts in $t = 0$ wegen der zentralen Bedeutung der Managerleistung für die Projektdurchführung von vornherein ausscheidet, muss das Projekt fremdfinanziert werden. Der Finanzierungsvertrag definiert eine Kombination aus Cash-flow- und Kontrollrecht. Das Kontrollrecht legt fest, wer in $t = 1$ die Entscheidung über die Projektwahl trifft. Hinsichtlich der vertraglich möglichen Ausgestaltung von Cash-flow-Rechten konzentrieren wir uns ausschließlich auf standardisierte Varianten. Der Investor kann mit einem fixen Zahlungsanspruch $R \geq 0$ und einem Anteil $\omega \geq 0$ am Residualeinkommen kompensiert werden. Bei $\omega = 0$ und $R > 0$ sprechen wir von einem Kreditvertrag. $R = 0$ und $\omega > 0$ charakterisiert einen Beteiligungsvertrag und $\omega > 0$ und $R > 0$ einen Mischvertrag. Diese Kurzbezeichnungen – das sei noch einmal ausdrücklich betont – rekurrieren ausschließlich auf die im Kontrakt enthaltenen Cash-flow-Rechte. Beim Mischvertrag unterscheiden wir einen echten und einen unechten Mischkontrakt. Echt ist er dann, wenn die Kombination aus Beteiligungsquote ω und fixem Zahlungsanspruch R von einem einzigen Investor gehalten wird. Von einem unechten Mischkontrakt sprechen wir, wenn die Finanzierungsstruktur zwar gemischt ist, Kredit und Beteiligungsfinanzierung aber von unterschiedlichen Investoren kommen. Der fixe Rückzahlungsanspruch R wird immer vorrangig ausgezahlt. Falls der in $t = 2$ realisierte Projektertrag kleiner als R ist, übernimmt der Investor mit dem vorrangigen Anspruch das gesamte Projekt. Der Manager ist nur leistungsbereit, wenn er

---

[8] Unsere zentralen Ergebnisse sind gegenüber einer allgemeineren Formulierung, in der p als stetige Zufallsvariable $p(e)$ formuliert ist und die Manageranstrengung e die Verteilungsfunktion $p(e)$ im Sinne der stochastischen Dominanz erster Ordnung verschieben würde, robust.

ex ante einen positiven Ertrag zu erwarten hat. Somit muss $R < x_h$ gelten. Für den Projekterfolg ist die Festlegung, wer in $t = 1$ das Kontrollrecht besitzt, von entscheidender Bedeutung. Wir analysieren zwei unterschiedliche Kontrollregime, Investorkontrolle und Managerkontrolle. Bei Ersterem entscheidet die Bank über die Projektvariante A in $t = 1$, Letzteres überlässt dem Manager die Projektwahl. Die Kontrollrechte werden ex ante festgelegt und erstrecken sich über die gesamte Laufzeit des Projektes. Zu einem zustandsabhängigen Kontrollwechsel kann es nur kommen, wenn der Schuldenstand des Entrepreneurs so hoch ist, dass bei einer schlechten Realisation in $t = 1$ das gesamte Projekt bereits der Bank gehört, $R \geq y_h$.

Der Markt für Unternehmensfinanzierung ist kompetitiv. Der Projektinhaber kann demzufolge einen Vertrag anbieten, dessen Finanzierungskapazität genau der notwendigen Investitionssumme I entspricht. Unter Finanzierungskapazität verstehen wir jenen Betrag, den ein Investor bei gegebenem Kontrakt $\phi(R, \omega)$ maximal auszuzahlen bereit ist.[9] Der gesamte Projektüberschuss verbleibt beim Eigner/Manager. Alle Akteure seien nur begrenzt haftbar, so dass eine Nachschusspflicht grundsätzlich ausgeschlossen wird. Der Refinanzierungszinssatz wird aus Vereinfachungsgründen auf null gesetzt.

Die Cash-flow-Rechte sind über die Art der gezeichneten Kontrakte $\phi_j(\omega, R)$ mit $j \in \{\text{teil, kred, mix}\}$ eindeutig festgelegt. Das Kontrollregime bilden wir durch ϕ_j^i mit $i \in \{f, m\}$ ab. Falls $i = f$ besitzt der Finanzier (Investor) die Entscheidungsgewalt. Mit $i = m$ hat der Manager in $t = 1$ das Recht, das Projekt auszuwählen. Wir schließen nicht von vornherein aus, dass mehrere Investoren die Finanzierung des Projektes übernehmen, gehen allerdings grundsätzlich davon aus, dass innerhalb bestimmter Investorklassen Interessenidentität herrscht und allein anhand der definierten Cash-flow-Rechte entschieden wird. Das Spiel zwischen Finanziers und Manager lässt sich durch die folgenden Stufen charakterisieren. Man beachte, dass Stufe 1 bis 3 dem Zeitpunkt $t = 0$ zuzuordnen sind. Die Stufen 4 bis 5 beziehen sich auf $t = 1$ und Stufe 6 betrifft $t = 2$.

1. Der Manager (Projektinhaber) offeriert den Vertrag $\phi_j^i(\omega, R)$.
2. Der oder die Finanziers zahlen I aus, und der Manager investiert.
3. Der Manager wählt sein Anstrengungsniveau.
4. Der Zustand der Welt und damit die Erfolgswahrscheinlichkeiten der einzelnen Projektvarianten realisieren sich.
5. Der Akteur mit dem Kontrollrecht entscheidet über die Projektvariante A.

---
[9] Ist die Finanzierungskapazität kleiner als das geplante Finanzierungsvolumen, kommt es zur Kreditrationierung vom Typ I. Vgl. dazu auch z.B Longhofer (1997). Im Gegensatz zur Rationierung vom Typ II, bei denen profitable Unternehmer nach dem Zufallsprinzip gänzlich von der Finanzierung ausgeschlossen werden, geht es bei Typ I um das unfreiwillige Ausweichen des Unternehmers auf kleinere Projekte (Freixas/Rochet 1997, S. 154).

6. Der Projektertrag realisiert sich, und die Investoren werden vertragsgemäß ausgezahlt.

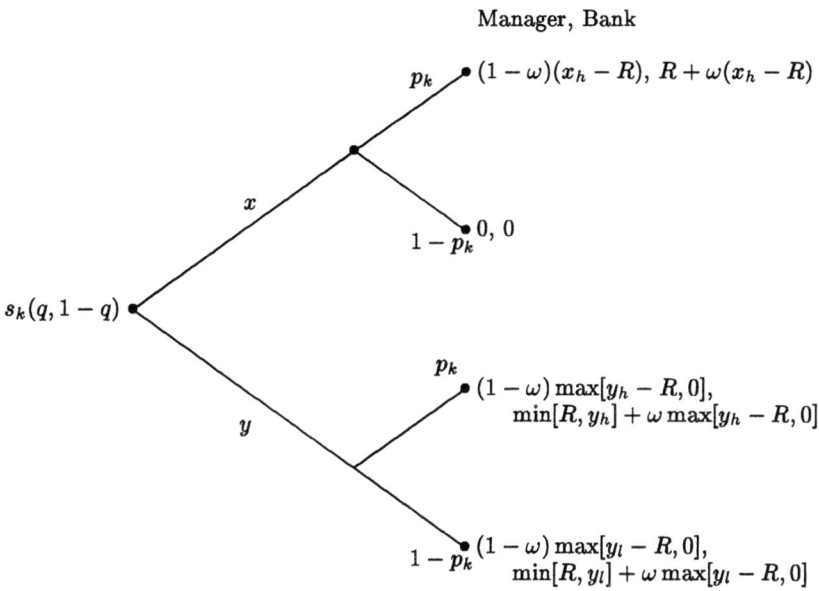

Abb. 5.1. Langfristige Finanzierung und Entscheidungseffizienz

Abbildung 5.1 zeigt den Entscheidungsbaum in $t = 1$. Aufgrund der beschränkten Haftung erhält die Bank (der Investor) niemals mehr als den realisierten Ertrag. Wir konzentrieren unsere Analyse zunächst auf wiederverhandlungsresistente Verträge. Wiederverhandlungen behandeln wir erst in Abschnitt 5.4.4.

5.3 Optimale Leistung des Managers

Zunächst sei ein Blick auf die First-best-Leistung des Managers geworfen. Bei effizienter Projektwahl in $t = 1$, x in Zustand s_g und y in Zustand s_b, beträgt der erwartete Gewinn

$$\Pi = q\Big(\mathrm{E}[x|s_g] - I\Big) + (1-q)\Big(\mathrm{E}[y|s_b] - I\Big) - C(q).$$

Differentiation nach q liefert als Bedingung für das optimale Leistungsniveau

128   5. Unternehmenskontrolle und Standardfinanzierungsinstrumente

$$C'(q) = \Delta_{gb} \equiv \mathrm{E}[x|s_g] - \mathrm{E}[y|s_b].$$

Wegen $q \in (0,1)$ erfordert die logarithmische Kostenfunktion $\Delta_{gb} > 1$, was durch (5.1) und (5.2) auch sichergestellt ist. Die Konvexität der Kosten- und die Linearität der Ertragsfunktion in q garantieren die Existenz eines optimalen und eindeutigen Leistungsniveaus $q = q^*$.

Offensichtlich wird die optimale Leistung erbracht, wenn das Projekt vollständig vom Manager finanziert wird. Sowohl der Zusatzertrag der effizienten Projektwahl als auch der Grenzertrag zusätzlicher Anstrengung kommen unter diesen Umständen ja ausschließlich ihm selbst zugute. Beides ist hingegen nicht mehr garantiert, wenn der Manager keine eigenen Mittel besitzt. Partizipationsbedingung und – bei Fremdkontrolle – auch die Anreizkompatibilitätsbedingungen des Finanziers können die Arbeitsanreize des Managers verzerren. Bei externer Finanzierung stellt sich daher sofort die Frage nach der gewinnmaximalen Kombination von Kontroll- und Cash-flow-Rechten.

5.4 Externe Finanzierung

Die Finanzierungskapazität des Vertrages muss bei externer Finanzierung der Bedingung

$$\omega \mathrm{E}[\max[z-R,0]] + \mathrm{E}[\min[R,z]]) \geq I \qquad (5.4)$$

gehorchen. Die Verteilung von z wird durch die Anstrengung q und die Projektwahl A determiniert. Die Konkurrenz unter den Finanziers sorgt dafür, dass (5.4) immer mit Gleichheit erfüllt ist. Projektgewinn und der Leistungsanreiz des Managers hängen von seinen eigenen Cash-flow-Rechten und dem Kontrollregime ab. Mit dem Managergewinn

$$\Pi_m = \max_{q \in (0,1)} (1-\omega)\mathrm{E}[\max[z-R,0]] - C(q)$$

ergibt sich als Bedingung für die optimale Leistung,[10]

$$C'(q) = (1-\omega)\frac{\partial \mathrm{E}[\max[z-R,0]]}{\partial q} > 1.$$

Als Referenzfall analysieren wir zunächst einen vollständigen Finanzierungskontrakt. Das heißt, wir unterstellen eine ex ante kontrahierbare Projektentscheidung. Im zweiten Schritt untersuchen wir die optimale Kombination von Cash-flow- und Kontrollrechten, wenn die Projektwahl nicht kontrahierbar ist.

---

[10] Wegen $q \in (0,1)$ ist der Wert des rechten Terms dieser Gleichung ebenfalls nach unten beschränkt.

5.4.1 Kontrahierbare Projektwahl

Die Allokation der Unternehmenskontrolle ist irrelevant, wenn die Projektentscheidung bereits im Vertrag festgeschrieben werden kann. Mit x in s_g und y in s_b wird die Leistung des Managers durch

$$C'(q) = (1-\omega)\Big(\mathrm{E}[\max[x-R,0]|s_g] - \mathrm{E}[\max[y-R,0]|s_b]\Big) \quad (5.5)$$

determiniert. Das führt zu

$$q(\omega, R) = 1 - \frac{1}{(\mathrm{E}[\max[x-R,0]|s_g] - \mathrm{E}[\max[y-R,0]|s_b])(1-\omega)}, \quad (5.6)$$

wobei

$$\frac{\partial q}{\partial \omega} < 0 \quad (5.7)$$

und

$$\frac{\partial q}{\partial R} \begin{cases} > 0 \text{ falls } R \leq y_l \\ < 0 \text{ falls } R \geq y_l \end{cases} \quad (5.8)$$

ist. (5.7) ist offensichtlich. (5.8) folgt direkt aus

$$\operatorname{sign} \frac{\partial q}{\partial R} = \operatorname{sign} \frac{\partial (\mathrm{E}[\max[x-R,0]|s_g] - \mathrm{E}[\max[y-R,0]|s_b])}{\partial R}$$

und

$$\frac{\partial (\mathrm{E}[\max[x-R,0]|s_g] - \mathrm{E}[\max[y-R,0]|s_b])}{\partial R} = \begin{cases} 1 - p_g > 0 & \text{falls } R \leq y_l \\ p_b - p_g < 0 & \text{falls } R \in [y_l, y_h] \\ -p_g < 0 & \text{falls } R \geq y_h. \end{cases} \quad (5.9)$$

Die Wirkung der marginalen Beteiligungsfinanzierung ist im gesamten Definitionsbereich eindeutig. Eine Erhöhung der Beteiligungsquote des Investors senkt den Managerertrag in s_g stärker als in s_b, und der Manager reagiert grundsätzlich mit einer Leistungseinschränkung. Weniger eindeutig ist der Effekt einer marginalen Anhebung der Kreditkomponente. Aus (5.8) folgt unmittelbar, dass die Zunahme des fixen Zahlungsanspruchs den Manager zu mehr Leistung anspornt, solange der Kredit bei Durchführung von y nicht ausfallgefährdet ist ($R \leq y_l$). Unter diesen Umständen reduziert jede Erhöhung der Kreditkomponente das Einkommen des Managers in Höhe von $(1-\omega)\Delta R$. Da die sicherere Variante nur in s_b durchgeführt wird, schmälert die Anhebung des fixen Zahlungsanspruchs den Residualeinkommensanspruch des Managers im unprofitableren Zustand überproportional, $(1-\omega)\Delta R > (1-\omega)p_g\Delta R$. Reagierend auf die relativ geringen Ertragsaussichten versucht der Manager, den Eintritt von s_b durch eine hohe Leistung zu verhindern.

130 5. Unternehmenskontrolle und Standardfinanzierungsinstrumente

Der Effekt verschwindet, wenn der Kredit auch im schlechten Zustand ausfallgefährdet ist. Die marginale Erhöhung des fixen Zahlungsanspruchs reduziert ceteris paribus den Managergewinn stärker in s_g, $(1-\omega)p_g\Delta R > (1-\omega)p_b\Delta R$, und der Manager schränkt seine Leistung ein. Einsetzen von $q(\omega, R)$ in (5.4) ergibt die Investitionsfunktion bei effizienter Entscheidung

$$I = q(\omega, R)(\omega \mathrm{E}[\max[x-R,0]|s_g] + \mathrm{E}[\min[R,x]|s_g])$$
$$+ (1-q(\omega,R))(\omega \mathrm{E}[\max[y-R,0]|s_b] + \mathrm{E}[\min[R,y]|s_b]). \quad (5.10)$$

Wir schließen ineffiziente Kombinationen von ω und R aus der Betrachtung aus.[11] Ein Vertrag $\phi(\omega, R)$ muss daher der Bedingung

$$\frac{\partial I}{\partial \omega} = \mathrm{E}[\max[x-R,0]|s_g] \quad (5.11)$$
$$-\frac{1}{(1-\omega(R))^2} \cdot \frac{\mathrm{E}[x|s_g] - \mathrm{E}[y|s_b]}{\mathrm{E}[\max[x-R,0]|s_g] - \mathrm{E}[\max[y-R,0]|s_b]} \geq 0$$

gehorchen. Das Gleichheitszeichen in (5.11) impliziert für jedes gegebene R eine obere Schranke für die Beteiligungsquote $\omega(R)$. Wir bezeichnen diese Funktion als $\omega_{0I}(R)$. Es wird sich zeigen, dass das vollständige Fehlen eigener Mittel keinesfalls immer hinreichend für die Verzerrung der Arbeitsanreize ist. Vielmehr wird der Leistungsanreiz des Managers durch externe Finanzierung nicht beeinträchtigt, wenn die Projektwahl kontrahierbar und die Investitionssumme moderat ist. Sei die Finanzierungskapazität des Firstbest-Vertrages mit I^{fb} und deren obere Schranke mit I^{fb}_{max} bezeichnet, so gilt

$$I^{fb}_{max} \equiv \begin{cases} \frac{p_g(1-p_b)y_l}{p_g - p_b} & \text{falls} \quad p_g > p_b + (1-p_b)\frac{y_l}{y_h} \\ \mathrm{E}[y|s_b] & \text{falls} \quad p_g < p_b + (1-p_b)\frac{y_l}{y_h}, \end{cases}$$

und wir gelangen zu:

Proposition 5.4.1. *Bei kontrahierbarer Projektentscheidung existiert mit $I \leq I^{fb}_{max}$ ein Mischkontrakt $\phi_{mix}(\omega^*, R^*)$, der den Manager zur optimalen Leistung q^* treibt. I^{fb} wächst monoton in R.*

Den Manager interessiert bei der Festlegung seiner eigenen Leistung allein der Erwartungswert seiner Auszahlung in $t = 1$. Mit $\phi_{mix}(\omega^*, R^*)$ wird ein im Erwartungswert zustandsunabhängiger (quasifixer) Kompensationsanspruch

$$I^{fb} = \omega^* \mathrm{E}[\max[x-R^*,0]|s_g] + \mathrm{E}[\min[R^*,x]|s_g]$$
$$= \omega^* \mathrm{E}[\max[y-R^*,0]|s_b] + \mathrm{E}[\min[R^*,y]|s_b]$$

definiert, so dass er die Erträge seiner Mehrleistung in voller Höhe selbst einstreichen kann.[12] Sein Leistungsanreiz wird deshalb durch die Notwendigkeit der externen Finanzierung nicht beeinflusst.

---
[11] Ineffizient sind solche mit negativen Grenzbeiträgen zur Finanzierungskapazität.
[12] Quasifix nennen wir diese Ansprüche, weil die tatsächliche Auszahlung in $t = 2$ keinesfalls vom Zustand der Welt unabhängig ist.

Aus der Sicht des Managers ist jeder Kontrakt $\phi_{\text{mix}}(\omega^*, R^*)$ ein Mischkontrakt. Da die Finanzierungsstruktur jedoch bei kontrahierbarer Entscheidung über die Herstellung optimaler Arbeitsanreize hinaus keine weitergehende Anreizfunktion hat, kann dieser Vertrag auch durch eine Kombination aus Standardkreditvertrag $\phi_{\text{kred}}(R^*)$ und Beteiligungskontrakt $\phi_{\text{teil}}(\omega^*)$ dupliziert werden.

Die Finanzierungskapazität von quasifixen Zahlungsansprüchen nimmt mit R zu. Sie ist allerdings durch die Grenze $\omega^* \geq 0$ nach oben beschränkt. Der Kreditvertrag $\phi(\omega^* = 0, R^*_{\max})$ definiert die maximale Finanzierungskapazität $I^{fb}_{\max} = p_g R^*_{\max} = \text{E}[\min[R^*_{\max}, y] | s_b]$.[13] Wenn das Projekt zu groß ist, müsste auch bei Kontrahierbarkeit der Projektwahl auf einen Kontrakt ausgewichen werden, der die Anstrengung des Managers unter das optimale Niveau drückt. Für alle $I > I^{fb}_{\max}$ gilt deshalb auch bei kontrahierbarem Signal immer $q < q^*$.

5.4.2 Nichtkontrahierbare Projektwahl

Mit der Nichtkontrahierbarkeit der Projektwahl wird das Kontrollregime zur entscheidenden Determinante für den Unternehmenserfolg und die Finanzierungskapazität eines gegebenen Vertrages. Liegt die Entscheidungsgewalt beim Manager, kommt es zur Durchsetzung der unternehmenswertmaximierenden Option, wenn die Anreizkompatibilitätsbedingungen

$$(1-\omega)\text{E}[\max[x-R, 0] | s_g] \geq (1-\omega)(\text{E}[\max[y-R, 0] | s_g]$$

$$(1-\omega)\text{E}[\max[x-R, 0] | s_b] \leq (1-\omega)(\text{E}[\max[y-R, 0] | s_b] \quad (5.12)$$

erfüllt sind. Besitzt hingegen die Bank die Unternehmenskontrolle, ist Entscheidungseffizienz dann und nur dann garantiert, wenn

$$\omega\text{E}[\max[x-R, 0] | s_g] + \text{E}[\min[R, x] | s_g] \geq \omega\text{E}[\max[y-R, 0] | s_g] \quad (5.13)$$
$$+ \text{E}[\min[R, y] | s_g]$$

und

$$\omega\text{E}[\max[x-R, 0] | s_b] + \text{E}[\min[R, x] | s_b] \leq \omega\text{E}[\max[y-R, 0] | s_b] \quad (5.14)$$
$$+ \text{E}[\min[R, y] | s_b]$$

gilt. Wir definieren ein kritisches Niveau

$$R_m \equiv \frac{\text{E}[y | s_b] - \text{E}[x | s_b]}{1 - p_b}$$

---
[13] Falls $p_g > p_b + (1-p_b)\frac{y_l}{y_h}$ ist $R^*_{\max} < y_h$.

für den fixen Rückzahlungsanspruch und ebenso eine kritische Beteiligungshöhe

$$\omega_f(R) \equiv \frac{E[\min[R,y]|s_g] - E[\min[R,x]|s_g]}{E[\max[x-R,0]|s_g] - E[\max[y-R,0]|s_g]}. \tag{5.15}$$

Es gilt

$$\frac{\partial \omega_f(R)}{\partial R} = \begin{cases} \dfrac{(1-p_g)\Delta_g}{(\Delta_g + (1-p_g)R)^2} > 0 & \text{falls } R \leq y_l \\ = 0 & \text{falls } R \in [y_l, y_h] \\ -\dfrac{\Delta_g}{p_g(x_h - R)^2} < 0 & \text{falls } R \geq y_h \end{cases} \tag{5.16}$$

sowie wegen (5.1)

$$\omega_f(y_l) = \omega_f(y_h) = \frac{(1-p_g)y_l}{p_g(x_h - y_h)} \equiv \bar{\omega}_f < 1.$$

Schließlich setzen wir $\omega_f(R)$ in die Leistungsfunktion $q(\omega, R)$ ein und bezeichnen die durch $\omega_f(R)$ induzierte Managerleistung als q_f. Lemma 5.4.1 beschreibt die anreizkompatiblen Cash-flow-Rechte und grenzt den Bereich ein, in dem diese Cash-flow-Rechte effizient und realisierbar sind.

Lemma 5.4.1.

1. *Managerkontrolle sichert die effiziente Projektwahl dann und nur dann, wenn ein Kontrakt mit $R \leq R_m < y_l$ gezeichnet wird. Investorkontrolle sichert dann und nur dann die effiziente Wahl, wenn die Beteiligungsquote die Marke $\omega_f(R)$ mit $\omega_f(R) > \omega^*(R)$ nicht unterschreitet.*[14]
2. *Jeder entscheidungseffiziente Kontrakt mit Investorkontrolle $\phi^f_{mix}(\omega_f(R), R)$ induziert ein Leistungsniveau q_f mit $0 < q_f < q^*$.*
3. *Mit*

$$\Delta_g^2 > \Delta_{gb} > 1,$$

erfüllt jeder entscheidungseffiziente Kontrakt $\phi^f_{mix}(\omega_f(R), R)$ die Bedingung $\omega_f(R) < \omega_{0I}(R)$ und ist damit durchführbar.

Um die Zahl der notwendigen Fallunterscheidungen einzugrenzen, gehen wir im Folgenden von der Durchführbarkeit jedes entscheidungseffizienten Kontraktes $\phi^f_{mix}(\omega_f(R), R)$ aus. Das heißt wir nehmen an, dass die Ungleichung

$$\Delta_g^2 > \Delta_{gb} > 1 \tag{5.17}$$

---
[14] Bei Indifferenz gehen wir grundsätzlich davon aus, dass sich der kontrollierende Vertragspartner für die effiziente Alternative entscheidet.

erfüllt ist.[15] In Abb. 5.2 sind die Entscheidungseffizienz garantierenden Vertragstypen schattiert dargestellt. Die in dem gepunkteten Rechteck über $[0, R_m]$ liegenden Kontrakte liefern die jeweils beste Projektvariante, wenn der Manager die Entscheidung trifft. Mit der Bank als Inhaber des Kontrollrechts wird Entscheidungseffizienz gewährleistet, wenn der Kontrakt eine Beteiligungsquote festlegt, die oberhalb der $\omega_f(R)$-Kurve liegt. Wie der gestrichelte Bereich von $\omega_f(R)$ zeigt, können mit $R \in [0, R_m]$ natürlich auch Verträge gefunden werden, die bei Bankkontrolle die optimale Projektwahl gewährleisten. Die notwendige Mindestbeteiligungsquote ist dann jedoch strikt höher als bei Managerkontrolle.

Bei reiner Beteiligungsfinanzierung, $R = 0$, sind alle Anreizkompatibilitätsbedingungen gleichzeitig erfüllt. Folglich ist es bei dieser Finanzierungsart irrelevant, ob die Unternehmenskontrolle in $t = 1$ beim Finanzier oder beim Manager liegt. Da beide jeweils anteilig an den erwarteten Erträgen beteiligt sind, wird immer die gewinnmaximale Entscheidung getroffen. Diese Entscheidungseffizienz - unabhängig vom Kontrollregime - geht verloren, wenn ein positiver fixer Zahlungsanspruch kontrahiert wird. Option y generiert für den Manager einen zunehmend konvexeren, für den Investor einen immer konkaver werdenden Zahlungsanspruch. Der Projektinhaber reagiert mit Risikofreude, wohingegen der Finanzier risikoavers wird. Demzufolge muss bei Managerkontrolle die Verschuldungsquote mit $R < R_m$ verhältnismäßig gering gehalten werden, wohingegen bei Investorkontrolle nur dann Entscheidungseffizienz garantiert ist, wenn der Finanzier durch eine positive Beteiligungsquote $\omega > \omega_f(R)$ hinreichend am hohen Ertrag der riskanten Alternative beteiligt wird. Unter der Voraussetzung einer effizienten Projektwahl gilt:

Lemma 5.4.2.

1. *Bei gegebener Finanzierungskapazität ist*

$$\frac{d\omega(I,R)}{dR} < 0 \quad \forall \quad \omega \in [\omega^*(R), \omega_{0I}(R)].$$

2. *Bei gegebener Finanzierungskapazität steigt q und damit der Unternehmenswert für alle $\omega \geq \omega^*(R)$ monoton in R.*

Naturgemäß nimmt die Finanzierungskapazität des Vertrages zu, wenn die Beteiligungsquote oder der fixe Zahlungsanspruch ceteris paribus angehoben werden. Allerdings ist die Substitution von Beteiligungsfinanzierung durch Kreditfinanzierung bei gegebener Finanzierungskapazität aus der Sicht des Managers nicht neutral. Vielmehr wird der Managerertrag durch einen höheren Kreditfinanzierungsanteil vom weniger profitablen Zustand s_b auf den pro-

---

[15] Das impliziert positive Barwerte auch für solche Projekte, bei denen aufgrund des hohen Finanzierungsvolumens bereits ex ante feststeht, dass die Bank im schlechten Zustand das gesamte Projekt übernimmt.

fitableren Zustand s_g umgeschichtet. Das erhöht seine Leistungsbereitschaft, und der Unternehmenswert nimmt zu.

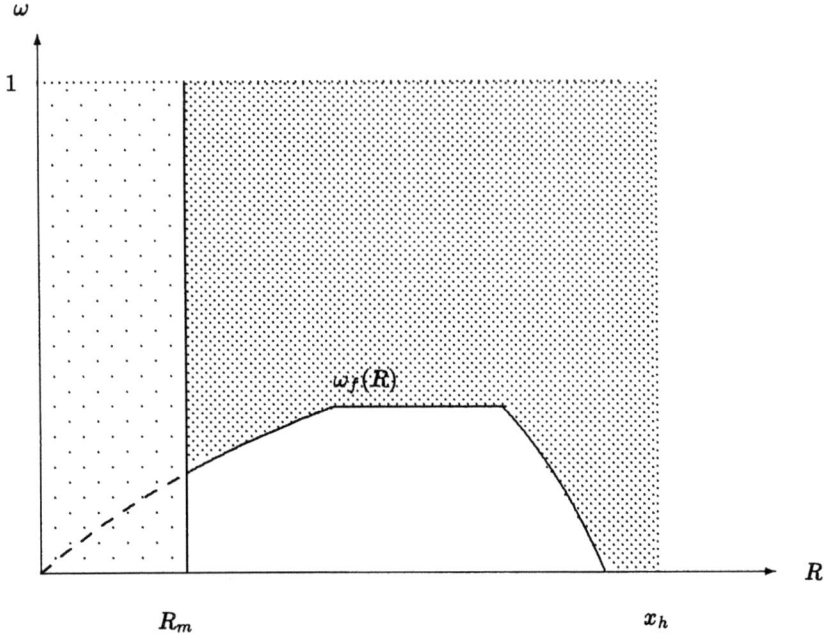

Abb. 5.2. Entscheidungseffiziente Kontrakte

Da die Projektwahl die Arbeitsanreize des Managers nicht unbeeinflusst lässt, ist allerdings nicht von vornherein auszuschließen, dass ein suboptimales Kontrollregime höhere Leistungsanreize setzt und damit einen höheren Firmengewinn generiert als ein *entscheidungseffizientes*, aber in Richtung Arbeitseinschränkung wirkendes Regime. Lemma 5.4.3 beschreibt jene Projekte, bei denen solche extremen Effekte ausgeschlossen sind und Entscheidungseffizienz strikt dominant ist. Die aus (5.1) resultierende obere Grenze für p_b bezeichnen wir mit $\bar{p}_b \equiv y_l/(x_h - y_h + y_l)$.

Lemma 5.4.3.
Mit $x_h > 2(y_h - y_l)$ existiert für alle $E[x|s_g] - E[y|s_g] > 1$ ein kritisches $\tilde{p}_b < \bar{p}_b$. Falls $p_b \in [\tilde{p}_b, \bar{p}_b)$ ist, ist der Unternehmenswert mit den entscheidungseffizienten Kontrakten

$$\phi^m_{mix}\Big(\omega(R_m), R_m\Big), \ \omega(R_m) \in [\omega^*(R_m), \omega_f(R_m)]$$

und

5.4 Externe Finanzierung

$$\phi^f_{mix}\Big(\omega_f(R), R\Big) \quad \text{mit } R > R_m$$

immer höher als mit jedem entscheidungsineffizienten Kontrakt gleicher Finanzierungskapazität.

Die Überlegenheit *entscheidungseffizienter* Kontrakte ist keinesfalls trivial, wie ein Blick auf denjenigen Vertragstyp zeigt, der *zustandsunabhängig* die Wahl von y herbeiführt. Man stelle sich vor, der Ertragsunterschied zwischen x und y in s_g sei klein und außerdem sei die Erfolgswahrscheinlichkeit in s_b gering. Ein Vertrag, der zur grundsätzlichen (aber in Zustand s_g ineffizienten) Wahl von y führt, kann bei solch extremen Parameterkonstellationen durchaus einen höheren Unternehmenswert erzeugen als ein *entscheidungseffizienter* Mischkontrakt $\phi^f_{mix}(\omega_f(R), R)$. Zwei Effekte sind dafür verantwortlich. Erstens, wegen der niedrigen Erfolgswahrscheinlichkeit in s_b ist der Leistungsanreiz bei einem entscheidungsineffizienten Kontrakt relativ hoch. Zweitens muss die anreizkompatible Beteiligungsquote bei einem nur geringen Unterschied zwischen den beiden Varianten x und y in s_g notwendigerweise hoch sein. Dem Manager verbleibt daher bei einem entscheidungseffizienten Kontrakt im profitablen Zustand s_g nur ein vergleichsweise geringes Residualeinkommen. Als Folge davon schränkt er seine Leistung möglicherweise so stark ein, dass der Ertragsverlust aus der suboptimalen Projektwahl überkompensiert wird. Wir wollen solche extremen Effekte ausschließen. Daher beschränken wir uns im Folgenden auf hinreichend große Erfolgswahrscheinlichkeiten im schlechten Zustand:

$$p_b > \tilde{p}_b \tag{5.18}$$

Man beachte, dass $p_b > \tilde{p}_b$ für nicht allzu große p_g durch Annahme 5.17 garantiert ist.[16]

Eindeutig ist das Resultat beim zweiten entscheidungsineffizienten Kontrakttyp. Die *zustandsunabhängige* Entscheidung zugunsten von x treibt die Kompensation des Managers in s_b entweder in die Höhe (ϕ^f_{mix}) oder lässt sie im Vergleich zum entscheidungseffizienten Kontrakt (ϕ^m_{mix}) unverändert. Das schließt einen von der Projektwahl verursachten Anstieg der Managerleistung aus. Die suboptimale Entscheidung im schlechten Zustand erzwingt jedoch bei gegebenem Finanzierungsbedarf die Herausgabe zusätzlicher Cash-flow-Rechte, was sich sofort negativ auf die Leistung auswirkt und den Unternehmenswert reduziert. Mit der genannten Einschränkung (Annahme 5.18) können wir uns auf *entscheidungseffiziente* Kombinationen von Cash-flow- und Kontrollrechten als Kandidaten für den dominanten Finanzierungsvertrag konzentrieren.

---
[16] Siehe Fußnote 2 im Anhang.

5.4.3 Projektrentabilität und Kontrakthierarchie

Welche Kombination von Cash-flow-Rechten und Kontrollregime liefert bei gegebener Finanzierungskapazität den höchstmöglichen Unternehmenswert? Es wird sich zeigen, dass die dominante Allokation von Cash-flow- und Kontrollrechten unmittelbar von der Höhe der Investitionssumme und damit direkt von der Rentabilität des Projektes abhängig ist. Sei

$$I_{\min} \equiv \frac{p_g}{p_g - p_b}(\mathrm{E}[y|s_b] - \mathrm{E}[x|s_b]).$$

Dann gilt:

Proposition 5.4.2. *Mit*

$$I \leq I_{\min}$$

garantiert Managerkontrolle in Kombination mit der gemischten Finanzierungsstruktur $\phi^m_{mix}(\omega^*(R), R^*)$ die optimale Leistung q^*.

Bei hochrentablen Projekten existiert - trotz externer Finanzierung und Nichtkontrahierbarkeit der Projektwahl - eine Kombination aus Kontrollregime und Finanzierungsstruktur, die die Leistungsanreize unverzerrt lässt. Die kritische Höhe des fixen Zahlungsanspruchs R_m muss für $I \leq I_{\min}$ nie überschritten werden, und Managerkontrolle garantiert die optimale Projektwahl. Darüber hinaus ermöglicht der geringe Finanzierungsbedarf die Zeichnung eines Kontraktes, der dem Investor in jedem Zustand einen quasifixen Zahlungsanspruch garantiert. Auf beides, Entscheidungseffizienz und die Aneignung des gesamten Ertrages der eigenen Mehrleistung, reagiert der Manager mit optimaler Leistung. Folglich ist der Mischkontrakt $\phi^m_{\mathrm{mix}}(\omega^*(R), R^*)$ gepaart mit Managerkontrolle hier nicht nur die dominante, sondern auch die optimale Allokation von Cash-flow- und Kontrollrechten.

Um zu sehen, wie die dominanten Kontrakte bei höheren Finanzierungsvolumina aussehen, definieren wir mit Hilfe von (5.6) und (5.10) sowie der Gleichung

$$\omega(I, R_m) = \omega_f(R_m)$$

ein kritisches Finanzierungsvolumen I_{med}. Wegen Lemma 5.4.2 und (5.16) existiert I_{med} und ist eindeutig.[17] Es zeigt sich, dass die Dominanz der Managerkontrolle auch bei Second-best-Kombinationen von Kontrollregime und Cash-flow-Rechten erhalten bleibt, solange der Finanzierungsbedarf nicht zu hoch ist.

Proposition 5.4.3. *Bei Projekten mit Anschaffungsausgabe $I \in [I_{min}, I_{med}]$ sichert Managerkontrolle den maximalen Unternehmenswert. Die dominante Finanzierungsstruktur lässt sich durch den Mischkontrakt $\phi^m_{mix}(\omega(R_m), R_m))$ mit $\omega \in [\omega^*(R_m), \omega_f(R_m)]$ beschreiben.*

---
[17] I_{med} ist allerdings ein extrem langer Ausdruck. Deshalb vermeiden wir es, ihn hier wiederzugeben.

5.4 Externe Finanzierung

Mit $I > I_{\min}$ gilt für alle First-best-Kombinationen von ω und R, mit denen das Projekt finanziert werden kann, $R > R_m$ und $\omega^* < \omega_f$. Damit existiert kein Kontrollregime, das bei einem First-best-Kontrakt die optimale Projektwahl gewährleistet. Der Manager präferiert beim First-best-Kontrakt immer Variante x. Die Bank hingegen würde in jedem Zustand y durchsetzen wollen. Entscheidungseffizienz kann somit bei Projekten mit mittlerem Finanzierungsbedarf nur durch Hinnahme von Leistungseinbußen auf der Managerseite erkauft werden. Der Manager reduziert dabei seine Leistung und damit den Unternehmenswert umso weniger, je mehr er selbst von seinem Einsatz profitiert.

Aus Lemma 5.4.1, Teil 1 und Lemma 5.4.2 folgt, dass es zwei Kandidaten für die Existenz eines *entscheidungseffizienten* Kontraktes gibt, die jeweils die gleiche Finanzierungskapazität besitzen. Das ist zum einen der echte Mischkontrakt $\phi_{\text{mix}}^f(\omega_f(R), R)$ mit Investorkontrolle und zum anderen der - Managerkontrolle voraussetzende - Vertrag $\phi_{\text{mix}}^m(\omega(R_m), R_m))$. Im Bereich $R < y_l$ induziert jedoch jede Anhebung des fixen Zahlungsanspruchs positive Leistungsanreize, $\partial q(\omega, R)/\partial R > 0$. Es muss jener Kontrakt dominant sein, bei dem der zur Erfüllung der Partizipationsbedingung notwendige Rückzahlungsbetrag höher und die entsprechende Beteiligungsquote niedriger ist. Aus Lemma 5.4.2 und (5.16) ergibt sich dann unmittelbar, dass Managerkontrolle diese Bedingungen erfüllt.

Da unter dem Regime der Managerkontrolle, die von den Cash-flow-Rechten des Investors induzierten Anreizeffekte irrelevant sind, spielt es im Bereich kleiner und mittlerer Anschaffungsausgaben für den Unternehmensertrag natürlich keine Rolle, ob die Finanzierung durch einen echten Mischkontrakt erfolgt, oder ob dieser Kontrakt durch ein Paket aus Kreditkontrakt und Beteiligungskontrakt dupliziert wird. Das ändert sich jedoch, wenn die Finanzierungskapazität eines solchen Kontrakts für die Projektrealisierung nicht mehr ausreicht. Um dies zu zeigen, definieren wir zunächst zwei kritische Marken für den Finanzierungsbedarf,

$$I'_{\max} \equiv 1 + \mathrm{E}[x|s_g] - \Delta_g - \frac{\Delta_{gb}}{\Delta_g} \quad \text{und} \quad I_{\max} \equiv 1 + \mathrm{E}[x|s_g] - 2\sqrt{\Delta_{gb}},$$

wobei $I'_{\max} < I_{\max}$ wegen $\Delta_g > \sqrt{\Delta_{gb}} > 1$. Mit $I = I'_{\max}$ gilt

$$\omega_f(R) = \omega(I, R) \quad \forall \quad R > y_h.$$

Das Finanzierungsvolumen I_{med} induziert als dominanten Kontrakt $\phi_{\text{mix}}^m(\omega_f(R_m), R_m))$ mit $R_m < y_l$ und $\omega_f(R_m) < \omega_f(y_l) \equiv \bar{\omega}_f$. Aus Lemma 5.4.2, Teil 1 und der positiven Monotonie der Finanzierungskapazität eines entscheidungseffizienten Kontraktes in ω und R folgt dann unmittelbar $I'_{\max} > I_{\text{med}}$. Wie Proposition 5.4.4 feststellt, können Projekte mit hohem Finanzierungsbedarf nur mit Investorkontrolle finanziert werden. Dies impliziert sofort, dass jede Duplikation eines dominanten echten Mischkontrakts durch einen unechten Mischkontrakt die Anreizkompatibilitätsbedingung verletzen würde und mithin nicht mehr unternehmenswertmaximierend wäre.

138   5. Unternehmenskontrolle und Standardfinanzierungsinstrumente

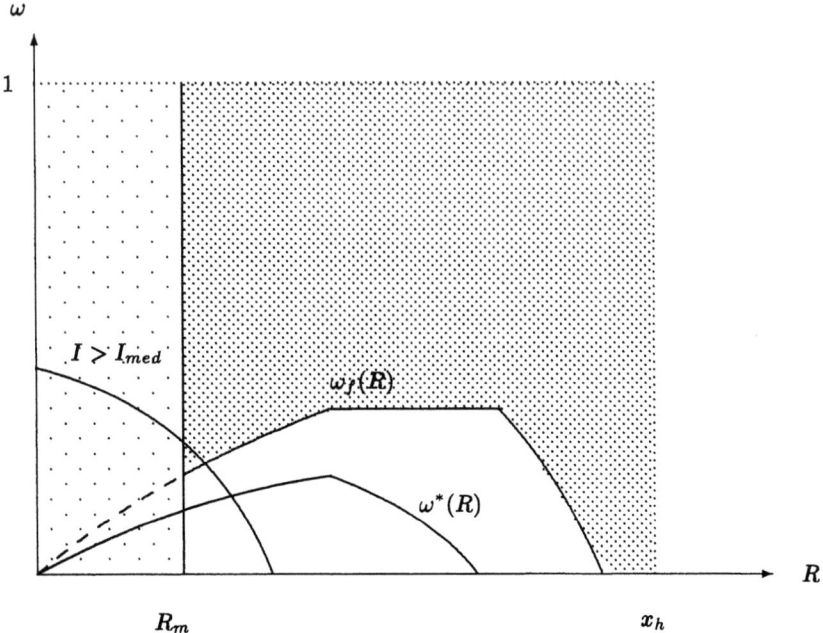

Abb. 5.3. Projektfinanzierung mit entscheidungseffizienten Kontrakten

Proposition 5.4.4.

1. Bei Projekten mit $I_{med} < I \leq I'_{max}$ ist Bankkontrolle, kombiniert mit dem echten Mischkontrakt $\phi^f_{mix}(\omega_f(R), R)$, dominant.
2. Projekte mit $I'_{max} < I \leq I_{max}$ erfordern Bankkontrolle. Es existiert kein eindeutiger dominanter Kontrakt. Gewinnmaximierung ist bei diesem Projekttyp sowohl mit einem (echten) Misch- als auch mit einem Kreditkontrakt vereinbar.

Liegt der Finanzierungsbedarf bei $I_{med} < I \leq I'_{max}$ lässt sich die Anreizkompatibilitätsbedingung des Managers nur unter Inkaufnahme einer sehr hohen Beteiligungsquote erfüllen. Je geringer aber die Beteiligungs- und je höher die Kreditkomponente, desto stärker partizipiert der Manager an den Erträgen des guten Zustandes und desto mehr wird er sich anstrengen, diesen herbeizuführen. Folglich kann es nur mehr eine einzige Kombination von Kontrollregime und Cash-flow-Rechten geben, die maximale Finanzierungskapazität sichert. Das ist Bankkontrolle und ein echter Mischkontrakt. Wegen der positiven Anreizwirkung von Kreditfinanzierung ist Letzterer so gestaltet, dass die Anreizkompatibilitätsbedingung der Bank bindet.

Nicht-anreizkompatible Verträge provozieren den bereits erwähnten Doppeleffekt. Die suboptimale Projektvariante senkt die Finanzierungskapazität eines gegebenen Vertrages. Die Finanziers antizipieren dies und fordern ex ante höhere Ansprüche, was sofort die Arbeitsanreize des Managers negativ beeinflusst und den Unternehmenswert noch einmal zusätzlich absenkt.

Bei Großprojekten mit $I > I'_{\max}$ gerät die Bank wegen des hohen Kompensationsanspruchs in die Rolle eines Quasi-Residualeinkommensempfängers. Die Anreizkompatibilitätsbedingung bindet nicht mehr, und Entscheidungseffizienz ist unter der Prämisse der Investorkontrolle mit jeglicher Art von Standardfinanzierungsinstrument vereinbar. Dennoch werden wegen des negativen Leistungseffektes allzu hohe Beteiligungsquoten vermieden. Die Vertragspartner kontrahieren mindestens den fixen Zahlungsanspruch $R = y_h$, so dass die Bank das Projekt im schlechten Zustand vollständig übernehmen kann. Für alle $R \geq y_h$ existiert jedoch bei jedem gegebenen Finanzierungsvolumen $I > I'_{\max}$ nur mehr ein einziges Leistungsniveau, welches mit der Teilnahmebedingung der Bank vereinbar ist. Folglich ist es für die Partizipation der Bank ohne Bedeutung, wie dieses Leistungsniveau dann dargestellt wird. Der dominante Kontrakt ist entweder ein reiner Kreditkontrakt oder ein echter Mischkontrakt $\phi_{\mathrm{mix}}(\omega > \omega_f, R \geq y_h)$.

5.4.4 Wiederverhandlung und Kreditvertrag

Wenn keine anreizkompatiblen Verträge angeboten werden, lösen möglicherweise Wiederverhandlungen das Problem der Entscheidungsineffizienz. Wir gehen deshalb in diesem Abschnitt der Frage nach, ob ein reiner Kreditvertrag mit Wiederverhandlung in $t = 1$ jemals besser sein kann als ein echter Mischkontrakt mit Ex-ante-Zuweisung der Kontrollrechte. Auf den reinen Kreditvertrag konzentrieren wir uns, weil Wiederverhandlungen naturgemäß nur bei Interessendivergenz zwischen Bank und Manager geführt werden. Wir betrachten außerdem nur solche Projekte, bei denen das Entscheidungsproblem nicht durch Managerkontrolle lösbar ist, $I > I_{\mathrm{med}}$. Die Wiederverhandlung modellieren wir so, dass jeweils die Partei mit der Verhandlungsmacht eine *take it or leave it-offer* präsentiert. Dabei gehen wir davon aus, dass die Verhandlungsmacht jeweils bei der Partei liegt, die auch Unternehmenskontrolle besitzt und damit die Entscheidungen treffen kann. Liegt die Unternehmenskontrolle beim Manager, kommt es im Zustand s_b zu Wiederverhandlungen. Besitzt die Bank die gesamte Verhandlungsmacht, wird nur in s_g nachverhandelt (siehe Tabelle 5.1). Im ersten Fall wird der Manager den gesamten Mehrertrag der Entscheidung y abschöpfen, so dass die Bank gerade indifferent zwischen den beiden Optionen x und y ist. Mit P_m als Nachverhandlungsertrag des Managers ergibt sich

$$\mathrm{E}[\min[R,y]|s_b] - P_m = \mathrm{E}[\min[R,x]|s_b].$$

Mit q_n^i als Managerleistung bei Nachverhandlung gilt dann im Optimum

$$q_n^m = 1 - \frac{1}{\mathrm{E}[\max[x-R,0]|s_g] - \mathrm{E}[y|s_b] + \mathrm{E}[\min[R,x]|s_b]}. \tag{5.19}$$

Für den Fall, dass die Bank die Verhandlungsmacht innehat, beträgt der Nachverhandlungsertrag

$$\mathrm{E}[\max[x - R, 0]|s_g] - \mathrm{E}[\max[y - R, 0]|s_g] = P_f,$$

woraus

$$q_n^f = 1 - \frac{1}{\mathrm{E}[\max[y - R, 0]|s_g] - \mathrm{E}[\max[y - R, 0]|s_b]}$$

als optimales Leistungsniveau resultiert. Die Kontrakthierarchie lässt sich dann eindeutig festlegen. Es zeigt sich, dass Nachverhandlungen das Problem

Tabelle 5.1. Kreditvertrag und Nachverhandlung

	Zustand	
Kontrolle	s_g	s_b
Manager		Nachverhandlung
Bank	Nachverhandlung	(Kollusion)

der Unterinvestition in Managerleistung verschärfen.

Proposition 5.4.5. *Falls entscheidungseffiziente Kontrakte für alle positiven Net-present-value-Projekte superior sind, generieren die Wiederverhandlungskontrakte*

$$\phi_{kred}^f(R) \text{ (Bankkontrolle) und } \phi_{kred}^m(R) \text{ (Managerkontrolle)}$$

für alle $I > I_{med}$ *einen geringeren Unternehmenswert als der Mischkontrakt* $\phi_{mix}^f(\omega_f(R), R)$.

Nachverhandlungen verzerren den Arbeitsanreiz des Managers stärker als der *entscheidungseffiziente* Mischkontrakt $\phi_{\mathrm{mix}}^f(\omega_f(R), R)$. Im Falle der Managerkontrolle liegt dies daran, dass der Manager mittels Nachverhandlungen in s_b einen im Vergleich zum anreizkompatiblen Mischkontrakt überproportionalen Ertragszuwachs erzielen kann. Bankkontrolle provoziert Leistungseinschränkung, weil der Manager bei Nachverhandlungen in s_g eine überproportionale Ertragsminderung hinnehmen muss. Beides zusammen impliziert, dass Mischfinanzierung mit Investorkontrolle bei größeren Projekten die Kosten der externen Finanzierung minimiert. Man beachte, dass sich diese Feststellung treffen lässt, obwohl die Nachverhandlungen kostenlos sind. Bei der ex post zu treffenden Wahl zwischen riskanter und weniger riskanter Projektvariante haben wir es mit dem klassischen Hold-up-Problem zu tun, dessen Eliminierung die ex ante Zuordnung der Eigentumsrechte voraussetzt.

5.4.5 Portfolioinvestoren und Manager-Bank-Kollusion

Bislang haben wir die dominante Allokation von Kontroll- und Cash-flow-Rechten unter der Prämisse betrachtet, dass ein einziger Investor, die Bank, das gesamte Projekt finanziert. Wir lassen nun auch multiple Projektfinanzierung durch eine Bank und viele Portfolioinvestoren zu. Bei den Portfolioinvestoren fokussieren wir ausschließlich auf anonyme Kapitalmarktanleger, die fixe Zahlungsansprüche ohne Kontrollrechte halten. Konkret denken wir beispielsweise an Anleger, die in gestückelte Schuldverschreibungen des Unternehmens investieren.

Durch die Abwesenheit von Kontrollrechten ist diese Investorklasse bei ex ante nicht kontrahierbaren Unternehmensentscheidungen grundsätzlich der Gefahr der Ex-post-Ausbeutung ausgesetzt. Wir haben hier eine spezielle Gefahr, nämlich die des kollusiven Zusammenschlusses von Manager und aktiver Bank im Auge. Natürlich wäre auch eine Kollusion zwischen der Bank und der passiven Investorklasse denkbar. Wegen der angenommenen Natur dieser Investorklasse dürften die Kosten einer solchen konzertierten Aktion allerdings prohibitiv hoch sein, so dass dieser Kollusionstyp von vornherein ausgeschlossen werden kann.

Die Gefahr einer den Unternehmenswert beeinträchtigenden Kollusion taucht nur dann auf, wenn sich Manager und Bank mit der Entscheidung x gemeinsam besser stellen als mit der Wahl von y. Folglich droht Kollusion nur im Zustand s_b und hier auch nur für $R > R_m$. Sie ist daher unmittelbar mit Bankkontrolle verknüpft. Der Einfachheit halber nehmen wir an, dass die Verhandlungsmacht der kontrollierenden Bank groß genug ist, um über eine *take-it-or-leave-it-offer* den Gewinn des Managers vollständig abzuschöpfen. Diese vereinfachende Annahme hat den Vorteil, dass wir uns über die Arbeitsanreize des Managers keine gesonderten Gedanken machen müssen. Da er bei Kollusion nicht mehr erhält als ohne Kollusion, wird die Managerleistung nicht direkt beeinflusst.[18]

Rationale Outside-Investoren werden eine Kollusion zwischen Bank und Manager antizipieren. Das schränkt naturgemäß die Finanzierungskapazität nicht-kollusionsresistenter Verträge ein. Maximale Finanzierungskapazität setzt demzufolge bei mehreren Investorklassen neben Entscheidungseffizienz auch Kollusionsresistenz voraus. Die Implementation solcher Verträge ist umso dringender, je enger der Kontakt zwischen Manager und aktiver Bank ist, oder anders ausgedrückt, je geringer die Kosten der Kollusion sind. Mit einem Anteil der Portfolioinvestoren am fixen Zahlungsanspruch R von $1 - \beta$ ist ein Finanzierungsvertrag zwischen Bank und Manager dann und nur dann

---

[18] Sie verändert sich natürlich indirekt, wenn die passiven Investoren Kollusionserwartungen hegen und aufgrund der Tatsache, dass sie Kosten der Fehlentscheidung hauptsächlich zu tragen haben, ihre Cash-flow-Rechte nach oben anpassen wollen.

5. Unternehmenskontrolle und Standardfinanzierungsinstrumente

kollusionsresistent, wenn

$$\omega E[\max[x - R, 0]|s_b] + \beta E[\min[R, x]|s_b] \qquad (5.20)$$
$$+\pi - \gamma\pi < \omega E[\max[y - R, 0]|s_b] + \beta E[\min[R, y]|s_b].$$

Der Ausdruck

$$\pi = (1 - \omega)(E[\max[x - R, 0]|s_b] - E[\max[y - R, 0]|s_b]) \qquad (5.21)$$

repräsentiert den Kollusionstransfer vom Manager zur Bank, wobei unterstellt wird, dass die Kompensation des Managers auf dem Nicht-Kollusionsniveau verbleibt. Die Kollusionskosten betragen $\gamma\pi$ mit $\gamma < 1$. Einsetzen von (5.21) in (5.20) und Auflösen nach β ergibt als Bedingung für Kollusionsresistenz

$$\beta \geq \beta_f,$$

wobei

$$\beta_f \equiv \frac{(E[\max[x - R, 0]|s_b] - E[\max[y - R, 0]|s_b])(1 - (1 - \omega)\gamma)}{E[\min[R, y]|s_b] - E[\min[R, x]|s_b]} < 1 \qquad (5.22)$$

ist. $R = R_m$ liefert $\beta_f = 0$. Außerdem ist $\partial\beta/\partial\omega > 0$. Liegt der Anteil der Bank am fixen Zahlungsanspruch über $\beta_f < 1$, lohnt sich die Kollusion aus der Sicht der Bank nicht. Positive Kollusionskosten erschweren die Zusammenarbeit zwischen Manager und Bank, so dass β_f umso kleiner ist, je größer der kollusionsbedingte Wohlfahrtsverlust ausfällt. Entscheidungseffizienz bei Investorkontrolle erfordert

$$\omega E[\max[x - R, 0]|s_g] + \beta E[\min[R, x]|s_g] \geq \omega E[\max[y - R, 0]|s_g] \qquad (5.23)$$
$$+ \beta E[\min[R, y]|s_g].$$

Aus dieser Bedingung resultiert eine im Vergleich zur Alleinfinanzierung niedrigere kritische Beteiligungsquote für Entscheidungseffizienz, wenn Portfolioinvestoren an der Finanzierung beteiligt sind: $\omega_f(\beta, R) < \omega_f(R)$. Diese Lockerung der Anreizkompatibilitätsbedingung der Bank ist auch der Grund dafür, warum sich die Einbeziehung von Portfolioinvestoren in die Projektfinanzierung trotz der damit verbundenen Kollusionsgefahr lohnt.[19]

Proposition 5.4.6.

1. *Mit $\gamma < 1$ existiert ein $I_c < I_{max}^{fb}$. Für alle $I_{min} < I < I_c$ garantieren Bankkontrolle und multiple Projektfinanzierung mit den kollusionsresistenten Kontrakten $\phi_{mix}^f(\omega^*(R), \beta_f(\omega^*(R)) \cdot R^*)$ und $\phi_{kred}((1 - \beta_f(\omega^*(R)) \cdot R^*)$ die First-best-Managementleistung q^*. I_c ist umso kleiner, je niedriger die Kollusionskosten sind.*

---

[19] Jeder kollusionsresistente Vertrag ist bei uns auch wiederverhandlungsresistent. Aber nicht jeder wiederverhandlungsresistente Vertrag ist auch kollusionsresistent (Strausz 1997).

2. **Multiple Projektfinanzierung (Bank plus passive Kapitalmarktinvestoren) erhöht für alle $I_{min} < I < I'_{max}$ den Unternehmenswert.**

Ein Blick auf den Kollusionsertrag π zeigt, dass die Gefahr der Kollusion zwischen Manager und Bank nur auftaucht, wenn in s_b die Interessen von Portfolioinvestoren und Manager divergieren. Finanzierungsverträge mit Kapazität $I < I_{min}$ sind somit per se kollusionsresistent. In diesem Projektgrößenbereich hält der Manager optimalerweise die Kontrolle. Anreizeffekte, die auf Investorseite durch die Finanzierungsstruktur ausgelöst wurden, spielen deshalb für die optimale Entscheidung ohnehin keine Rolle. Die Existenz von Portfolioinvestoren ist hier für den Unternehmenswert irrelevant. $I = I_{min}$ wird durch den Vertrag $\phi_{mix}^m(R_m, \omega^*(R_m))$ finanziert. R_m impliziert Kollusionsresistenz für alle $\beta_f \geq 0$, so dass die anreizkompatible Beteiligungsquote der Bank kleiner als ω^* ist. Bei Anwesenheit von Portfolioinvestoren verschwindet folglich das Projektgrößenintervall, in dem Managerkontrolle zusammen mit einem suboptimalen Leistungsniveau auftritt.[20]

Liegt der Finanzierungsbedarf höher, lockern Portfolioinvestoren und die damit verbundene Aufteilung des fixen Zahlungsanspruchs die Anreizkompatibilitätsbedingung bei Investorkontrolle. Diese Lockerung ist jedoch nicht ohne Kosten. Wenn die Masse des fixen Zahlungsanspruchs bei den Portfolioinvestoren liegt, erwächst daraus die Gefahr, dass Bank und Manager zusammenarbeiten und gemeinsam im Zustand s_b die ineffiziente, weil zu riskante Option x durchsetzen. Soll der Vertrag kollusionsresistent sein, muss die Bank einen Mindestanteil am fixen Zahlungsanspruch halten. Das etabliert eine untere Schranke für die Lockerung der Anreizkompatibilitätsbedingung (5.23). Die Schranke ist naturgemäß umso weniger restriktiv, je geringer der Kollusionsgewinn ausfällt. Hohe Kollusionskosten reduzieren den gerade noch mit Kollusionsresistenz zu vereinbarenden Bankanteil am fixen Zahlungsanspruch. Der Manager kann - ohne die Entscheidungseffizienz zu gefährden - Beteiligungsfinanzierung durch Kreditfinanzierung substituieren. Das erhöht unmittelbar seinen Leistungsanreiz.

Solange die Investitionssumme relativ niedrig ist, bleibt auch der gesamte fixe Zahlungsanspruch niedrig. Das wiederum hält auch den Kollusionsgewinn auf einem niedrigen Niveau. Für alle $I_{min} < I < I_c$ liegt der kollusionsresistente Anteil zwar bei $\beta_f > 0$, die anreizkompatible Beteiligungsquote bleibt dennoch so gering, dass jeder echte, die First-best-Leistung induzierende Mischkontrakt auch Entscheidungseffizienz gewährleistet. Fixer Zahlungsanspruch und Bankbeteiligungsquote werden so festgelegt, dass die Gesamtheit der Investoren (Bank und Portfolioinvestoren) einen quasifixen Anspruch erhält und der Mischkontrakt der Bank kollusionsresistent und wiederverhandlungsresistent ist. Ist hingegen die Kontrahierung eines in der Gesamtheit quasifixen Anspruchs aufgrund der Projektgröße nicht mehr möglich ($I > I_c$), wird ein Mischkontrakt mit Investorkontrolle gezeichnet, der sowohl die Anreizkompatibilitätsbedingung als auch die Bedingung für Kollusionsresistenz

---
[20] Anders ausgedrückt, eine Grenze I_{med} existiert nicht mehr.

mit Gleichheit erfüllt. Die Managerleistung und damit der Unternehmenswert sinkt im Vergleich zum First-best-Niveau. Wegen der niedrigeren anreizkompatiblen Beteiligungsquote leistet der Manager jedoch für alle $I < I'_{max}$ bei multipler Projektfinanzierung mehr als bei Alleinfinanzierung durch einen einzigen Großinvestor.

5.5 Zusammenfassung und Fazit

In Deutschland wird in der Diskussion um die Macht der Banken insbesondere beklagt, dass die Kumulation von Kreditfinanzierung, Unternehmensbeteiligung und Depotstimmrecht den Banken unangemessen große Einflussmöglichkeiten verschaffe (z.B. Wenger 1992, Adams 1990). Dahinter steht die Vermutung, dass Banken, die mittels Depotstimmrechten die Unternehmenspolitik bestimmen können, immer dann zu suboptimalen Entscheidungen tendieren, wenn sie neben Krediten auch noch Unternehmensanteile halten. Unmittelbarer Ausdruck dieser Befürchtung sind Bestrebungen, das Recht zur Ausübung der Depotstimmrechte an Bedingungen zu knüpfen und den Anteilsbesitz von Banken auf die in Trennbankensystemen üblichen 5 % zu beschränken.[21] So hat die Monopolkommission in einem Sondergutachten 26 aus dem Jahre 1998 zum wiederholten Male die Empfehlung ausgesprochen, den Anteilsbesitz der Banken auf 5 % zu begrenzen.[22]

Unsere Ergebnisse widersprechen dieser Argumentation. Wir konnten zeigen, dass Mischkontrakte, gekoppelt mit *zustandsunabhängiger* Bankkontrolle, effiziente Instrumente zur Maximierung des Unternehmenswertes sein können. Wenn die Entscheidung zwischen Projekten mit unterschiedlichem Risikograd nicht kontrahierbar ist und die notwendige Investitionssumme relativ hoch ist, garantiert nur Investorkontrolle die richtige Projektwahl und den höchsten Leistungsanreiz für den Manager. Mit diesem Kontrollregime ist in einem bestimmten Projektintervall allein ein Mischkontrakt – gehalten vom kontrollierenden Finanzier – kompatibel. Die Einführung einer restriktiven Beteiligungsgrenze kann deshalb suboptimale Unternehmensentscheidungen provozieren; entweder verursacht durch das Sicherheitsstreben der Beteiligungsbank oder durch die Risikofreude des Managers. Im Lichte der Vertragsunvollständigkeit betrachtet, können Kreditfinanzierung, Beteiligungsbesitz und Bankkontrolle via Depotstimmrecht oder Aufsichtsratsmandat somit durchaus als komplementäre Bestandteile eines bankdominier-

---
[21] Vgl. den Gesetzentwurf der SPD aus dem Jahre 1994.
[22] Der Entwurf zum dritten Finanzmarktförderungsgesetz sah zwar keine Beteiligungshöchstgrenze vor, bezogen auf ein Unternehmen, sollten Banken jedoch ihre Depotstimmrechte nur dann ausüben dürfen, wenn ihr Anteilsbesitz nicht mehr als 5 % beträgt.

ten Finanzierungssystems angesehen werden.[23] Bankkontrolle und Mischfinanzierung ist jedoch keinesfalls immer überlegen. Im Bereich kleiner und mittlerer Finanzierungsvolumina ist Managerkontrolle dominant. Bei hinreichend kleinem Finanzierungsbedarf, lässt sich das Problem der unzureichenden Leistungsanreize durch Managerkontrolle sogar eliminieren. Die Firstbest-Finanzierungsstruktur definiert Residualeinkommensansprüche, die den Manager zur optimalen Projektwahl veranlassen. Gleichzeitig gesteht sie den externen Finanziers in jedem Zustand der Welt gleich hohe erwartete, sozusagen quasifixe Ansprüche zu und belässt damit den Mehrertrag jeglicher Zusatzleistung beim Manager. Hier zeigt sich, dass die Verzerrung der Leistungsanreize keinesfalls immer der Tatsache der externen Finanzierung geschuldet ist. Unzureichende Managerleistung entsteht vielmehr dadurch, dass Entscheidungseffizienz und quasifixe Finanzierungsstruktur bei mittleren und höheren Finanzierungsvolumina nicht mehr miteinander kompatibel sind.

Im Bereich mittlerer Projektgrößen bleibt Managerkontrolle dennoch das dominierende Kontrollregime. Hier können *entscheidungseffiziente* Verträge mit einem hinreichend niedrigen fixen Zahlungsanspruch angeboten werden, so niedrig, dass der Kredit bei Wahl der relativ sicheren Alternative niemals ausfallgefährdet ist. Wegen der Nichtausfallgefährdung reduziert die sicherere Projektvariante den Mehrertrag der Managerleistung im weniger profitablen Zustand überproportional. Wissend, dass er selbst ex post einen Anreiz hat, das weniger riskante Projekt zu wählen, wird der Manager versuchen, diesen Zustand durch eine höhere Leistung zu vermeiden. Da Investoren unter dem Regime der Managerkontrolle keine Interimsentscheidungen treffen, sind jegliche, durch die externen Cash-flow-Rechte heraufbeschworenen, Anreizeffekte irrelevant. Folglich ist es bei Managerkontrolle auch ohne Bedeutung, welche Kontrakte - Kredit-, Beteiligungs- oder Mischkontrakte - die effiziente Finanzierungsstruktur realisieren. Entscheidend ist allein, dass der schlechte Zustand für den Manager hinreichend unattraktiv ist.

Passive Portfolioinvestoren, die nur fixe Zahlungsansprüche zeichnen, mildern das Unterinvestitionsproblem auf Managerseite. Der Grund für die Effizienz der multiplen Projektfinanzierung liegt auf der Hand. Die Aufteilung des fixen Zahlungsanspruchs auf mehrere Investorgruppen vermindert die anreizkompatible Bankbeteiligungsquote. Dies macht jedoch nur so lange Sinn, solange die Kreditgeberinteressen der Beteiligungsbank hinreichend stark bleiben, um der Versuchung zu widerstehen, ihre Ansprüche mit denen des Managers zu vereinigen und auf Kosten der Portfolioinvestoren eine suboptimale Projektvariante durchzusetzen. Kollusionsresistenz konstituiert somit eine untere Schranke für die anreizkompatible Beteiligungsquote.

---

[23] Die Einschränkung des Depotstimmrechtes ausgerechnet in den Fällen, wo aufgrund der Auszahlungsstrukturen auf eine Interessenallianz zwischen Beteiligungsbank und Residualeinkommensempfängern gehofft werden kann, scheint aus dieser Perspektive kontraproduktiv.

Diese Kontrakthierarchie ist robust, auch wenn zugelassen wird, dass das Ex-post-Entscheidungsproblem durch Wiederverhandlung effizient gelöst werden kann. Die Ex-ante-Kontrahierung von anreizkompatiblen Cash-flow-Rechten induziert eine höhere Managerleistung und damit einen größeren Unternehmenswert als Wiederverhandlungen. Zugegebenermaßen beruht dieses Ergebnis auf der Prämisse, der Vertragspartner mit dem Recht der Projektwahl besitze ex post auch die gesamte Verhandlungsmacht. Wir glauben allerdings, dass diese Prämisse nicht ganz unrealistisch ist.

Unsere These, wonach Bankkontrolle eher bei größeren und Managerkontrolle eher bei kleineren Unternehmen auftritt, dürfte mit den stilisierten Fakten übereinstimmen. Die festgestellte Dominanz des Mischkontrakts mit Bankkontrolle bei höheren Finanzierungsvolumina lässt sich zudem mit den empirischen Ergebnissen von Cable (1985) und Schmid (1996) in Einklang bringen.[24] Sie steht jedoch im scharfen Kontrast zu Perlitz/Seger (1994) und unterstützt nicht die von Franks/Mayer (1997) nahegelegte Irrelevanz der Bankkontrolle. Schon allein diese Diskrepanz sollte Grund genug sein, sich sowohl auf theoretischer als auch empirischer Ebene intensiver mit dem Mischkontrakt auseinander zu setzen.

---

[24] In Teilen auch mit Gorton/Schmid (2000).

A. Appendix zu Kapitel 5

Proposition 5.4.1

Beweis

Gleichsetzen von Δ_{gb} mit dem rechten Term von (5.5) ergibt die zur Firstbest-Leistung führende ω-R-Kombination,

$$\omega^*(R) = \frac{\left(E[\max[x-R,0]|s_g] - E[\max[y-R,0]|s_b]\right) - \Delta_{gb}}{\left(E[\max[x-R,0]|s_g] - E[\max[y-R,0]|s_b]\right)},$$

wobei

$$\omega^*(R=0) = 0 \quad \text{und} \quad \omega^*(y_l) = \frac{(1-p_g)y_l}{(1-p_g)y_l + \Delta_{gb}}$$

sowie

$$\frac{\partial \omega^*}{\partial R} \begin{cases} > 0 & \forall \ R \leq y_l \\ < 0 & \vee \ R \in [y_l, x_h] \end{cases} \tag{A.1}$$

ist. Umstellen von $\omega^*(R)$ liefert

$$\omega^*(R)E[\max[x-R,0]|s_g] + E[\min[R,x]|s_g] = \omega^*(R)E[\max[y-R,0]|s_b] + E[\min[R,y]|s_b].$$

Es ist offensichtlich, dass der quasifixe Anspruch $I^{fb} = \omega^*(R^*)E[\max[x_h - R^*, 0]|s_g] + E[\min[R^*, x]|s_g]$ zu q^* führt. Für I^{fb} gilt

$$\frac{\partial I^{fb}}{\partial R} = \begin{cases} \dfrac{p_g(x_h - E[y|s_b])\Delta_{gb}}{(\Delta_{gb} + (1-p_g)R)^2} > 0, & R \leq y_l \\[2mm] \dfrac{p_g p_b(x_h - y_h)\Delta_{gb}}{(\Delta_{gb} + (1-p_b)y_l - (p_g - p_b)R)^2} > 0, & R \in [y_l, y_h] \\[2mm] 0 & R > y_h. \end{cases} \tag{A.2}$$

Das Maximum von I^{fb} liegt bei $p_g R^*_{\max}$. Falls $R^*_{\max} < y_h$ ist der quasifixe Kreditanspruch durch

$$p_g R^*_{\max} = p_b R^*_{\max} + (1-p_b) y_l$$

definiert. Aus $R^*_{\max} = y_l(1-p_b)/(p_g - p_b) \leq y_h$ folgt dann $p_g > p_b + (1-p_b)y_l/y_h$. Für $R^*_{\max} > y_h$ muss $I^{fb} = p_g R^*_{\max} = \mathrm{E}[y|s_b]$ und somit $p_g < p_b + (1-p_b)y_l/y_h$ gelten. Man beachte, dass die maximale Finanzierungskapazität im Intervall $R > y_h$ durch jedwede Kombination $(\omega^*(R^*), R^*)$, somit also auch durch den Vertrag $\phi_{\mathrm{kred}}(\omega^* = 0, R^*_{\max} = \mathrm{E}[y|s_b]/p_g)$, erreicht wird. Einsetzen von $R^*_{\max}$ in I^{fb} liefert dann die jeweiligen kritischen Investitionssummen $I = I^{fb}_{\max}$. △

Lemma 5.4.1

Beweis

1. Gleichsetzen von rechter und linker Seite bei den beiden Anreizkompatibilitätsbedingungen des Managers (5.12) und Auflösen nach R ergibt die (zustandsabhängigen) kritischen Grenzen für Entscheidungseffizienz bei Managerkontrolle. Mit $R_{gman} \equiv -\Delta_g/(1-p_g)$ als Indifferenzniveau im Zustand s_g und R_m als Indifferenzniveau im Zustand s_b gilt $R_{gman} < 0 < R_m < y_l$. Wegen (5.1) und $R_{gman} < 0$ bindet die Anreizkompatibilitätsbedingung des Managers nur in Zustand s_b. Bei einem hinreichend niedrigen fixen Zahlungsanspruch $R \leq R_m$ entscheidet der Manager folglich für jedes $I > 0$ in beiden Zuständen effizient. Wir definieren

$$\omega_{bf}(R) \equiv \frac{\mathrm{E}[\min[R,y]|s_b] - \mathrm{E}[\min[R,x]|s_b]}{\mathrm{E}[\max[x-R,0]|s_b] - \mathrm{E}[\max[y-R,0]|s_b]}.$$

Bei Investorkontrolle folgt aus (5.13) und (5.14), dass $\omega \geq \omega_f(R) < 1$ und

$$\omega \begin{cases} < & \omega_{bf}(R) \\ = & \omega_{bf}(R) \\ > & \omega_{bf}(R) \end{cases} \qquad (\mathrm{A.3})$$

die optimale Projektwahl gewährleisten. Mit $\bar{\omega}_f < 1$ garantieren ausgeschlossene Nachschusspflicht,

$$\omega_{bf}(R = y_l) = \omega_{bf}(R = y_h) = \frac{(1-p_b)y_l}{p_b(x_h - y_h)} > 1,$$

$$\frac{\partial \omega_{bf}}{\partial R} < 0, \ R \in [R_m, y_l], \quad \frac{\partial \omega_{bf}}{\partial R} > 0, \ R > y_h$$

und

$$\lim_{R \to -R_m} \omega_{bf} = -\infty \quad \text{bzw.} \quad \lim_{R \to +R_m} \omega_{bf} = +\infty$$

dann, dass (A.3) immer erfüllt ist, wenn $1 > \omega \geq \omega_f(R)$ erfüllt ist. Bei Investorkontrolle wird somit für alle $\omega \geq \omega_f(R)$ effizient entschieden.[1]

2. Wir beweisen zunächst, dass der entscheidungseffiziente Kontrakt $\phi_{\text{mix}}^f(\omega_f(R), R)$ niemals $q = 0$ induziert. Mit (5.7) ist die Behauptung bewiesen, wenn nach Umstellen von (5.6) und Einsetzen von $q = 0$ für alle $R \in [0, x_h]$

$$\frac{\mathrm{E}[\max[x-R,0]|s_g] - \mathrm{E}[\max[y-R,0]|s_b] - 1}{\mathrm{E}[\max[x-R,0]|s_g] - \mathrm{E}[\max[y-R,0]|s_b]} \quad \text{(A.4)}$$
$$> \frac{\mathrm{E}[\min[R,y]|s_g] - \mathrm{E}[\min[R,x]|s_g]}{\mathrm{E}[\max[x-R,0]|s_g] - \mathrm{E}[\max[y-R,0]|s_g]}$$

gezeigt werden kann. Einsetzen ergibt, dass (A.4) für $R = y_h$ erfüllt ist, wenn

$$\mathrm{E}[\max[x-R,0]|s_g] + \mathrm{E}[\min[R,x]|s_g] - \mathrm{E}[\min[y,R]|s_g] > 1$$

gilt, was durch $\Delta_g > 1$ garantiert ist. Mit (5.9) und (5.16) ist

$$\frac{\partial \omega(q=0, R)}{\partial R} < 0 \quad \text{und} \quad \frac{\partial \omega_f(R)}{\partial R} \leq 0, \quad \forall \ R \in [y_l, x_h],$$

so dass

$$\omega_f(\mathrm{E}[y|s_g]/p_g) = \omega(q=0, R = \mathrm{E}[x|s_g]/p_g - 1) = 0$$

die Ungleichung $\omega(q=0, R) > \omega_f(R) \ \forall \ R \in [y_l, x_h]$ impliziert. Da für $R \in [0, y_l]$ sowohl $\omega_f(R)$ als auch $\omega(q, R)$ monoton in R zunehmen und wegen $\Delta_{gb} > 1$, $\omega(q = 0, R = 0) > 0$ gilt, muss schließlich $\omega(q = 0, R)$ auch für alle $R \in [0, y_l]$ größer als $\omega_f(R)$ sein. Somit induziert der entscheidungseffiziente Kontrakt $\phi_{\text{mix}}^f(\omega_f(R), R)$ ein Leistungsniveau von $q_f > 0$.

Bleibt noch zu zeigen, dass $q_f < q^*$ ist. Durch entsprechendes Einsetzen erhalten wir $\omega^*(0) = \omega_f(0) = 0$ und $\bar{\omega}_f(y_l) > \omega^*(y_l)$. Außerdem führt $R = \mathrm{E}[y|s_g]/p_g$ zu $\omega_f(R) = 0$, wobei

$$R^*_{\max} = \mathrm{E}[y|s_b]/p_g < \mathrm{E}[y|s_g]/p_g$$

gilt. Aus (A.1) und (5.16) sowie (5.7) folgt dann $q_f < q^* \ \forall \ R \in [0, x_h)$.

---
[1] Bei reiner Beteiligungsfinanzierung wird unabhängig vom Kontrollregime immer optimal entschieden.

3. Wegen (5.7) ist die Behauptung bewiesen, wenn für alle $R \in [0, x_h]$ die Gültigkeit der Ungleichung

$$\omega_{0I}(R) \equiv 1 - \frac{\sqrt{\Delta_{gb}}}{H} > \omega_f(R) \qquad (A.5)$$

mit

$$H \equiv \sqrt{\mathrm{E}[\max[x-R,0]|s_g](\mathrm{E}[\max[x-R,0]|s_g] - \mathrm{E}[\max[y-R,0]|s_b])}$$

nachgewiesen werden kann. Einsetzen von $R = 0$ in (A.5) und (5.15) zeigt sofort, dass $\omega_{0I}(R=0) > \omega_f(R=0)$. Mit $\Delta_g^2 > \Delta_{gb} > 1$ muss es ein $\varepsilon > 0$ geben, so dass $(\Delta_g - \varepsilon)^2 = \Delta_{gb}$ ist. Für $R \geq y_h$ liefert Einsetzen von $(\Delta_g - \varepsilon)^2$ in ω_{0I}

$$\omega_{0I}(R) = \frac{p_g(x_h - R) - (\Delta_g - \varepsilon)}{p_g(x_h - R)} = \frac{\mathrm{E}[y|g] - p_g R + \varepsilon}{p_g(x_h - R)}.$$

$\varepsilon \geq 0$ ergibt für $R \geq y_h$

$$\omega_{0I}(R) \geq \frac{\mathrm{E}[y|g] - p_g R}{p_g(x_h - R)} = \omega_f(R).$$

Wenn wir nun noch zeigen können, dass $\partial \omega_{0I}/\partial R < \partial \omega_f(R)/\partial R = 0 \ \forall \ R \in [y_l, y_h]$ ist, sichert $\Delta_g^2 > \Delta_{gb} > 1$ und die Stetigkeit der Funktionen $\omega_{0I}(R)$ und $\omega_f(R)$ die Ungleichung $\omega_{0I}(R) > \omega_f(R) \ \forall \ 0 < R < x_h$. Differentiation von (A.5) in $R \in [y_l, y_h]$ liefert

$$\frac{\partial \omega_{0I}}{\partial R} = \frac{\sqrt{\Delta_{gb}}}{H^2} \frac{1}{2H} \cdot$$
$$\left(-p_g(p_g x_h - p_b y_h - (p_g - p_b)R) - (p_g - p_b)p_g(x_h - R) \right) < 0.$$

$\triangle$

Lemma 5.4.2

Beweis

1. Zu zeigen ist

$$\frac{d\omega(I,R)}{dR} = -\frac{\frac{\partial I}{\partial R}}{\frac{\partial I}{\partial \omega}} < 0 \quad \forall \quad \omega < \omega_{0I}(R).$$

(5.11) und

$$\frac{\partial^2 I}{\partial \omega^2} = -\frac{2}{(1-\omega)^3} \frac{\Delta_{gb}}{\mathrm{E}[\max[x-R,0]|s_g] - \mathrm{E}[\max[y-R,0]|s_b]} < 0$$

garantieren
$$\partial I/\partial \omega > 0, \quad \forall \ \omega < \omega_{0I}(R).$$

Wenden wir uns nun der Finanzierungskapazität in Abhängigkeit von R zu. Ableiten von (5.10) nach R liefert mit

$$\kappa \equiv \frac{\partial \Big(\mathrm{E}[\max[x-R,0]|s_g] - \mathrm{E}[\max[y-R,0]|s_b]\Big)/\partial R}{(1-\omega)(\mathrm{E}[\max[x-R,0]|s_g] - \mathrm{E}[\max[y-R,0]|s_b])^2}$$

$$\frac{\partial I}{\partial R} = \kappa(\Delta_{gb} + p_g(1-\omega)\frac{1}{\kappa}). \tag{A.6}$$

Das Vorzeichen ist wegen (5.9) zunächst nur für $R < y_l$ als eindeutig positiv zu identifizieren. Einsetzen von $\omega = \omega_{0I}(R)$ in (A.6) führt allerdings zu

$$\frac{\partial I(\omega_{0I}(R))}{\partial R} = \begin{cases} \kappa \Delta_{gb} \dfrac{-p_b p_g(x_h - y_h)}{p_g(x_h - R)(p_g - p_b)} > 0 & \forall R \in [y_l, y_h] \\ 0 & \forall R \in [y_h, x_h]. \end{cases} \tag{A.7}$$

Bei effizienten Verträgen muss die Bedingung $\omega < \omega_{0I}(R)$ erfüllt sein. Da der zweite Term in der Klammer von (A.6) mit sinkendem ω größer wird, impliziert (A.7) und (5.9)

$$\frac{\partial I}{\partial R} > 0$$

im gesamten Definitionsbereich. Aus den beiden Monotonieeigenschaften folgt dann unmittelbar der erste Teil der Behauptung: für alle $\omega < \omega_{0I}(R)$ ist

$$\frac{d\omega(I,R)}{dR} < 0.$$

2. Im Intervall $R \in [0, y_l]$ folgt das direkt aus (5.8). Um die Behauptung für $R \in [y_l, y_h]$ zu zeigen, stellen wir zunächst fest, dass die Iso-Leistungsfunktion $\omega(q,R)$ im Intervall $R \in [0, x_h]$ stetig ist. Sei $\bar{I} > I^{fb} = \omega^*(y_l)p_g(x_h - y_l) + p_g y_l$. Dann muss wegen Teil 1 dieses Lemmas und (5.7) für die Finanzierung sichernde Kombination $[\omega(\bar{I}, R), R = y_l]$

$$\omega(\bar{I}, y_l) > \omega^*(y_l) \quad \text{und} \quad q < q^*$$

gelten. Die Stetigkeit der Iso-Leistungsfunktion $\omega(q,R)$ und (5.7) implizieren dann zusammen mit Teil 1 dieses Lemmas und (A.2) die Ungleichung

$$\frac{d\omega(I,R)}{dR} < \frac{d\omega(q,R)}{dR} < 0 \;\forall\; \omega > \omega^*(R) \quad \text{und} \quad R \in [y_l, y_h]. \quad \text{(A.8)}$$

Das garantiert, dass bei gegebener Finanzierungskapazität die Managerleistung mit steigendem R und fallendem ω auch im Intervall $R \in [y_l, y_h]$ wächst. Für $R \geq y_h$ zeigt Einsetzen von $q(\omega, R)$ in die Finanzierungsfunktion, dass alle (ω-R)-Kombinationen, die Finanzierung ermöglichen, ein konstantes q repräsentieren. $\omega(I, R)$ und $\omega(q, R)$ fallen zusammen und die Monotonie des Unternehmenswertes in R ist nur schwach.

△

Lemma 5.4.3

Beweis
Wir beweisen die Behauptung in zwei Schritten. Zunächst zeigen wir, dass für nicht allzu kleine p_b die Entscheidung $A = y \;\forall\; s_k$ den Unternehmenswert im Vergleich zur Entscheidungseffizienz verringert. Im zweiten Schritt, beweisen wir dann die Reduktion des Unternehmenswertes durch $A = x \;\forall\; s_k$.
Die grundsätzliche Entscheidung für die sicherere Variante y führt zu

$$\tilde{q} \equiv 1 - \frac{1}{(1-\omega)(\mathrm{E}[\max[y-R,0]|s_g] - \mathrm{E}[\max[y-R,0]|s_b])}. \quad \text{(A.9)}$$

Für alle $R \leq y_l$ ist der Kredit ohne Ausfallrisiko, $I = R$. Demzufolge ist das Leistungsniveau $\tilde{q}$ invariant gegenüber R. Mit $\omega = 0$ nimmt es den maximalen Wert an,

$$\tilde{q}^* \equiv 1 - \frac{1}{\mathrm{E}[y|s_g] - \mathrm{E}[y|s_b]}.$$

Wir klären nun, welche $p_b < \bar{p}_b$ garantieren, dass das durch $\phi_{\mathrm{mix}}^m(\omega(R_m), R_m)$ beziehungsweise $\phi_{\mathrm{mix}}^f(\omega_f(R), R)$ induzierte Leistungsniveau über $\tilde{q}$ liegt. Dazu konzentrieren wir uns auf das Intervall $R \in [0, y_l]$. Mit $\omega(q, R)$ leiten wir aus (5.6) die Iso-Leistungsfunktion bei Entscheidungseffizienz ab. Einsetzen von $q = \tilde{q}^*$ in (5.6) ergibt nach Umstellung

$$\omega(\tilde{q}^*, R) \equiv \frac{(1-p_g)R + \Delta_g}{(1-p_g)R + \Delta_{gb}}.$$

(5.7), $\partial\omega(q,R)/\partial R > 0$ und $\partial\omega_f(R)/\partial R > 0$ sowie $\omega_f(0) < \omega(\tilde{q}^*, 0)$ implizieren, dass die Ungleichung $\omega(\tilde{q}^*, R) > \omega_f(R)$ für alle $R \in [0, y_l]$ gültig ist, wenn sie für die $R = y_l$ zutrifft. Einsetzen von $R = y_l$ in $\omega(\tilde{q}^*, R)$ liefert als Bedingung für $\omega(\tilde{q}^*, R) > \omega_f(R)$,

$$p_b > \tilde{p}_b \equiv \frac{p_g x_h - y_l - 2\Delta_g}{y_h - y_l} - \frac{\Delta_g^2}{(1-p_g)y_l(y_h - y_l)}. \quad \text{(A.10)}$$

Mit $\underline{p}_g \equiv \frac{y_l+1}{x_h - y_h + y_l}$ bezeichnen wir die aus (5.2) resultierende untere Schranke für p_g. Ableiten von (A.10) ergibt

$$\frac{\partial \tilde{p}_b(p_g)}{\partial p_g} = \frac{1}{y_h - y_l}\left(-x_h + 2(y_h - y_l)\right)$$
$$- \frac{1}{y_h - y_l}\left(2\frac{\Delta_g(x_h - y_h + y_l)}{(1-p_g)y_l} + \frac{\Delta_g}{(1-p_g)^2 y_l}\right).$$

Für $x_h > 2(y_h - y_l)$ ist $\frac{\partial \tilde{p}_b(p_g)}{\partial p_g} < 0 \;\forall\; p_g \in [y_l/(x_h - y_h + y_l), 1]$. Das negative Vorzeichen und $\tilde{p}_b(p_g = 1) < 0$ garantieren dann, dass sich für jedes $p_g \in [\underline{p}_g, 1]$ ein $p_b \in [\tilde{p}_b, \bar{p}_b)$ finden lässt, das (A.10) erfüllt. (5.7) schließlich impliziert, dass für $p_b > \tilde{p}_b$ jeder *entscheidungseffiziente* Kontrakt ϕ^i_{mix} im Intervall $R \in [0, y_l]$ ein höheres Leistungsniveau als $\tilde{q}^*$ induziert.[2]

Wenden wir uns nun dem Intervall $R \in [y_l, y_h]$ zu und vergleichen $\tilde{q}$ mit der Leistung q_f. Wegen

$$\frac{\partial \tilde{q}(\omega, R = y_l)}{\partial \omega} < 0$$

muss $q_f(\omega_f(y_l), y_l) > \tilde{q}^* > \tilde{q}(\omega_f(y_l), y_l)$ sein. Zusammen mit

$$\frac{\partial q_f(\bar{\omega}_f, R)}{\partial R} > \frac{\partial \tilde{q}(\bar{\omega}_f, R)}{\partial R}$$

$$\frac{-(p_g - p_b)}{(p_g(x_h - R) - p_b(y_h - R))^2} > \frac{-(p_g - p_b)}{(p_g(y_h - R) - p_b(y_h - R))^2}$$

garantiert das für alle *entscheidungseffizienten* und durchführbaren Mischkontrakte mit Bankkontrolle $q_f > \tilde{q}$. Wegen (5.7) ist $q(\omega(R_m), R_m) > q_f \;\forall\; \omega \in [\omega^*(R_m), \omega_f(R_m))$, so dass auch der entscheidungseffiziente Mischkontrakt mit Managerkontrolle überlegen sein muss.

---

[2] Aus Annahme 5.17 ergibt sich

$$p_b > \hat{p}_b \equiv \frac{p_g x_h - y_l - \Delta_g^2}{y_h - y_l}.$$

Mit $\Delta_g = 0$ gilt $\hat{p}_b = \tilde{p}_b$ und $\tilde{p}_b = \bar{p}_b$ falls $p_g = y_l/(x_h - y_h + y_l)$. Für $\Delta_g = 1$ gelten mit $x_h > 2(y_h - y_l)$ und (5.1) die Ungleichungen $\hat{p}_b > \bar{p}_b$ und $\tilde{p}_b < \bar{p}_b$. Wegen

$$\frac{\partial \hat{p}_b(p_g)}{\partial p_g} = \frac{x_h - 2(x_h - y_h + y_l)\Delta_g}{y_h - y_l} < 0 \;\forall\; x_h > 2(y_h - y_l)$$

muss es einige $p_g > \underline{p}_g$ geben, für die $p_b > \tilde{p}_b$ durch Annahme 5.17 garantiert ist. Da jedoch x_h die Beschränkung $\hat{p}_b(p_g)$ für alle $p_g > y_l/(x_h - y_h + y_l)$ immer stärker absenkt als $\tilde{p}_b(p_g)$, ist für große x_h und große p_g nicht auszuschließen, dass $\tilde{p}_b(p_g) > \hat{p}_b(p_g)$ ist.

A. Appendix zu Kapitel 5

Wir betrachten nun einen entscheidungsineffizienten Kontrakt der zu $A = x$ in beiden Zuständen führt. Ein solcher Kontrakt sei mit $\hat{\phi}(\omega, R)$ bezeichnet. Zunächst vergleichen wir $\hat{\phi}$ mit dem *entscheidungseffizienten* Kontrakt bei Managerkontrolle $\phi_{\text{mix}}^m(\omega(R_m), R_m)$, $\omega \in [\omega^*(R_m), \omega_f(R_m)]$. Wir nennen die durch $\hat{\phi}(\omega(R_m), R_m)$ induzierte Leistung $\hat{q}$. Da (5.12) mit R_m bindet, folgt aus (5.6) direkt

$$\hat{q}(\omega(R_m), R_m) = q(\omega(R_m), R_m). \tag{A.11}$$

Die Iso-Leistungskurve bei ineffizienter Entscheidung sei

$$\hat{\omega}(q, R) \equiv 1 - \frac{1}{(1-q)(p_g - p_b)(x_h - R)}.$$

Ableiten ergibt

$$\frac{\partial \hat{\omega}(q, R)}{\partial q} < 0 \quad \text{und} \quad \frac{\partial^2 \hat{\omega}(q, R)}{\partial q^2} < 0.$$

Die Finanzierungskapazität des entscheidungsineffizienten Kontraktes $\hat{\phi}$ ist

$$I = q(\omega E[\max[x - R, 0]|s_g] + E[\min[R, x]|s_g]) \tag{A.12}$$
$$+ (1-q)(\omega E[\max[x - R, 0]|s_b] + E[\min[R, x]|s_b]),$$

wobei mit

$$\frac{\partial I}{\partial \omega} = E[\max[x - R, 0]|s_g] \tag{A.13}$$
$$- \frac{E[x|s_g] - E[x|s_b]}{(1-\omega)^2(E[\max[x - R, 0]|s_g] - E[\max[x - R, 0]|s_b])} > 0$$

nur Verträge zugelassen sind, die einen positiven Grenzbeitrag zur Finanzierungskapazität leisten. Einsetzen von $\hat{\omega}(q, R)$ in (A.12) liefert unabhängig von R

$$I = (qp_g + (1-q)p_b)(x_h - \frac{1}{(p_g - p_b)(1-q)}).$$

Damit existiert für jedes gegebene I nur ein einziges Leistungsniveau $q(\omega, R)$, das (A.12) erfüllt und Bedingung (A.13) gehorcht. Dieses gleichgewichtige Leistungsniveau nennen wir q'. Mit

$$\hat{\omega}(I, R, q) = \frac{I - R((p_g - p_b)q + p_b)}{(x_h - R)(q(p_g - p_b) + p_b)}$$

bezeichnen wir die Funktion, welche alle Verträge $\hat{\phi}(\omega, R)$ gleicher Finanzierungskapazität abbildet. Es gilt

$$\frac{\partial \hat{\omega}(I, q, R)}{\partial q} < 0 \quad \text{und} \quad \frac{\partial^2 \hat{\omega}(I, q, R)}{\partial q^2} > 0.$$

Im nächsten Schritt klären wir, ob mit $\hat{q}$ und $A = x$ in jedem Zustand die Finanzierungskapazität des entscheidungseffizienten Kontraktes

$\phi^m_{\text{mix}}(\omega(R_m), R_m)$, die wir I^m nennen wollen, erreicht wird. Einsetzen von $\hat{q}$ und $(\omega(R_m), R_m)$ in (5.10) und (A.12) zeigt unter Berücksichtigung von (5.1) und (5.12), dass bei gleichem Leistungsniveau der entscheidungsineffiziente Kontrakt $\hat{\phi}(\omega(R_m), R_m)$ eine kleinere Finanzierungskapazität aufweist als der *entscheidungseffiziente* Kontrakt $\phi^m_{\text{mix}}(\omega(R_m), R_m)$. Für zwei Kontrakttypen $\hat{\phi}(\hat{\omega}(R_m), R_m)$ und $\phi^m_{\text{mix}}(\omega(R_m), R_m)$ mit gleicher Finanzierungskapazität I^m, muss daher

$$\hat{\omega}(I, R_m, \hat{q}) > \hat{\omega}(\hat{q}, R_m)$$

gelten und $\hat{q}$ kann bei $A = x$ in beiden Zuständen kein gleichgewichtiges Leistungsniveau q' sein. Aus der Konkavität von $\hat{\omega}(q, R)$ und der Konvexität von $\hat{\omega}(I, R, q)$ in q folgt dann, dass der entscheidungsineffiziente Kontrakt $\hat{\phi}$ bei gleicher Finanzierungskapazität ein geringeres gleichgewichtiges Leistungsniveau erzeugt als der *entscheidungseffiziente* Kontrakt ϕ^m_{mix},

$$q' < \hat{q} \text{ und damit } \hat{\phi} \prec \phi^m_{\text{mix}}(\omega(R_m), R_m).$$

Beim Vergleich von $\hat{\phi}(\omega_f(R), R)$ und dem *entscheidungseffizienten* Kontrakt bei Bankkontrolle $\phi^f_{\text{mix}}(\omega_f(R), R)$ zeigt Einsetzen von q_f und $(\omega_f(R), R)$ in (5.10) und (A.12) sofort, dass bei gleichem Leistungsniveau die Finanzierungskapazität von $\hat{\phi}(\omega_f(R), R)$ kleiner ist als die des *entscheidungseffizienten* Kontraktes $\phi^f_{\text{mix}}(\omega_f(R), R)$, welche wir mit I^f bezeichnen wollen. Beim Finanzierungsbedarf I^f und $A = x$ in beiden Zuständen kann $q_f (\omega_f(R), R)$ folglich kein gleichgewichtiges Leistungsniveau sein. Mit q_f und $R_f \equiv f^{-1}(\omega_f(R))$ muss vielmehr die Ungleichung

$$\hat{\omega}(I^f, R_f, q_f) > \hat{\omega}(q_f, R_f)$$

gelten, woraus wir wegen der Konkavität von $\hat{\omega}(q, R)$ und der Konvexität von $\hat{\omega}(I, R, q)$ in q sofort schließen können, dass das gleichgewichtige Leistungsniveau bei Entscheidungsineffizienz $q < q_f$ beträgt. Daraus folgt ebenfalls die Überlegenheit des *entscheidungseffizienten* Kontraktes. △

Proposition 5.4.2

Beweis

Dieses Ergebnis folgt unmittelbar aus Proposition 5.4.1 und $\omega^*(R_m) = \omega(I, R_m)$ für $I = I_{\text{min}}$, der Entscheidungseffizienz für alle $R < R_m$ bei Managerkontrolle (Lemma 5.4.1) und Lemma 5.4.2. △

Proposition 5.4.3

Beweis

Aus Lemma 5.4.2 und Lemma 5.4.1, Teil 1 sowie $\frac{\partial \omega_f(R)}{\partial R} > 0 \; \forall \; R < y_l$ folgt, dass es im Bereich $I_{\min} < I < I_{\mathrm{med}}$ zwei Kandidaten für die *entscheidungseffiziente* Kombination von Kontroll- und Finanzierungsstruktur gibt, die Kontrakte $\phi_{\mathrm{mix}}^f(\omega_f(R), R)$ und $\phi_{\mathrm{mix}}^m(\omega(R_m), R_m)$. Ersterer muss ein echter Mischkontrakt sein, Letzterer kann auch ein unechter sein. Da in beiden Fällen $\omega(R) > \omega^*(R)$ gilt, ist derjenige überlegen, der das höhere Leistungsniveau induziert.

Die Funktion $\omega(I, R)$ fällt monoton in R (Lemma 5.4.2). Somit muss bei gleicher Finanzierungskapazität

$$\omega(I, R) = \omega_f(R) > \omega(I, R_m)$$

mit $R < R_m$ gelten. Wegen (5.7) und (5.8) lässt sich dann im Intervall $R \in [0, y_l]$ leicht zwischen den beiden *entscheidungseffizienten* Kontrakttypen differenzieren: $\phi_{\mathrm{mix}}^f(\omega_f(R), R)$ liefert ein geringeres Leistungsniveau als $\phi_{\mathrm{mix}}^m(\omega(R_m), R_m)$. Die mit dem Vertrag $\phi_{\mathrm{mix}}^f(\omega_f(R), R)$ ausgelöste Leistungseinbuße führt unmittelbar zu einer Absenkung des Unternehmenswertes, so dass Bankkontrolle in diesem Rentabilitätsbereich inferior ist. △

Proposition 5.4.4

Beweis

1. Zu zeigen ist zunächst, dass der gerade noch mit Entscheidungseffizienz zu vereinbarende Kontrakt $\phi_{\mathrm{mix}}^f(\omega_f(R), R)$ für $I_{\mathrm{med}} > I > I'_{\max}$ das höchstmögliche Leistungsniveau produziert. Im Intervall $R_m < R < y_h$ folgt das direkt Lemma 5.4.2. Mit $\omega_f(R)$ in $q(\omega, R)$ erhalten wir $q = 1 - 1/\Delta_g$, $R > y_h$. Einsetzen von $I'_{\max}$ und q in (5.10) und Umstellen zeigt dann, dass für alle $R > y_h$

$$\omega(I, R) = \omega_f(R) \text{ falls } I = I'_{\max}. \tag{A.14}$$

In diesem Intervall repräsentieren alle $(\omega - R)$-Kombinationen auf der Iso-Investitionsfunktion $\omega(I, R)$ die gleiche Leistung q. Damit ist - unter der Prämisse der Investorkontrolle - jeder Kontrakt, der die Finanzierung sichert, gewinnmaximal. Aus (A.14) folgt wegen Lemma 5.4.2 unmittelbar $\omega(I,R) > \omega_f(R) \; \forall \; I > I'_{\max}$, so dass bei diesem Finanzierungsvolumen Entscheidungseffizienz immer gesichert ist, wenn der Investor die Unternehmenskontrolle hält.

Bleibt noch zu zeigen, dass für alle $I \in [I'_{\max}, I_{\max}]$ positive Unternehmergewinne anfallen und die Beschränkung $\omega_{0I}(R)$ nicht verletzt wird. Betrachten wir zunächst $I'_{\max}$. Einsetzen von $\omega = 0$, $R = \mathrm{E}[y|s_g]/p_g$ und $q = 1 - 1/\Delta_g$ in die Gewinnfunktion des Managers ergibt

$$\Pi_m = \Delta_g - 1 + \ln \frac{1}{\Delta_g},$$

was wegen

$$\frac{\partial \Pi_m}{\partial \Delta_g} > 0$$

für alle $\Delta_g > 1$ positiv ist.

2. Einsetzen von $I_{\max}$ und $q = 1 - 1/\sqrt{\Delta_{gb}}$ in (5.10) ergibt nach Umstellung und Berücksichtigung von (A.5) für $R > y_h$,

$$\omega(I,R) = \omega_{0I}(R) > \omega_f.$$

Sei ε sehr klein,[3] dann gilt aufgrund von Lemma 5.4.2, Teil 1 für $I = I_{\max} - \varepsilon$ die Ungleichung $\omega_f < \omega(I,R) < \omega_{0I}$, so dass Investorkontrolle für alle Kombinationen $(\omega(R), R)$ mit Finanzierungskapazität $I = I_{\max} - \varepsilon$ Entscheidungseffizienz gewährleistet. Einsetzen von $q = 1 - 1/\sqrt{\Delta_{gb}}$, $\omega_{0I} = 0$ und $R = x_h - \sqrt{\Delta_{gb}}/p_g$ in die Gewinnfunktion des Managers liefert

$$\Pi_m = \sqrt{\Delta_{gb}} - 1 + \ln \frac{1}{\sqrt{\Delta_{gb}}}.$$

Wegen

$$\frac{\partial \Pi_m}{\partial (\sqrt{\Delta_{gb}})} > 0$$

und $\sqrt{\Delta_{gb}} > 1$ (Annahme 5.17) ist die Partizipationsbedingung des Managers im Intervall $I'_{\max} < I < I_{\max}$ erfüllt.

△

Proposition 5.4.5

Da der entscheidungseffiziente Kontrakt $\phi^f_{\mathrm{mix}}(\omega_f(R), R)$ für alle $R \leq R_m$ bei gegebener Finanzierungskapazität einen geringeren Unternehmenswert impliziert als $\phi^m_{\mathrm{mix}}(\omega(R_m), R_m)$ genügt es, die Behauptung für den ersten Kontrakttyp $\phi^f_{\mathrm{mix}}(\omega_f(R), R)$ zu zeigen. Der Kreditkontrakt mit Managerkontrolle

---

[3] Mit $I_{\max}$ ist $\partial I/\partial \omega = 0$ und $\partial I/\partial R = 0$ im Intervall $R > y_h$.

ist folglich unterlegen, wenn mit (5.19) und $(\omega_f(R), R)$ in (5.6) für alle $R \geq 0$ die Ungleichung $q_n^m \leq q_f$ gilt. Die Differentiation des Nenners in (5.19) nach R ergibt $-(p_g - p_b) < 0$. Mit $\omega = \omega_f$ in (5.6) liefert Ableiten für den entscheidungseffizienten Mischkontrakt mit ex ante definierter Investorkontrolle

$$\begin{cases} -\dfrac{\Delta_g(1-p_g)}{\Delta_g+(1-p_g)R}\left(\dfrac{\Delta_{gb}+(1-p_g)R}{\Delta_g+(1-p_g)R}+(1-p_g)\right)<0 & \text{falls } R < y_l \\ -(1-\bar{\omega}_f)(p_g-p_b)<0 & \text{falls } R \in [y_l, y_h] \\ =0 & \text{falls } R \in [y_h, \dfrac{\mathrm{E}[x|s_g]}{p_g}]. \end{cases}$$

Die Ungleichung $q_n^m \leq q_f$ ist daher bewiesen, wenn sie für $R = 0$ und $R = y_h$ gilt. Entsprechendes Einsetzen liefert $q_n^m = q_f = q^*$ für $R = 0$ und

$$q_n^m = 1 - \frac{1}{\Delta_g - (p_g - p_b)y_l} < q_f = 1 - \frac{1}{\Delta_g}$$

für $R = y_h$. Folglich muss q_n^m für alle $R \in [0, \frac{\mathrm{E}[x|s_g]}{p_g}]$ kleiner als das entsprechende Leistungsniveau beim anreizkompatiblen Mischkontrakt mit Investorkontrolle sein. Wenden wir uns dem Kreditkontrakt mit Investorkontrolle und Nachverhandlung zu. Der Nachverhandlungskontrakt ist unterlegen, wenn

$$\begin{aligned}&1 - \frac{1}{\mathrm{E}[\max[y-R,0]|s_g] - \mathrm{E}[\max[y-R,0]|s_b]} \\ &\leq 1 - \frac{1}{(1-\omega_f(R))(\mathrm{E}[\max[x-R,0]|s_g] - \mathrm{E}[\max[y-R,0]|s_b])}\end{aligned} \qquad (A.15)$$

gilt. Wie leicht zu erkennen ist, entspricht die Optimalbedingung für diesen Fall der Optimalbedingung für $A = y$ in beiden Zuständen. Da q_n^f somit durch (A.9) definiert ist, gilt der erste Teil des Beweises von Lemma 5.4.3 analog, $q_n^f = \tilde{q} < q_f$. △

Proposition 5.4.6

Beweis

1. Auflösen von (5.23) nach ω liefert $\omega_f(\beta, R)$. Nach Einsetzen von β_f aus (5.22) in $\omega_f(\beta, R)$ und Auflösen nach ω erhält man alle Kombinationen von ω und R, die bei Investorkontrolle entscheidungseffizient und kollusionsresistent sind. Mit $\mathrm{E}[\max[x-R,0]|s_k] - \mathrm{E}[\max[y-R,0]|s_k] = A_k$ und $\mathrm{E}[\min[R,x]|s_k] - \mathrm{E}[\min[R,y]|s_k] = B_k$, $k \in [g,b]$, lassen sich diese Kombinationen durch

$$\omega_f^\beta(R,\gamma) \equiv \frac{(1-\gamma)A_b \cdot B_g}{A_g B_b - \gamma A_b \cdot B_g}$$

beschreiben, wobei $\omega_f^\beta(R) = 0$ für $R = R_m$ und $R = \mathrm{E}[y|s_g]/p_g$. Die Funktion $\omega_f^\beta(R,\gamma)$ ist konkav,

$$\begin{cases} \dfrac{\partial \omega_f^\beta(R,\gamma)}{\partial R} > 0 & \text{if } R \leq y_l \\[4pt] \dfrac{\partial \omega_f^\beta(R,\gamma)}{\partial R} = 0 & \text{if } y_l \leq R \leq y_h \\[4pt] \dfrac{\partial \omega_f^\beta(R,\gamma)}{\partial R} < 0 & \text{if } R \geq y_h. \end{cases} \qquad (\text{A.16})$$

Außerdem gilt $\omega_f^\beta(R,\gamma) = 0$ für $R = R_m$ und $R = \mathrm{E}[y|g]/p_g$. Wegen $\omega^*(R_m) > 0$ und (A.1) muss ein eindeutiges Verschuldungsniveau $\tilde{R} \in (R_m, \mathrm{E}[y|g]/p_g)$ existieren, so dass $\omega_f^\beta(R,\gamma) = \omega^*(\tilde{R})$ gilt. Daher definiert $I_c = I_c(\omega^*(\tilde{R}), \tilde{R})$ die obere Grenze der Anschaffungsausgabe, für die First-best-Kontrakte geschrieben werden können. Ableiten von $\omega_f^\beta(R,\gamma)$ nach γ liefert

$$\frac{A_b B_g (A_g B_b - A_b B_g)}{(A_g B_b - \gamma A_b \cdot B_g)^2} < 0.$$

Das impliziert $\partial \tilde{R}/\partial \gamma > 0$ und damit $\partial I_c/\partial \gamma > 0$.

2. Für alle $I > I_c$ ist das First-best-Leistungsniveau des Managers nicht mehr realisierbar. Unter diesen Umständen sichern die Verträge $\phi_{\mathrm{mix}}^f(\omega_f^\beta(R), \beta_f R)$ und $\phi_{\mathrm{kred}}((1-\beta_f)R)$ Entscheidungseffizienz und Kollusionsresistenz. Mit $\beta_f < 1$ für alle $I < I'_{\mathrm{max}}$ ist die Bedingung $\omega_f^\beta(R) < \omega_f(R)$ für alle $R \in [0, \mathrm{E}[y|s_g]/p_g)$ erfüllt. Für $R = \mathrm{E}[y|s_g]/p_g$ gilt $\omega_f^\beta(R) = \omega_f(R) = 0$. Lemma 5.4.2 und (5.7) garantieren dann den Anstieg des Leistungsniveaus durch multiple Projektfinanzierung für alle $I \in (I_{\mathrm{min}}, I'_{\mathrm{max}})$. △

6. Schlussbemerkung

Stellen Sie sich vor, ein Bekannter würde Sie bitten, ihm gegen eine marktgerechte Verzinsung 50000 Euro zu leihen. Da Sie mit der Entsprechung dieser Bitte in Vorleistung gehen, würden Sie sich wohl spontan fragen:

> Kenne ich den Schuldner und die Umstände gut genug? Reicht mein Einfluss aus, um mich vor dem Verlust des Geldes zu schützen?

Es ist sehr wahrscheinlich, dass Sie zu einem negativen Urteil kommen und die Kreditvergabe verweigern, obwohl sie das Geld haben und es gerne anlegen würden.

Banken stehen bei der Finanzierung von Projekten vor der gleichen Situation. Auch für sie sind die Güte der Information über den Schuldner und der Einfluss auf die Entscheidungen des Begünstigten die entscheidenden Faktoren für die Auszahlung der gewünschten Mittel. Dennoch dürfte der Finanzierungswunsch Ihres Bekannten bei einer Bank größere Aussicht auf Befriedigung haben als bei Ihnen. Anders als Sie sind Banken darauf spezialisiert, die beiden grundlegenden Probleme jedes Kreditgeschäfts, *asymmetrische Information und Nichtverifizierbarkeit*, so zu handhaben, dass die Finanzierungsbereitschaft nicht zum Erliegen kommt.[1]

Banken sind bekanntermaßen Institutionen, deren laufendes Geschäft darin besteht, Mittel zur Projektfinanzierung zu gewähren und Depositen hereinzunehmen. Unser Interesse galt ausschließlich Ersterem. Um ihrer Finanzierungsfunktion trotz *asymmetrischer Information und Nichtverifizierbarkeit* gerecht zu werden, entfalten Banken umfangreiche Überwachungsaktivitäten (Hellwig 1991):

1. Untersuchung und Bestrafung eines Schuldners, der seine vertraglichen Verpflichtungen nicht erfüllt (*Problem: kostenträchtige Zustandsverifikation*),
2. A-priori-Identifikation von schlechten Projekten, wenn der Schuldner seine eigene Qualität besser kennt als die Bank (*Problem: adverse Selektion*),

---

[1] Wir benutzen hier den Begriff Kreditgeschäft, um Transaktionen zu beschreiben, bei denen Leistung und Gegenleistung zeitlich auseinander fallen. So gesehen ist natürlich jede Art von externer Finanzierung, also auch Beteiligungsfinanzierung, ein Kreditgeschäft, siehe Kruschwitz (1999), S. 56.

6. Schlussbemerkung

3. Verhinderung von opportunistischem Verhalten des Schuldners während der Laufzeit des Projekts (*Problem: moralisches Risiko*).

Diese Überwachungsfunktionen und die dahinter stehenden Grundprobleme bilden den Kern der Modernen Bankentheorie, soweit sie sich mit Unternehmensfinanzierung auseinander setzt (vgl. zum Beispiel Scheepens 1995 oder Freixas/Rochet 1998). Wir haben uns in den vergangenen Kapiteln mit speziellen Varianten dieser Grundprobleme einer Finanzierungsbeziehung auseinander gesetzt. In unserer Modellanalyse hatten wir es grundsätzlich mit unvollständigen Kontrakten zu tun. In den beiden ersten Szenarien beruhte die Kontraktunvollständigkeit auf der Unbeobachtbarkeit der Projekterträge durch den Finanzier. Im dritten Szenario schließlich besaßen die Vertragsparteien vollkommene Information. Die Kontraktunvollständigkeit rührte hier ausschließlich von der Nichtverifizierbarkeit von Umweltzuständen durch eine dritte Partei her.

Banken besitzen eine Vielzahl von Instrumenten, um ineffizientes Schuldnerverhalten abzuwehren. Wir haben uns hier auf die drei zentralen Instrumente konzentriert, Kreditbesicherung, Restrukturierungs-Know-how und Bankbeteiligungen in Verbindung mit zustandsunabhängigen Kontrollrechten. Alle drei kann man im weitesten Sinne als Instrumente der Unternehmenskontrolle bezeichnen (Calomiris 1998). Restrukturierungs-Know-how und Kreditbesicherung sind allerdings eher indirekte Instrumente. Indirekt deshalb, weil sie Banken keine direkten Eingriffsmöglichkeiten in das Unternehmen verschaffen, sondern die Ex-post-Entscheidungen des Unternehmers lediglich durch Anreize beeinflussen. Den von uns analysierten Instrumenten ist eines gemeinsam. Sie besitzen den Charakter von Selbstbindungsinstrumenten. Indem sie die Verteuerung von ex post ineffizienten Entscheidungen erzwingen, reduzieren sie die Wahrscheinlichkeit ihres Auftretens.

7. Literaturverzeichnis

Adams M. (1990) Höchststimmrechte, Mehrfachstimmrechte und sonstige wundersame Hindernisse auf dem Markt für Unternehmenskontrolle. Die Aktiengesellschaft 35:62-78

Aghion P., Bolton P. (1992) An Incomplete Contracts Approach to Financial Contracting. Review of Economic Studies 59:775-804

Akerlof G. (1970) The Market for Lemons, Qualitative Uncertainty and the Market Mechanism. The Quarterly Journal of Economics 84:488-500

Alchian A.A., Crawford R.G., Klein B. (1978) Vertical Integration, Appropriable Rents and the Competitive Contracting Process. Journal of Law and Economics 21:297-326

Allen F., Gale D. (1995) A Welfare Comparison of Intermediaries and Financial Markets in Germany and the US. European Economic Review 39:179-209

Arnold W. (2001) Financial Engineering vs. Kredit. Forum 3: Mittelstand & Finanzierung. Presentation at a Conference of Dresdner Bank

Asquith P., Gertner R., Scharfstein D. S. (1994) Anatomy of Financial Distress: An Examination of Junk-Bond Issuers. The Quarterly Journal of Economics 160:625-657

Baltensperger E., Devinney T. (1985) Credit Rationing Theory: A Survey and Synthesis. Zeitschrift für die gesamte Staatswissenschaft 141:475-502

Baumol W.J., Panzar J.C., Willig R.D. (1982) Contestable Markets and the Theory of Industry Structure. Harcourt Brace Javanovitch, New York

Bebchuck L.A. (1988) A New Approach to Corporate Reorganizations. Harvard Law Review 101:775-804

Bebchuk L.A/Roe M.J. (1998) A Theory of Path Dependence in Corporate Governance and Ownership. Working Paper. Columbia Law School

Berger A.N., Udell G.F. (1991) Collateral, Loan Quality, and Bank Risk. Journal of Monetary Economics 25:21-42

Berger A.N., Udell G.F. (1995) Relationship Lending and Lines of Credit in Small Firm Finance. Journal of Business 68:351-381

Berglöf E. (1991) Corporate Control and Capital Structure. Institute of International Business, Stockholm

Berglöf E., v. Thadden E.-L. (1994) Short-Term versus Long-Term Interests: Capital Structure with Multiple Investors. The Quarterly Journal of Economics 160:1055-1085

Bergman Y.Z., Callen J.L. (1991) Opportunistic Underinvestment in Debt Renegotiation and Capital Structure. Journal of Financial Economics 29:137-171

Berkovitch E., Israel R. (1998) The Bankruptcy Decision and Debt Contract Renegotiations. European Finance Review 3:1-27

Besanko D., Thakor A.V. (1987) Collateral and Rationing: Sorting Equilibria in Monopolistic and Competitive Credit Markets. International Economic Review 28:671-689

Bester H. (1985) Screening vs. Rationing in Credit Markets with Imperfect Information. American Economic Review 75:850-855

Bester H. (1987) The Role of Collateral in Credit Markets with Imperfect Information. European Economic Review 31:887-899

Bester H. (1994) The Role of Collateral in a Model of Debt Renegotiation. Journal of Money, Credit and Banking 26:72-86

Bester H. (1995) A Bargaining Model of Financial Intermediation. European Economic Review 39:211-228

Bester H., Scheepens J. (1996) Internal Finance versus Bank Debt: The Gains from Establishing a Debt History. Kredit und Kapital 21:565-591

Bester H., Hellwig M. (1987) Moral Hazard and Equilibrium Credit Rationing: An Overview of the Issues. In: Bamberg G., Spremann K. (Eds.) Agency

Theory, Information, and Incentives. Springer, Berlin Heidelberg New York, 135-166

Bester H., Strausz R. (2001) Contracting with Imperfect Commitment and the Revelation Principle: The Single Agent Case. Econometrica 69:1077-1089

Betker B.L. (1995) Management's Incentives, Equity's Bargaining Power, and Deviations from Absolute Priority in Chapter 11 Bankrupties. Journal of Business 68:161-183

Blackwell D. W., Winters D. B. (1997) Banking Relationship and the Effect of Monotoring on Loan Pricing. Journal of Financial Research 20:275-289

Bolton P., Hart O., Moore J. (1992) The Economics of Bankruptcy Reform. The Journal of Law, Economics and Organizations 8:523-546

Bolton P., Scharfstein D. S. (1996) Optimal Debt Structure and the Number of Creditors. Journal of Political Economy 104:1-25

Boot A.W.A., Thakor A.V., Udell G.F. (1991) Secured Lending and Default Risk: Equilibrium Analysis, Policy Implications and Empirical Results. The Economic Journal 101:458-472

Brown D. (1988) Claimholder Incentive Conflict in Reorganization. Review of Financial Studies 2:109-123

Brunner A., Krahnen J.P. (2000) Corporate Debt Restructuring: Evidence on Coordination Risk in Financial Distress. Working Paper, Center for Financial Studies, Frankfurt/M.

Bulow J., Shoven J. (1978) The Bankruptcy Decision. Bell Journal of Economics and Management Science 9:436-445

Burghof H.-P. (2000): Credit and Information in Universal Banking. Schmalenbach Business Review 52:282-309

Cable J.R. (1985) Capital Market Information and Industrial Performance: The Role of West German Banks. The Economic Journal 95:118-132

Calomiris Ch.W. (1998) Universal Banking American Style. Journal of Institutional and Theoretical Economics 154:44-58

Carey M., Post M., Sharpe S.A. (1998) Does Corporate Lending by Banks and Finance Companies Differ? Journal of Finance 53:845-878

Chan Y., Kanatas G. (1985) Asymmetric Valuation and the Role of Collateral in Loan Agreements. Journal of Money, Credit and Banking 17:84-95

Chan Y., Thakor A.V. (1987) Collateral and Competitive Equilibria with Moral Hazard and Private Information. Journal of Finance 42:345-363

Chang Ch. (1992) Capital Structure as an Optimal Contract Between Employees and Investors. Journal of Finance 47:1141-1158

Clemenz G. (1986) Credit Markets with Asymmetric Information. Springer, Berlin Heidelberg New York

Cressy R. (1996) Commitment Lending Under Asymmetric Information: Theory and Tests on U.K. Startup Data. Small Business Economics 8:397-408

De Meza D., Webb D.C. (1987) Too Much Investment: A Problem of Asymmetric Information. The Quarterly Journal of Economics 102:281-292

Degryse H.,van Cayseele, P. (2000) Relationship Lending within a Bank-Based System: Evidence from European Small Business Data in: Journal of Financial Intermediation 9:90-109

Delaney K.J. (1998) Strategic Bankruptcy. University of California Press, Berkeley Los Angelos London

Dewatripont M., Tirole J. (1994) A Theory of Debt and Equity: Diversity of Securities and Manager-Shareholder Congruence. The Quarterly Journal of Economics 160:1027-1054

Dewatripont M., Tirole J. (1995) The Prudential Regulation of Banks. The MIT Press, Cambridge

Diamond D.W. (1984) Financial Intermediation and Delegated Monitoring. Review of Economic Studies 51:393-414

Diamond D.W. (1991) Monitoring and Reputation: The Choice between Bank Loans and Directly Placed Debt. Journal of Political Economy 99:689-721

Drukarczyk J. (1992) Mobiliargesicherte Gläubiger, Verfahrensbeitrag im Insolvenzverfahren und Kreditkonditionen. Zeitschrift für Wirtschafts- und Bankrecht 46:1136-1144

Drukarczyk J., Duttle J., Rieger R. (1985) Mobiliarsicherheiten Arten, Verbreitung, Wirksamkeit.

Edwards J., Fischer K. (1993) Banks, Finance and Investment in Germany. Oxford University Press, Cambridge

Eidenmüller H. (1999) Unternehmenssanierung zwischen Markt und Gesetz. Verlag Otto Schmidt, Köln

Elsas R., Krahnen J.-P. (1998) Is Relationship Lending Special? Evidence from Credit-File Data in Germany. The Journal of Banking and Finance 22:1287-1317

Elsas R., Krahnen J.-P. (2000) Collateral, Default Risk, and Relationship Lending: An Empirical Study on Financial Contracting. Working Paper. Center of Financial Studies, Frankfurt/M.

Ewert R., Schenk G. (1998) Determinants of Lending Performance. Working Paper. Center of Financial Studies, Frankfurt/M.

Franks J., Mayer C. (1997) Ownership, Control and the Performance of German Corporations. Discussion Paper. London Business School

Franks J., Mayer C., Renneborg L. (1997) Capital Structure, Ownership and Board Restructuring in Poorly Performing Companies. Discussion Paper. Catholic University of Leuven

Freixas X., Rochet J-Ch. (1997) Microeconomics in Banking. The MIT Press, Cambridge/Massachusetts

Gale R., Hellwig M. (1985) Incentive-Compatible Debt Contracts: The One-Period Case. Review of Economic Studies 52:647-663

Gale R., Hellwig M. (1989) Repudiation and Renegotiation: The Case of Sovereign Debt. International Economic Review 30:3-31

Gertner R., Scharfstein D. S. (1991) A Theory of Workouts and the Effects of Reorganization Law. Journal of Finance 46:1189-1222

Gibbons R. (1992) A Primer in Game Theory. Harvester Wheatsheaf, New York

Gilson L.A. (1993) Bankruptcy, Boards, Banks and Blockholders. In: Altman E.I. (Ed.) Bankruptcy and Distressed Restructurings. New York University Salamon Center, New York, 275-312

Gilson L.A., John K., Lang L.H. (1993) Troubled Debt Restructurings: An Empirical Study of Private Reorganization of Firms in Default. In: Altman E.I. (Ed.) Bankruptcy and Distressed Restructurings. New York University Salamon Center, New York, 77-124

Gorton G., Schmid F.A. (2000) Universal Banking and the Performance of German Firms. Journal of Financial Economics 58:29-80

Greenbaum S.I., Kanatas G., Venezia I. (1989) Equilibrium Loan Pricing under the Bank-Client Relationship. The Journal of Banking and Finance 13:221-235

Hackethal A., Schmidt R.H. (2000) Financing Patterns: Measurement Concepts and Empirical Results. Working Paper Series: Finance and Accounting Fachbereich Wirtschaftswissenschaft. Johann Wolfgang Goethe-Universität, Frankfurt a.M.

Harhoff D., Körting T. (1998) Lending Relationships in Germany Empirical Evidence from Survey Data. The Journal of Banking and Finance 22:1317-1353

Harris M., Raviv A. (1991) The Theory of Capital Structure. Journal of Finance 45:297-355

Hart O., Moore J. (1994): A Theory of Debt Based on the Inalienability of Human Capital. Quarterly Journal of Economics 109:841-879

Hart O., Moore J.(1999) Foundations of Incomplete Contracts. Review of Economic Studies 66: 115-139

Hauswald B. H. (1995) Banking Systems, Bankruptcy Arrangements and Institutional Complementary. Mimeo. University of Maryland

Hauswald B. H. (1998) Financial Contracting, Reorganization and Mixed Finance: A Theory of Banking Systems. Mimeo. University of Indiana

Hellwig L.A. (1991) Banking, Financial Intermediation and Corporate Finance. In: Giovannini A., Mayer C. (Eds.) European Financial Integration. Cambridge University Press, Cambridge, 157-175

Hirshleifer J., Riley J.G. (1992) The Analytics of Uncertainty and Information. Cambridge University Press, Cambridge

Holmström B. (1982) Moral Hazard in Teams. Bell Journal of Economics and Management Science 13:324-340

Hoshi T., Kashyap A., Scharfstein D.S. (1990) The Role of Banks in Reducing the Costs of Financial Distress in Japan. Journal of Financial Economics 27:67-88

Hubert F., Schäfer D. (2002): Coordination Failure with Multiple-Source Lending, the Cost of Protection Against a Powerful Lender. Journal of Institutional and Theoretical Economics 158:256-275

Jaffee D.M., Russell T. (1976) Imperfect Information, Uncertainty, and Credit Rationing. The Quarterly Journal of Economics 90:651-666

Jensen M.C., Meckling W.H. (1976) Theory of the Firm: Managerial Behaviour, Agency Costs and Ownership Structure. Journal of Financial Economics 3:305-360

Kalay A., Zender J. (1997) Bankruptcy, Warrants, and State-Contingent Changes in the Ownership of Control. Journal of Financial Intermediation 6:347-379

Kopcke R.W., Rosengren E. S. (1989) Regulation of Debt and Equity. In: Kopcke R.W., Rosengren E. S. (Eds.) Are the distinctions between Debt and Equity Disappearing? Federal Reserve Bank of Boston, Boston, 173-206

Krahnen J.P. (1991) Sunk Costs und Unternehmensfinanzierung. Gabler-Verlag, Wiesbaden

Kruschwitz L. (1999) Finanzierung und Investition. Oldenbourg, München Wien

Kruschwitz L., Schöbel R. (1984) Eine Einführung in die Optionspreistheorie. Wirtschaftswissenschaftliches Studium 13:68-72, 116-121, 171-176

Kruschwitz L., Schöbel R. (1985) Die Bewertung von Options- und Wandelanleihen mit Hilfe der Optionspreistheorie. Working Paper, Technische Universität Berlin

Kürsten W. (1997) Zur Anreizinkompatibilität von Kreditsicherheiten, oder: Insuffizienz des Stiglitz/Weiss-Modells der Agency-Theory. Zeitschrift für betriebswirtschaftliche Forschung 49:819-857

La Porta R., Lopez-de-Silanes F., Shleifer A., Vishny R.W. (1997) Legal Determinants of External Finance. Journal of Finance 52:1131-1150

Laffont J.-J., Martimort D. (1997) Collusion under Asymmetric Information. Econometrica 65:875-911

Longhofer S.D., Santos J.A.C. (1998) The Importance of Bank Seniority for Relationship Lending. Working Paper. Bank for International Settlements

Longhofer S.D. (1997) Absolute Priority Rule Violations, Credit Rationing, and Efficiency. Journal of Financial Intermediation 5: 249-267

Machauer A., Weber M. (1998) Bank Behavior Based on Internal Credit Rating of Borrowers. The Journal of Banking and Finance 22:1355-1383

Manne R.J. (1997) The Role of Secured Credit in Small-Business Lending. The Georgetown Law Journal 86:1-44

Manove M., Padilla A.J., Pagano M. (2001) Collateral vs. project screening: A model of lazy banks. Rand Journal of Economics 32:726-44

Mayer C. (1998) Evidence on Financial Systems and Corporate Governance. Journal of Institutional and Theoretical Economics 154:145-163

Merton R. C. (1977) An Analytic Derivation of the Cost of Deposit Insurance and Loan Guarantees: An Application of Modern Option Pricing Theory. The Journal of Banking and Finance 1:3-11

Milde H., J.G. Riley. (1988) Signalling in Credit Markets. The Quarterly Journal of Economics 153:101-129

Monopolkommission. (1998) Ordnungspolitische Leitlinien für ein funktionsfähiges System. Nomos Verlagsgesellschaft, Baden-Baden

Myers S. (1977) Determinants of Corporate Borrowing. Journal of Financial Economics 5:147-175

Nash J.F. (1950) The Bargaining Problem. Econometrica 18:155-162

Neuberger D. (1994) Kreditvergabe durch Banken. J.C.B. Mohr (Paul Siebeck), Tübingen

Neuberger D. (1997) Unternehmensbeteiligung von Banken Wohlfahrtsgewinn oder Wohlfahrtsverlust? IFO-Studien 13:324-340

Neuberger D., Neumann M. (1991) Banking and Antitrust: Limiting Industrial Ownership by Banks. Journal of Institutional and Theoretical Economics 147:188-206

Penati A., Zingales L. (1997) Efficiency and Distribution in Financial Restructuring: The Case of the Feruzzi Group. Conference-Reader Credit Risk Management and Relationship Banking. Center of Financial Studies, Frankfurt/M.

Perlitz M., Seger F. (1994) The Role of Universal Banks in German Corporate Governance. Business and the Contemporary World 6:49-66

Petersen M.A., Rajan R. G. (1994) The Benefits of Lending Relationships: Evidence from Small Business Data. Journal of Finance 49:3-38

Rajan R. G. (1992) Insiders and Outsiders: The Choice between Informed and Arm's-Length Debt. Journal of Finance 47:1367-1400

Riley J.G. (1979) Informational Equilibrium. American Economic Review 47:331-359

Rudolph B. (1982) Können die Banken ihre Kreditsicherheiten vergessen? Kredit und Kapital 3:318-336

Saunders A., Walter I. (1994) Universal Banking in the United States. Oxford University Press, New York Oxford

Scheepens J. (1995) Financial Intermediation and Corporate Finance. Drukkerij Wilco B.V., Amersfoort

Schmid F.A. (1996) Beteiligungen deutscher Geschäftsbanken und Corporate Performance. Zeitschrift für Wirtschafts- und Sozialwissenschaften 116:273-310

Schmidt R.H., Spindler G. (1999) Path Dependence, Corporate Governance and Complementarity, A Comment on Bebchuck and Roe. (erscheint) In: Gordon J., Roe M. (Eds.): Convergence and Resistence of Corporate Governance Systems, University of Chicago Press, Chicago

Schmidt R. H. (1997) Corporate Governance: The Role of other Constituencies. In: Pezard A., Thiveaud J.-M. (Eds.) Workable Corporate Governance: Cross-Border Perspectives. Montchrestien, Paris, 1-17

Schmidt-Mohr U. (1997) Rationing versus Collateralization in Competitive and Monopolistic Credit Markets with Asymmetric Information. European Economic Review 41:1321-1342

Sharpe A.S. (1990) Asymmetric Information, Bank Lending, and Implicit Contracts: A Stylized Model of Costumer-Relationships. Journal of Finance 45:1069-1085

Stiglitz J.E., Weiss A. (1981) Credit Rationing in Credit Markets with Imperfect Information. American Economic Review 71:393-410

Strausz R. (1997) Collusion and Renegotiation in a Principal-Supervisor-Agent Relationship. Scandinavian Journal of Economics 4 497-518

Tirole J. (1992) Collusion and the Theory of Organizations. In: Laffont J.-J. (Ed.) Advances in Economic Theory. Cambridge University Press, Cambridge, 151-206

Townsend R.M. (1979) Optimal Contracts and Competitive Markets with Costly State Verification. Journal of Economic Theory 21:265-293

Weiss L.A. (1993) Bankruptcy Costs and Valuation of Claims Priority. In: Altman E.I. (Ed.) Bankruptcy and Distressed Restructurings. New York University Salamon Center, New York, 157-175

Welch I. (1997) Why is Bank Debt Senior? A Theory of Asymmetry and Claim Priority Based on Influence Costs. Review of Economic Studies 10:1203-1236

Wenger E. (1992) Universalbankensystem und Depotstimmrecht. In: Gröner H. (Ed.) Der Markt für Unternehmenskontrollen. Verein für Socialpolitik, Tübingen, 73-118

Wolf O. (1999) Wandelanleihen: Emissionsboom in Europa. Die Bank:778-784

Wruck K.H. (1993) Financial Distress, Reorganization, and Organizational Efficiency. In: Altman E.I. (Ed.) Bankruptcy and Distressed Restructurings. New York University Salamon Center, New York, 245-273

Zender J. (1991) Optimal Financial Instruments. Journal of Finance 46:1645-1663

Sachverzeichnis

Absonderungsrechte, 4
Adams, 144
Aghion, 6, 58, 123
Alchian, 20
Allen, 30
Asquith, 67
Aufsichtsratsmandat, 7, 121, 144

Baltensperger, 91
Bankbeteiligung, 69
Bankqualität, 8, 19, 44, 46
Baumol, 22
Bebchuck, 6, 122
Berger, 70, 72–74, 78
Berglöf, 15, 25, 38, 58, 124
Bergman, 6
Berkovitch, 6
Besanko, 79, 88, 100
Bester, 7, 15–17, 20, 23, 26, 34, 58, 77, 79, 85, 86, 88, 89, 91
Beteiligungshöchstgrenze, 69, 144
Beteiligungskontrakt, 7, 120, 124, 131, 137
Betriebsvermögen, 4
Blackwell, 73
Bolton, 5, 6, 17, 38, 58, 123, 124
Boot, 79
Brown, 5
Brunner, 3
Bulow, 5
Burghof, 3

Cable, 146
Callen, 6
Calomiris, 119, 122
Carey, 73
Cash-flow-Recht, 2, 6, 11, 119–121
Chan, 79
Chang, 17
Clemenz, 91
Commercial Bank, 122
Covenants, 11

Crawford, 20
Cressy, 73, 78

De Meza, 102
Degryse, 73
Delaney, 16
Depotstimmrecht, 7, 121, 144
Devinney, 91
Dewatripont, 15, 123
Diamond, 3
Drukarczyk, 5, 18
Duplikation, 137

Edwards, 18
Eidenmüller, 5
Elsas, 3, 70–73
Ewert, 73

Finanzierungsinstrument
– Standard-, 7, 11, 12, 120
Finanzmarktförderungsgesetz, 144
Finanzsystem, 11, 12, 122, 145
– bankdominiert, 4, 123
Fischer, 18
Franks, 3, 79, 120, 146
Freixas, 126, 162

Gale, 2, 15, 20, 30
Gertner, 5, 67
Gilson, 3, 68
Glass-Steagal-Act, 69, 122
Gleichgewicht
– Baysianisches, 23
– Nash-, 84, 87
– Reaktives, 90
– Separierungs-, 103, 105
– Vereinigungs-, 92, 93, 98, 105, 106
Gorton, 146
Greenbaum, 72

Hackethal, 121
Harhoff, 70, 72–74

Sachverzeichnis

Harris, 1
Hart, 1, 13, 58
Hauptbank, 69
Hausbank, 70
Hauswald, 17
Hellwig, 2, 15, 85, 91, 161
Hold-up-Problem, 20, 140
Hoshi, 69
Hubert, 122

Informationsasymmetrie
- eindimensional, 79, 85
- zweidimensional, 10, 77

Inside-collateral, 3, 4, 9
Insolvenz
- Strategische, 1, 2, 10, 16, 18, 23, 77, 78, 82–84, 86, 107
- Tatsächliche, 17, 18, 23, 79

Insolvenzrecht, 3–5, 9, 18
Investorkontrolle, 120, 133, 137
- direkt, 12, 119
- indirekt, 8
- zustandsabhängig, 122
- zustandsunabhängig, 7, 123, 126

Israel, 6

Jaffee, 6
Jensen, 1
John, 68

Körting, 70, 72–74
Kürsten, 91
Kalay, 122
Kanatas, 72
Kapitalstruktur, 123
Kashyap, 69
Keiretsu, 69
Klein, 20
Know-how
- Restrukturierungs-, 2, 3, 8, 17, 19, 79, 93, 111, 114, 115
-- endogen, 42

Kollusion, 12, 141, 143, 145
Kollusionskosten, 143
Kontrakt
- unvollständig, 1, 6, 144
- vollständig, 128, 129

Kontrakthierarchie, 136
Kontrollübergang, 1, 6
Kontrollrecht, 7, 11
- zustandsabhängig, 121
- zustandsunabhängig, 121, 131, 157

Kontrollregime, 11, 119–122, 126
Kopcke, 122

Krahnen, 3, 70–73
Kreditüberwachung, 3
Kreditrationierung, 6, 69, 79, 91, 126
Kreditsicherheit, 2, 7, 10, 21, 26, 38–40, 71, 77–80, 83, 84, 86–88, 91–93, 98, 100, 104, 107

Kruschwitz, 16, 123, 161

Laffont, 124
Lang, 68
Longhofer, 4, 71, 126

Machauer, 73
Managerkontrolle
- zustandsunabhängig, 126, 133, 136

Manne, 73
Manove, 79, 80
Marktmacht, 22, 45, 47, 78, 104–106
Martimort, 124
Mayer, 3, 79, 120, 146
Meckling, 1
Merton, 16
Milde, 85
Mischfinanzierung, 11
Mischkontrakt, 7, 120–124, 130, 131, 136–138, 143, 144, 146, 156
- echt, 125, 138, 139
- unecht, 125

Monopol, 10
Monopolkommission, 11, 122, 144
Moore, 1, 6, 13, 58
Myers, 1, 102, 123

Nachverhandlung, 1
- Schulden-, 2, 5–8, 10, 12, 13, 16, 18, 21, 23, 32–34, 58, 81, 84, 89, 92, 102, 105, 106, 110, 123, 124, 127, 139, 140, 146

Neuberger, 120

Opportunitätskosten, 21
Outside-collateral, 4, 9, 67
Outside-Option, 10
Outside-option, 18, 21, 22, 33

Padilla, 79, 80
Pagano, 79, 80
Panzar, 22
Perlitz, 146
Petersen, 69, 72
Portfolioinvestoren, 12, 121, 141
Post, 73
Prioritätsregel, 4

Privatvermögen, 4
Projektfinanzierung
- multiple, 12, 122, 142
Property-rights, 1, 2

Rajan, 16, 69, 72
Raviv, 1
Relationship-lending, 9, 68
Renneboog, 79
Renneborg, 3
Restrukturierung
- finanzwirtschaftliche, 5
- realwirtschaftliche, 5
Revealation-principle, 86
Riley, 85, 90
Risikoaversion, 133
Risikofreude, 133
Risikoklasse, 10
Risikoverschiebung, 1
Rochet, 126, 162
Roe, 122
Rosengren, 122
Rudolph, 6
Russel, 6

Santos, 71
Saunders, 120
Schäfer, 122
Schöbel, 16, 123
Scharfstein, 5, 17, 38, 67, 69, 124
Scheepens, 20, 162
Schenk, 73
Schmid, 146
Schmidt, 121, 122
Schmidt-Mohr, 88
Schuldnerkoordination, 122
Schuldnerselektion, 6, 78
Security-design, 2, 15, 120
Seger, 146
Selbstbindung, 2, 10
Selbstfinanzierung, 128
Selektion
- Schuldner-, 10
Sharpe, 72, 73
Shoven, 5

Spindler, 122
Stiglitz, 1
Strategie
- Gemischte, 23, 81
- Reine, 24
Strausz, 86, 124
Struktur
- Finanzierungs-, 12, 125, 131, 136, 143, 145, 156
Substitution
- partielle, 52, 53, 56, 65
- vollständig, 52
- vollständige, 53, 56, 65

Thakor, 79, 88, 100
Tirole, 15, 123, 124
Townsend, 2
Trennbankensystem, 11

Udell, 70, 72–74, 78, 79
Universalbank, 18
Unterinvestition, 102
Unternehmenskontrolle, 119, 122, 124

v. Cayseele, 73
v. Thadden, 15, 38, 58
Venezia, 72
Verifizierbarkeit
- Nicht-, 1

Walter, 120
Wandelanleihe, 122, 123
Webb, 102
Weber, 73
Weiss, 1, 16
Welch, 4
Wenger, 144
Wettbewerb, 10
Willig, 22
Winters, 73
Wolf, 123
Wruck, 16

Zeitinkonsistenz, 38
Zender, 15, 122

Wirtschaftswissenschaftliche Beiträge

Band 151: C. Muth, Währungsdesintegration – Das Ende von Währungsunionen, 1997. ISBN 3-7908-1039-8

Band 152: H. Schmidt, Konvergenz wachsender Volkswirtschaften, 1997. ISBN 3-7908-1055-X

Band 153: R. Meyer, Hierarchische Produktionsplanung für die marktorientierte Serienfertigung, 1997. ISBN 3-7908-1058-4

Band 154: K. Wesche, Die Geldnachfrage in Europa, 1998. ISBN 3-7908-1059-2

Band 155: V. Meier, Theorie der Pflegeversicherung, 1998. ISBN 3-7908-1065-7

Band 156: J. Volkert, Existenzsicherung in der marktwirtschaftlichen Demokratie, 1998. ISBN 3-7908-1060-6

Band 157: Ch. Rieck, Märkte, Preise und Koordinationsspiele, 1998. ISBN 3-7908-1066-5

Band 158: Th. Bauer, Arbeitsmarkteffekte der Migration und Einwanderungspolitik, 1998. ISBN 3-7908-1071-1

Band 159: D. Klapper, Die Analyse von Wettbewerbsbeziehungen mit Scannerdaten, 1998. ISBN 3-7908-1072-X

Band 160: M. Bräuninger, Rentenversicherung und Kapitalbildung, 1998. ISBN 3-7908-1077-0

Band 161: S. Monissen, Monetäre Transmissionsmechanismen in realen Konjunkturmodellen, 1998. ISBN 3-7908-1082-7

Band 162: Th. Kötter, Entwicklung statistischer Software, 1998. ISBN 3-7908-1095-9

Band 163: C. Mazzoni, Die Integration der Schweizer Finanzmärkte, 1998. ISBN 3-7908-1099-1

Band 164: J. Schmude (Hrsg.) Neue Unternehmen in Ostdeutschland, 1998. ISBN 3-7908-1109-2

Band 165: A. Rudolph, Prognoseverfahren in der Praxis, 1998. ISBN 3-7908-1117-3

Band 166: J. Weidmann, Geldpolitik und europäische Währungsintegration, 1998. ISBN 3-7908-1126-2

Band 167: A. Drost, Politökonomische Theorie der Alterssicherung, 1998. ISBN 3-7908-1139-4

Band 168: J. Peters, Technologische Spillovers zwischen Zulieferer und Abnehmer, 1999. ISBN 3-7908-1151-3

Band 169: P.J.J. Welfens, K. Gloede, H.G. Strohe, D. Wagner (Hrsg.) Systemtransformation in Deutschland und Rußland, 1999. ISBN 3-7908-1157-2

Band 170: Th. Langer, Alternative Entscheidungskonzepte in der Banktheorie, 1999. ISBN 3-7908-1186-6

Band 171: H. Singer, Finanzmarktökonomie, 1999. ISBN 3-7908-1204-8

Band 172: P.J.J. Welfens, C. Graack (Hrsg.) Technologieorientierte Unternehmensgründungen und Mittelstandspolitik in Europa, 1999. ISBN 3-7908-1211-0

Band 173: T. Pitz, Recycling aus produktionstheoretischer Sicht, 2000. ISBN 3-7908-1267-6

Band 174: G. Bol, G. Nakhaeizadeh, K.-H. Vollmer (Hrsg.) Datamining und Computational Finance, 2000. ISBN 3-7908-1284-6

Band 175: D. Nautz, Die Geldmarktsteuerung der Europäischen Zentralbank und das Geldangebot der Banken, 2000. ISBN 3-7908-1296-X

Band 176: G. Buttler, H. Herrmann, W. Scheffler, K.-I. Voigt (Hrsg.) Existenzgründung, 2000. ISBN 3-7908-1312-5

Band 177: B. Hempelmann, Optimales Franchising, 2000. ISBN-3-7908-1316-8

Band 178: R.F. Pelzel, Deregulierte Telekommunikationsmärkte, 2001. ISBN 3-7908-1331-1

Band 179: N. Ott, Unsicherheit, Unschärfe und rationales Entscheiden, 2001. ISBN 3-7908-1337-0

Band 180: M. Göcke, Learning-by-doing und endogenes Wachstum, 2001. ISBN 3-7908-1343-5

Band 181: W. Schelkle, Monetäre Integration, 2001. ISBN 3-7908-1359-1

Band 182: U. Blien, Arbeitslosigkeit und Entlohnung auf regionalen Arbeitsmärkten, 2001. ISBN 3-7908-1377-X

Band 183: A. Belke, Wechselkursschwankungen, Außenhandel und Arbeitsmärkte, 2001. ISBN 3-7908-1386-9

Band 184: F. Jöst, Bevölkerungswachstum und Umweltnutzung, 2002. ISBN 3-7908-1405-9

Band 185: F. Bulthaupt, Lohnpolitik und Finanzmärkte in der Europäischen Währungsunion, 2001. ISBN 3-7908-1424-5

Band 186: P.J.J. Welfens, R. Wiegert (Hrsg.) Transformationskrise und neue Wirtschaftsreformen in Russland, 2002. ISBN 3-7908-1465-2

Band 187: M. Pflüger, Konfliktfeld Globalisierung, 2002. ISBN 3-7908-1466-0

Band 188: K. Gutenschwager, Online-Dispositionsprobleme in der Lagerlogistik, 2002. ISBN 3-7908-1493-8

Band 189: Th. Gries, A. Jungmittag, P.J.J. Welfens (Hrsg.) Neue Wachstums- und Innovationspolitik in Deutschland und Europa, 2003. ISBN 3-7908-0014-7

MIX
Papier aus verantwortungsvollen Quellen
Paper from responsible sources
FSC® C105338

If you have any concerns about our products,
you can contact us on
ProductSafety@springernature.com

In case Publisher is established outside the EU,
the EU authorized representative is:
**Springer Nature Customer Service Center GmbH
Europaplatz 3, 69115 Heidelberg, Germany**

Printed by Libri Plureos GmbH
in Hamburg, Germany